泛在阅读

探索育人新样态

唐晓芳等 著

苏州大学出版社
Soochow University Press

图书在版编目(CIP)数据

泛在阅读：探索育人新样态 / 唐晓芳等著. --苏州：苏州大学出版社,2024.3
ISBN 978-7-5672-4741-3

Ⅰ.①泛… Ⅱ.①唐… Ⅲ.①阅读课-教学研究-小学 Ⅳ.①G623.232

中国国家版本馆 CIP 数据核字(2024)第 047091 号

书　　名：泛在阅读：探索育人新样态

著　　者：唐晓芳 等
责任编辑：沈　琴
助理编辑：赵默怡
装帧设计：吴　钰

出版发行：苏州大学出版社(Soochow University Press)
社　　址：苏州市十梓街 1 号　邮编：215006
印　　装：苏州市越洋印刷有限公司
网　　址：www. sudapress. com
邮　　箱：sdcbs@ suda. edu. cn
邮购热线：0512-67480030

开　　本：700 mm×1 000 mm　1/16　印张：18　字数：305 千
版　　次：2024 年 3 月第 1 版
印　　次：2024 年 3 月第 1 次印刷
书　　号：ISBN 978-7-5672-4741-3
定　　价：68.00 元

序

泛在阅读：苏苑实小的育人表达

学校是育人的场所，校园是读书的地方，在一定意义上，教育即阅读，阅读即育人。

“让阅读无处不在，让育人随时发生”，这是苏州市吴中区苏苑实验小学（以下简称“苏苑实小”）的办学哲学，也是苏苑实小的价值追求，更是苏苑实小泛在阅读的核心理念！苏苑实小的泛在阅读，经历了三个关键的实践探索阶段：从侧重以读育人的“单科阅读”，到阅读有“品”、读书成“格”的“品格阅读”，再到综合育人的全学科、全领域、全时空的泛在阅读，在不同阶段赋予了立德树人不同的实践指向和理念引领，呈现出了一所基层学校孜孜不倦的育人追求！

说到泛在阅读，不得不先说说苏苑实小的前世今生，也就是苏苑实小的昨天和今天。苏苑实小创办于1989年，是苏州市吴中城区的第一所配套学校，也是吴中区基础教育的窗口学校。从某种角度讲，苏苑实小的不断成长、誉满苏城、屡创辉煌也印证了苑小人自强不息和执著追求的精神。经由不懈努力，学校已获得“江苏省实验小学”“江苏省模范学校”“江苏省文明校园”“江苏省教育工作先进集体”“全国养成教育示范学校”“江苏省首批教师发展示范基地校”“江苏省首批书香校园建设示范点”“江苏省首批党建品牌项目校”“江苏省教科研先进集体”等综合荣誉100余项。

在新的教育形势下，校园的空间规模与老百姓对优质教育资源的需求之间的矛盾日益突出，由此衍生出教学资源紧缺、生均面积不足、教师职业倦怠等诸多问题。面对专用教室已被普通教室挤占的大校额、大班额现象，如何破解大班额背景下高质量发展的困境与尴尬？我们瞄准了“阅读”——阅读之于苏苑实小，既是基于校情的因地制宜的校本化举措，也是学生的内在需要，更是学生终身发展的迫切需求。因为，阅读是成本最低的“投资”，亦是门槛最低的“高贵”。我们以泛在阅读为突破口，全力推进校本化课改，用行动发出了教育变革的最强音！

作为苏苑实小的校长，我一直有这样一种思考：如果学校只能精心设计一个地方，那一定是图书馆；如果校长一定要确认一种责任和使命，那一定是引导阅读、指导阅读、推动阅读、推广阅读。尤其是在整本书阅读成为任务群进入语文课程标准之后，更坚定了我们研究和实践阅读的信心。

我一直扪心自问，我们的教育走到了今天，什么是我们能送给孩子、可祝福他们一生幸福的礼物呢？答案无疑是阅读。阅读可塑造孩子的智力、性格、品质，阅读能够积淀立德树人的能量。童年是一生中最美好的时光，每个孩子都是富有灵性的天使。阅读，能够给予每一个孩子以本真纯粹、自由从容和文化自信，用美文浸润过的童心，将始终留存一份纯真和美好。对于孩子们来说，童年是最无忧无虑的美好岁月，而阅读便是照耀这美好岁月的明亮光辉。我们迫切地希望能有更多的书走进孩子的心灵，在这片最纯净的沃土上播下美丽的种子，最终开出五彩斑斓的花朵。

苏苑实小秉持着“让阅读无处不在，让育人随时发生”的价值理念，以泛在阅读为突破口，深入挖掘阅读的育人功能、育人途径，构建创新型的泛在阅读育人模式，让泛在阅读成为学校落实“双减”政策、实现全面育人的有效途径，支撑学生全面发展、终身发展和可持续发展，让学生在泛在阅读中探究、思考和成长。

“无处不在”“触手可及”“随心所欲”这三个词是我们对泛在阅读的诠释。具体说来就是：从时间上，由结构时间内的阅读到全天候阅读；从空间上，由校园阅读转向学校、家庭、社会的联动阅读；从学科上，由双语学科的阅读到全学科的阅读。

作为江苏省首批书香校园建设示范点学校，我校的泛在阅读课程已于2020年入选了江苏省课程基地项目，成功申报为江苏省“十四五”规划课题，并荣获了2021年度的江苏省教育教学成果奖。为了进一步总结、提炼可借鉴和可推广的泛在阅读经验，我们课题组便编写了这本小书。

本书分为六章：第一章凸显了泛在阅读的育人追求；第二章介绍了泛在阅读的育人文化；第三章分享了泛在阅读的育人课题；第四章探索了泛在阅读的育人课程；第五章呈现了泛在阅读的育人课堂；第六章收录了泛在阅读的育人案例。书稿内容真实展现了苏苑实小这所基层学校的课程理念、课程建构、实践样态、理论探索和育人追求，以使这本小书具有一定的可读性、现实性和实践性。

由于受我们的教育视野、学识修养和实践经验等的局限，书中肯定会有很多不足之处，敬请各位读者批评指正！

是为序！

唐晓芳

2023年春

目录

第一章
泛在阅读的育人追求

阅读是人类生活中一项重要的精神活动。大量研究表明，阅读能力与人的发展成正相关，阅读力就是学习力、思维力、表达力。通过阅读，我们能看到更加广阔的世界，进而形成对自我和世界的正确理解，实现内心丰盈、精神明亮、人格高尚和终身幸福。

随着网络时代的飞速发展，阅读素材、阅读时间、阅读空间以及阅读方式等都相应发生了巨大的变化，当代阅读被赋予了新的内涵、新的意义，多元化、融媒体、跨时空的阅读模式已逐渐成为当今社会的阅读新样态。

泛在阅读惜当下，书香弥漫正芳华。泛在阅读的校园阅读时代已然来临。在泛在阅读的新背景下，利用碎片化的时间，借助多样态的平台，享受开放式的场域，不论是浅阅读还是深阅读，都可以得到充分实现，学生的成长也因此变得更有意思，也更有意义。

第一节　泛在阅读的育人理念

一个没有阅读的学校不可能有真正的教育。学生知识的丰富、精神的陶冶、智慧的启迪无不来源于阅读。阅读是学生成长的必需品，是思想成熟的根基。学校是育人的场所，校园是读书的地方，在一定意义上，教育即阅读，阅读即育人。引导泛在阅读，推动泛在阅读，开发泛在阅读，让泛在阅读积淀立德树人的能量，是学校的首要任务。

一、泛在阅读的育人困境

苏苑实小建校之初，就致力于建设书香校园，数年来的探索收获了颇多成果。一直以来，学校坚持走内涵发展的道路，立足课程改革，优化学校特色，打造“书香校园”，推动学校高位发展。随着阅读探索的不断深入，阅读视野的不断拓宽，阅读渠道的不断升级，学校阅读以及基础教育阅读还存在一些显著的、亟待解决的问题，也面临着育人探索的诸多困境。

（一）阅读目标的单一和窄化：重知识，轻素养

一个热爱阅读的民族，必定是一个积极向上，并能不断创造奇迹的民族。然而随着媒体时代的飞速发展，有越来越多的人沉迷于网络游戏、短视频平台，包括许多青少年受到网络的影响，与阅读渐行渐远。另外，成年人的阅读往往带有较强的功利性，而处于最童真烂漫时期的孩童的阅读，实际上是最不求功利的。但是在传统的阅读教学和考评机制下，基础教育的阅读目标较多地侧重于知识层面和技巧层面，在培养学生阅读素养乃至学生品格的提升方面关注度不够，研究不足，实践欠缺，更没有打通阅读与育人之间的通道，没有指向阅读育人的理念。

（二）阅读课程的单一和窄化：重单科，轻全科

长期以来，在家长乃至很多老师的印象里，阅读=语文，语文=阅读，阅读常常囿于语文这一门学科，几乎成了语文课的“专利”，成了语文教师的“一己之任”。在学校学科教学中，语文学科承担着“阅读育人”的主要任务。正因如此，学生的阅读书目也大多为语文教师推荐的与语文教材配套的相关书籍，从而导致了学生的阅读面相对片面，阅读视野相对狭窄。毫无疑问，阅读并不是语文一门学科的独当之“任”，如何形成全学科的合力，打通阅读与各个学科之间的关联，共同营造阅读氛围，实现全学科覆盖、全方位推进，值得我们思考与研究。

（三）阅读场域的单一和窄化：重形式，轻体验

中华民族自古崇尚读书，有着善思乐读的深厚传统。在全民阅读的社会背景下，阅读已不仅仅是千百年流传下来的优良传统，也是不断提升人民思想境界的一种社会和民族的共同追求。审视当下的阅读场域建设，一些学校出现了明显的形式化倾向。走进当今各大校园，扑面而来的是各类关于阅读的校园物化布置：环境优雅的书吧，一排排精致的书架，橱窗里崭新的书籍……营造了一

种高级的阅读氛围。然而，这样的阅读场域仿佛是仅供参观的，并未发挥其真正的用途，它片面追求口号式场域文化，或碎片化场域文化，没有形成一个系统整合的立体阅读文化。在真正的阅读场所，学生于课间可随意拿起一本自己喜欢的纸质书，或点开一本自己感兴趣的电子书，与同伴相倚共读，待到上课预备铃响起，即可随手放下，等到下次再来自由阅读。学生也可在阅读课上享受悠长的阅读时光，将阅读的感悟一一记录。

（四）阅读评价的单一和窄化：重结果，轻过程

自书香校园成为众多学校的办学追求后，很多学校都开发了阅读考核机制，有的借用一份练习卷来判定学生的阅读成果，有的以一次口语闯关的形式来评价学生的阅读效果，这样传统的阅读评价方式往往止于一次阅读考核的结果，却忽视了阅读是一个长期的过程。阅读成效的显现并非一朝一夕，更不是凭借一张练习卷就可将学生的阅读成效划分等级的。这样简单的评价方式下，很多学生将阅读视为应付学校考评、提高学业成绩的方式，而并非发自内心的真正的热爱。这种对阅读的主观认识上的偏差导致学生积极主动且涉猎广泛的阅读行为不多，伴随深度思考并读以致用的更是少之又少。

纵观现阶段的学校阅读，普遍存在过度倚重语文学科、育人价值窄化、阅读效果难以实现等现状，阅读的多元育人价值也在无形中被窄化了，无法使阅读成为助推学生精神成长的内驱力。

二、泛在阅读的育人理念

中国自古以来有着悠久的阅读历史、璀璨的阅读文化以及丰厚的阅读思想，阅读之于每个人的成长与成才具有举足轻重的作用。读适合的书，读经典的书，是促进儿童精神成长的主要途径。

（一）中国“阅读育人”思想

1. 古代“阅读育人”思想

古人认为，阅读是成才的必经之路。《管子·权修篇》中的“一年之计，莫如树谷；十年之计，莫如树木；终身之计，莫如树人”充分肯定了教育育人的作用；北宋文学家欧阳修提出“立身以立学为先，立学以读书为本”的思想；南宋理学家朱熹提出“读书六法”，大力倡导“格物致知”的思想方法——他认为，读书是格物致知必不可少的途径，读书的目的在于明理。

2. 近现代"阅读育人"思想

谈到读书，中国近代教育家蔡元培先生认为，读书不仅能积蓄知识，更是对自己精神的历练。他的读书方法又称"四字法"，即宏、约、深、美。其中"美"是一种最高的精神境界，意思是在读书治学中付出了辛勤的劳动，才能有所收获，即陶冶情操，净化心灵，变得高尚，亦能步入更高的理想境界。

中国近代思想家、教育家梁启超先生在《国学指导二种》中指出："好文学是涵养情趣的工具，做一个民族的分子，总须对于本民族的好文学十分领略，能熟读成诵，才在我们的'下意识'里头，得着根柢，不知不觉会'发酵'。"由此可见，了解自己民族的文化，首先得阅读，阅读自己民族的优秀文学作品。

中国现代作家、学者、翻译家林语堂曾提出，当一个人拿起一本好书的时候，就好像走进了一个不同的世界，接触到世界上一个最健谈的人。由此可见，阅读是打开世界，了解他人的重要途径。

教育家、作家叶圣陶先生认为，学校仍需要阅读。人生一辈子阅读，其实是一辈子在积蓄中，同时一辈子在长进中。他主张阅读时不能囫囵吞枣，要认认真真地、仔仔细细地读，以辨出书中的真滋味，才是真正的阅读。

因而，阅读并非只是知识的储备，更是一种精神上的涵养。阅读亦不能窄化，打开阅读的视界，广泛阅读、时时阅读，才能让自己的精神世界更加丰盈。

3. 当代"阅读育人"思想

近年来，新版课程标准均把落实立德树人的根本任务放在首位，强调育人为本，以培养"有理想、有本领、有担当"的时代新人。

身体的成长需要充足的营养，心灵的成长更需要灌溉和滋润。而阅读，就是精神成长的重要营养。更重要的是，一个人儿童时期的阅读，不仅促成了精神发育，还奠定了精神底色。在教育部统编版中小学语文教科书总主编、北京大学中文系教授温儒敏看来，读书是童年生活很重要的一部分，孩子们在读书的过程中认识世界，同时也在寻找自己，发现自己的兴趣所在，不断丰富自己，让自己逐步成为有理想、有责任、有本领的人。阅读，是对未来的向往和探索。所以，少年儿童从小养成良好的阅读习惯将受益终生。真正的、有意义的阅读，需要灵魂的参与，是一场精神世界里的自如漫游。在漫游途中，人能不断自我发现，自我成长，借由书籍的力量去达成自我人格的完善。

（二）国外"阅读育人"思想

著名苏联教育家苏霍姆林斯基在《给教师的100条建议》这部著作中反复

强调一个观点:一个人在少年时期和青年早期读过哪些书决定着他的精神丰富性,决定着他对生活目的的认识和体验,也决定着青年人的观点和情感的形成。由此可见,一个人青少年时期的阅读对他的人格形成有着至关重要的作用。人才要达到德才兼备的要求,需要广泛而深入的阅读。

诺贝尔文学奖得主,瑞士作家、诗人黑塞认为,读书是获得教养的主要途径。他高度称赞阅读不可替代的重要作用,鼓励人们潜心阅读经典的优秀作品,在书籍中发现自我,认识他人,提升自我能力,完善自我修养。

阅读看似是一种简单的行为,但是汲取的却是他人不朽的思想。在阅读的世界里,人们可以抛下生活的琐事,倾吐诗情画意。一本本经典的书籍,正如一座座屹立在时间的汪洋大海中的灯塔,指引着人们精神航行的方向。

(三)苏苑实小对"阅读育人"的探索

1. 立德树人

育人的根本在于立德。立德树人是新时代教育的立身之本。"立德"强调的是人之为人的根本,立什么样的德,就树什么样的人;"树人"指向的是人才培养的目标,即培养人、塑造人。一个国家要培养人才,不仅要培智,更要育人,两者缺一不可,相辅相成。苏苑实小坚持把立德树人作为中心环节,贯穿教育教学全过程,实现全员育人、全程育人、全方位育人、全时空育人。就每一所发展中的学校而言,立德树人,就是要丰富育人载体,逐步完善学校的德育体系;立德树人,就是要拓宽育人渠道,系统推进学校的课程教材建设。

2. 泛在学习与泛在阅读

泛在学习是一种以学习者为中心,以学习任务本身为焦点的学习方式。在泛在学习环境下,学习者可利用相关工具自主选择学习内容和学习方式,灵活安排学习时空,并接受多元化的学习评价,进而有效提高学习效率,并使终身学习成为可能。

泛在阅读是学生随时、随地、随心进行的阅读。苏苑实小精心打造全方位覆盖的阅读环境,处处有阅读的氛围、文化、姿态,实现学生随时有阅读的可能,在泛在学习环境下,让阅读成为一种自然或自发的行为。因媒介不同,泛在阅读可以指一些碎片化的、信息化的、非连续性的阅读,也可指生活阅读以及跨界的融合阅读。泛在阅读是当今社会人类阅读方式的重大变革,也是苏苑实小实现立德树人的最优路径。

针对上述问题和现状,苏苑实小以古今中外相关阅读思想、立德树人、泛在学习相关理论为依据，以学生的品格提升为突破口，以全面素质的培养为落脚点，开展了一系列泛在阅读的育人实践研究。通过探索与实践，我们发现，一旦突破了阅读困境，学生就拥有了幸福成长的力量，学校就可以绽放出教育的绚烂之光。

三、泛在阅读的育人内涵

苏苑实小在泛在阅读的育人基本理念，即“让阅读无处不在，让育人随时发生”理念引领下，构建阅读育人体系，发挥小学课程育人功能，通过丰富综合育人的阅读内容，拓展综合育人的阅读渠道，开展综合育人的阅读活动，努力探寻泛在阅读的综合育人价值，引领学生的精神成长，从而实现泛在阅读在育人样态上的新追求。

（一）泛在阅读育人的内涵之一：滋养学校，注入灵魂

苏苑实小地处苏州城南澹台湖边。春秋时期，孔子的弟子澹台灭明，知识渊博，人品高尚，来到这里结庐修学，成为当时有名的教育家。这里风景如画，水绿草青，碧波荡漾，丰厚的文化底蕴深深地浸润着校园。苏苑实小建立于此，成长于此，依托文化韵味甚浓的吴中大地，时时处处，点点滴滴，悠悠然流淌着浓浓的文化味。

对于一所学校来说，拥有阅读，才富有灵魂，才能衍生出强大的力量，在润物无声、潜移默化中滋养学生的“根”，铸就学校的“魂”。阅读，让生活充满了诗意和阳光。真正的教育离不开阅读，一个崇尚读书的校园，到处充满了希望和生机。

苏苑实小提出的泛在阅读，回归的是育人的本质，培根铸魂，启智增慧。苏苑实小始终把营造阅读氛围，打造浓郁的书香校园文化，推进校园阅读文化建设放在首位，多措并举提升学生的阅读能力，使孩子们养成了良好的阅读习惯，进而形成学校的办学特色。

（二）泛在阅读育人的内涵之二：回归朴素，丰盈心灵

近年来，苏苑实小聚焦“减负”“提质”，贯彻落实“双减”政策，立足泛在阅读，有步骤、有层次地开展全校师生阅读工程系列活动，以更具品质、更加多元的方式推广泛在阅读，让无边界、立体式的品质阅读为师生发展赋能，助力书香校园的建设。

在苏苑实小，孩子们每天有“三读”，即晨间诵读、餐前选读、午间悦读。苏苑实小科学合理地保障了孩子们的阅读时间，努力引导学生习得积极的学习方式，让泛在阅读得以落实。为激发师生的读书热情，养成良好的阅读习惯，营造浓郁的阅读氛围，享受读书的快乐，苏苑实小持续举办以泛在阅读为主题的阅读节活动，精心设计了丰富多彩的读书节活动，成功为阅读加油助力，使孩子们沉浸在浓浓的书香氛围之中。

阅读犹如一段向未知方向行进的旅程。行进在平坦的大道固然轻松，但弯曲的幽深小径，抑或磕磕碰碰的山道，更能通向风景旖旎的胜境，也更别有一番趣味。阅读者，应是兴致勃勃的旅行者，满怀期待地自由旅行，在曲径中寻找通幽之处，在嶙峋处享受怡人之景。在苏苑实小，孩子们与书为友，陶醉在想象丰富的童话故事里，穿行于斑斓的唐诗宋词里……借用书籍这种无声的语言，充实自己的心灵，丰盈自己的人格，获取成长的真谛。

（三）泛在阅读育人的内涵之三：助力教师修行，促进专业发展

对教师而言，读书是最好的修行，也是“最长远的备课”。

近年来，苏苑实小一直在阅读之路上奋力奔跑，努力成为阅读研究的领航校和师生发展的样板校。目前，苏苑实小教龄在 5 年内的青年教师有近 60 人。他们的成长、成才、成功直接关系到学校未来的发展。为此，苏苑实小特地设立了“书 · 苑”青年教师阅读成长营，多措并举，多管齐下，全力助推他们的成长。该组织围绕泛在阅读主题，坚持每周打卡阅读，每月开展系列活动——以书启智：启动成长营开班仪式，赠送图书；以书养德：青年教师交流阅读心得，享受读书带来的快乐；以书润心：读后感点评，碰撞出思维的火花；以书促写：邀请专家进行论文写作指导。在活动中，青年教师爱学习，善研究，勤笔耕，夯实听说读写科研基本功，在论文写作天地涂抹更靓丽的色彩，以奔跑的姿态快速融入学校发展的快车道。阅读，为青年教师的成长蓄力，为青年教师的教育教学导航。苏苑实小教师读专业，读经典，读人生，读书已成为他们生活的一部分，阅读已成为教师最悦己及人的习惯。这些青年教师们在苏州市专业素养大赛、吴中区素养大赛和各级各类评课选优中屡屡获奖，他们已成为苏苑实小最靓丽的青春剪影。在阅读中，他们与最美的自己相遇。相信他们定将不负韶华，不负青春，迅速成为学校蓬勃向上的主力军。

综上所述，经过不断地思考，广泛地学习，并结合多年的探索经验，对于泛在阅读的育人内涵，我们主要从以下方面来阐释：

第一，泛在阅读是全学科阅读，指的是基础教育阶段所有学科都开展阅读。全学科阅读的实施，既能凸显全面育人的指向，又能兼顾创新拔尖人才的培养。

第二，泛在阅读是全员阅读，即建立不同的阅读社区群，从而达到教学相长，共读共育。

第三，泛在阅读是全方位、立体式、系统性的阅读。我们要做的是打破教育的边界，全面融入社会，在书香中国的背景下，与社会、家长形成共同育人的氛围，构建终身教育的阅读共同体。

为此，我们确立了泛在阅读育人的基本理念：基于立德树人，培养学生核心素养的全学科、全员、全方位的阅读，在学生心中种下善良、文明、阳光、乐观的正能量的种子，潜移默化地育人，让学生成为道德情操高尚、人格健全健康、信念坚定不移的有用之才。

第二节　泛在阅读的育人价值

苏苑实小关于泛在阅读的育人研究，旨在实施国家课程的基础上，努力打破原有阅读空间的局限与学科壁垒，根据学生的年龄特点和现有教师的特长，开发与建设有学校特色的泛在阅读课程体系，创建浸润性的阅读环境，打通阅读与育人之间的渠道，全学科参与，全方位开展，全领域推进，在“无处不在、触手可及、随心所欲”的阅读中培养具有优秀素养的学生。

一、泛在阅读育人的理论价值

泛在阅读让阅读无时不在、无处不在。阅读提高了学生思辨的能力，同时阅读的效果也体现在人的价值、人文精神和理想人格的建立上。泛在阅读可以帮助学生不断感受到道德的教化，树立正确的世界观、人生观和价值观，有独特的育人优势。指向立德树人的泛在阅读课程，着眼核心素养，培养全面发展的学生，这是我们开展此项研究与实践的理论价值。

1. 基础教育阶段的阅读能力培养可能会影响孩子的一生

苏苑实小旨在建设随处可见的校园融媒体阅读平台和内容充实的阅读课程体系，在“纸读 + 屏读”的双媒介推动下，让阅读成为一种泛在式的、智慧型的、全学科的、全方位的学习方式，以此指引和帮助学生获取更多的知识和信息，更好地理解和应用所学的知识，拓宽视野和认知维度，了解不同的文化和历史，培养批判性思维和创造性思维，以提高自己的能力和素质。

2. 学生的心灵发展是一个由量变向质变的发展过程

大量的泛在阅读、语言积累是促进学生成长过程中发生质变的有效渠道。因为大量阅读扩大了信息的输入和积累，这些信息的广泛性、层次性和新颖性，促进了学生人格与才华向高层次发展，带来了愉悦体验和成就感。

3. 人需要有持续学习的意识和行动，阅读是一种提升自我修养和情商的方式

学生在泛在阅读的过程中，可以与不同人物的思维方式和行为进行思想碰撞，从而更好地了解自己和他人，更好地把握人性、理解世界，提高个人情商和社交能力，使其更加成熟和具有魅力，这种思考方式和意识的培养，对于个人成长和社会发展都有着重要的意义。

总之，泛在阅读育人模式是新时代背景下学校教育教学变革的重大举措，是实施素质教育的必然选择。泛在阅读育人模式聚焦个体的核心素养，“以全学科阅读的学习方式，追求知识背后所蕴含的真理，在融通知识学习中求博、求广、求深，进而塑造知情意统一、真善美融合的个性人格，重在培育有理想道德、有德性智慧与责任担当的时代新人和中华民族伟大复兴的‘中国梦’的‘筑梦人’。责任与担当，是个体内在心智与情感成熟的表现，是个体从‘实际’（器世界）走向‘真际’（理世界）、从小我（个体）走向大我（群体），达到精神自觉、心灵自由的表征。培养个体的责任、使命与情怀，是教育原点的回归，是评价素质教育的重要指标”①。

因此，泛在阅读作为一种新的育人模式，是新时代基础教育教学改革的重大举措，它基于数字化阅读资源的丰富性、便捷性与共享性，可以在一定程度上有效地促进教育公平，推动义务教育高质量发展。而使命与担当是个体精神达到自觉后的本真表现，育本领、启智慧也是泛在阅读育人的最终价值体现。

二、泛在阅读育人的实践价值

阅读对一个人的精神成长起着筑基、养性、树德的作用。在深刻把握阅读重要意义的基础上，苏苑实小以阅读为切入点，深入挖掘阅读的育人价值，构建

---

① 张艳艳，王兆璟. 新时代全学科阅读育人的逻辑理路与体系建构[J]. 课程·教材·教法，2022，42(10)：117－118.

了泛在阅读育人模式，让泛在阅读成为学校落实五育并举、实现全面育人的有效途径，不断涵养学生的心智，涵泳学生的情志，最终凝成学生的综合素养，从而找到意义感、价值感和幸福感。

1. 打造泛在阅读环境

（1）创设了“九个一”阅读环境，即“一柜、一廊、一亭、一厅、一堂、一屋、一树、一屏、一网”，让体验式阅读和内化式阅读有效助力学生的品格提升、素养形成。

（2）打造四条特色阅读长廊：一楼乐读长廊、二楼艺读长廊、三楼品读长廊和四楼享读长廊，让学生置身书海，眼里有书，心里有书，抬头是书，低头是书，浸润在阅读的世界里，随时随地可与书谈心。

（3）创设多种融媒体阅读平台：建设“融合阅读云平台”“融合阅读卡”“融合式电子阅读教材”，提升学生阅读兴趣，为校园阅读的纵深发展提供新的阅读工具和学习范式。

2. 构建泛在阅读课程

立足国家课程，打破原有阅读空间的局限与学科壁垒，开发与建设有学校特色的泛在式全学科阅读课程体系，如语数英阅读课程、音体美阅读课程以及科学阅读课程等，为学生提供丰富多样的课程资源。苏苑实小全学科参与，全方位开展，全领域推进，促进学生多元学习能力的形成。

3. 拓展泛在阅读渠道

苏苑实小通过“校内外结合”“线上线下融通”“家庭、学校、社会三位一体”的点点相连、多点互通的新型方式，实现了阅读的随处可见、随时发生，并在“纸读＋屏读”的双媒介推动下，形成了多维度、立体化、全领域的泛在式阅读渠道。

4. 建立泛在阅读评价机制

苏苑实小构建了泛在阅读评学、评教的指标体系。通过“建、读、诵、展、评”等评学手段，构筑个人自评、伙伴互评、家校共评、活动促评、成果展评五重评价形式；通过“自主学、交流学、展示学、点拨学”等评教方式，形成了泛在阅读课堂评价策略；通过丰富多彩的“主题类”“项目类”“拓展类”“即时类”等泛在阅读课程活动，形成了多元化的泛在阅读评价机制。

三、泛在阅读育人的创新价值

泛在阅读有效促进了苏苑实小学生核心素养的形成及学校育人方式的

变革。

1. **泛在阅读理念的创新**

苏苑实小泛在阅读育人研究着力解决了传统阅读在阅读目标、阅读课程、阅读场域、阅读评价等方面存在的单一和窄化的问题，不断彰显“泛素养、泛课程、泛场域、泛活动”四方面的综合育人追求，树立了“教育即阅读，阅读即育人”的综合育人理念。

2. **泛在阅读实践的创新**

苏苑实小泛在阅读育人研究通过打造泛在阅读环境，构建泛在阅读课程，拓宽泛在阅读渠道，形成多维度、立体化、全领域的泛在阅读综合育人实施路径，让阅读无时不在，让育人随时发生。

3. **泛在阅读场域的创新**

苏苑实小泛在阅读育人研究构建了随处可见、随时发生的阅读育人场域，让学生在泛场域中得到全方位的浸润与熏陶，于润物无声中创造了一个心灵的阅读“磁场”。

4. **泛在阅读评价的创新**

苏苑实小泛在阅读育人研究通过“建、读、诵、展、评”等评学手段，通过“自主学、交流学、展示学、点拨学”等评教方式，构建了泛在阅读“评学＋评教”的双指标评价体系。

四、泛在阅读育人的应用价值

苏苑实小在立德树人的主目标引领下，将阅读内涵不断深化，让阅读内化为一种持之“有恒”的学习品质。在一系列的实践、探索、改革中，学生、老师、学校都发生了全方位、全阶段、全素养的可喜变化，形成了泛在阅读的学校特色及区域延展性辐射效应。

（一）应用情况

1. **推广范围**

苏苑实小泛在阅读成果先后在区内四十多所小学及省内外百余所学校推广，共接待挂职交流、国培活动、国际访问、实习跟岗等团队上百批次，使该成果成为极具影响力和辐射度的学校品牌，对推进基层学校综合育人具有较好的指导意义。

2. 重大活动

苏苑实小承办了多项省、市、区级活动，如江苏省“教海探航”颁奖活动、江苏省“阅读领航人”活动、苏州市整本书阅读专题活动、吴中区全员阅读工程启动仪式等。师生阅读成果得到很好的展示，受到专家高度评价。

3. 论文专著

苏苑实小教师积极钻研，形成研究成果，出版一本专著，并有百余篇论文发表于省级及以上刊物，其中核心期刊数十篇。撰写的论文在省级及以上征文评比中硕果累累。

4. 媒体报道

苏苑实小泛在阅读成果被“学习强国”、中国教育网、江苏广电荔枝网等多家媒体相继报道。此外，《江苏教育研究》《教育视界》等杂志以封面形式、多个版面综合报道苏苑实小阅读课程建设的突出成绩。

（二）应用成效

1. 成就学生

苏苑实小泛在阅读课程自开发与推行以来，促进了学生德智体美劳的全面发展，提高了学生的综合素质。仅以 2022 年为例，苏苑实小学生在各级各类比赛中获奖超 1 100 人次，获奖档次和人次位列苏州大市前茅。

2. 成就教师

苏苑实小名师荟萃，拥有正高级教师、江苏省特级教师、苏州市名教师、姑苏教育名家、姑苏领军人才、姑苏拔尖人才、苏州市学科带头人等区级以上名师 86 名。

3. 成就学校

苏苑实小始终以泛在阅读为突破口，努力探寻泛在阅读的综合育人价值，推动学校高位发展，先后被评为“江苏省教育工作先进集体”“江苏省首批教师发展示范基地校”“江苏省文明校园”“江苏省书香校园建设示范点”“江苏省中小学课程基地校”“江苏省教科研工作先进集体”等，并同期获得多项苏州市级以上办学荣誉称号，教学质量名列前茅。

其中，苏苑实小对学生阅读能力的培养也有了很多探索，积累了一定的实践资料和课堂经验。以泛在阅读课程等作纵向深入的研究，对学生的小学阶段产生积极影响，并能将此能力迁移到以后的学习中，对学生今后的全面发展、品格提升有不可估量的作用。同时，在省内外学校和结对帮扶学校开展实践应用，逐步形成了泛在阅读理论和实践成果，对推进基层学校全员育人、全面育人、全程育人具有实践指导意义。

综上所述，阅读工程是一个循序渐进的过程，苏苑实小对泛在阅读的探索需要一个较长的时间周期。如何规避学生泛读但不入脑、泛读却不入心，苏苑实小将进一步通过教师的引导、同伴的影响、课程的优化、课堂的实施，引领学生将阅读走向深入，通过泛在阅读积累知识，拓展思维，习得能力，养成品格。在当前国家“双减”背景下，相信泛在阅读会有更大的前景和空间，苏苑实小将大力挖掘其应用价值，不断探索推广路径，使其发挥更大的育人功效。

第二章

泛在阅读的育人文化

阅读是汲取知识的重要途径，更是丰富精神生活的力量源泉。朱永新先生在《新教育之梦》中说："应该重视学生与书本为友，与大师对话，在人类优秀文化遗产中净化自己的灵魂，升华自己的人格。"①

第一节　泛在阅读的精神文化

学生的核心素养包括学生应具备的品格和关键能力。而大量事实证明，广泛的、深入的、持久的、有针对性的阅读，则是小学生品格提升最重要也是最有效的途径和方式。

苏苑实小秉持"让阅读无处不在，让育人随时发生"的核心理念，以"心灯""烛火"的姿态，持续聚力推进泛在阅读建设，不断探索适合校情和学情的阅读课程体系。泛在阅读的精神文化，并不只是开发智力和增长知识，更表现在阅读过程中净化学生的思想、陶冶学生的情操、培养学生的品德，让学生获得成长的必备品格和关键能力。学生的精神世界具有对于真善美的认知和热爱，能够借由多种途径和多种情境获得丰富的阅读体验，在其品格提升道路上是举足轻重的。可以说，阅读是品格形成的基础和载体之一，阅读即德育！

一、好书润童心，读出好品行

泛在阅读依托学校原有阅读课程建设成功经验，强化显性校园阅读文化中

① 转引自孔善荣. 沐浴书香 让阅读神采飞扬[J]. 科学大众(科学教育)，2010(1)：73.

的德育功能，设置和改善指向品格提升目标的阅读时空和阅读路径，通过创设泛在阅读环境和交流平台，丰富泛在阅读育人的阅读材料，优化泛在阅读育人的课堂阅读教学，开展多样的泛在阅读育人活动，拓展泛在阅读育人的渠道，让体验式阅读和内化式阅读有效助力学生的品格提升，让学生在泛在阅读中涵养人格的美好。苏苑实小泛在阅读以六年为周期，整体向上、螺旋递升，不着痕迹地浸润学生成长，让良好的品格最终成为学生生命的一部分。

（一）泛在阅读：明确育人目标，聚焦品格培育点

阅读有“品”，读书成“格”，以泛在阅读全面提升学生品格。苏苑实小根据当代小学生年龄特点及心理需求，明确育人的目标，聚焦学生品格培育，从 12 本中外经典读物中，择取了 12 个关键词作为泛在阅读精神培育的基点，让学生在阅读中学习优秀的精神品质。

1. 热爱生活

一个人要心怀梦想，学会生活。

主打读物：《小鲤鱼跳龙门》。

形象代言：小鲤鱼。

《小鲤鱼跳龙门》是当代作家金近创作的童话，主要讲述了小鲤鱼的故事。小鲤鱼在跳跃龙门的旅途中凭借不怕困难、顽强拼搏的精神，克服种种困难，最终学会了过硬的本领。

学生通过阅读《小鲤鱼跳龙门》，学习主人公热爱生活的品质。

2. 诚实守信

一个人要真诚实在，信守承诺。

主打读物：《木偶奇遇记》。

形象代言：比诺曹。

《木偶奇遇记》是意大利作家卡洛·科洛迪创作的童话，主要讲述了木偶匹诺曹的奇遇故事。匹诺曹一开始贪玩、贪心、顽皮、不懂事，后来，他经历重重困难，从顽皮逐渐到懂事，并通过了关于勇气、忠心以及诚实的考验，最终得到成长。

学生通过阅读《木偶奇遇记》，学习主人公诚实守信的品质。

3. 勇于担当

一个人要知责于心，履责于行。

主打读物：《神笔马良》。

形象代言：马良。

《神笔马良》是当代作家洪汛涛创作的民间故事，主要讲述了一个从小父母双亡但热爱画画的孩子马良意外得到一支神奇的笔后惩恶扬善的故事。马良具有踏实刻苦的宝贵品质，当他拿到笔后，并未首先考虑自己，反而用手中的神笔为贫苦的百姓带来了数之不尽的财富，这一细节彰显了马良不忘初心、助人为乐的高尚情操。

学生通过阅读《神笔马良》，学习主人公勇于担当的品质。

4. 乐观豁达

一个人要性格豁达，积极向上。

主打读物：《鲁滨逊漂流记》。

形象代言：鲁滨逊。

《鲁滨逊漂流记》是英国作家丹尼尔·笛福创作的小说，主要讲述了主人公鲁滨逊的故事。鲁滨逊从小有着一个航海梦，常常瞒着家人出海。一次出海时，由于暴风雨的袭击，他成了唯一的幸存者，漂流到一座荒岛上。他在荒岛上凭借乐观向上的心态、勇敢无畏的精神生活了多年，最终回到了祖国。

学生通过阅读《鲁滨逊漂流记》，学习主人公乐观豁达的品质。

5. 知错就改

一个人要正视错误，及时改正。

主打读物：《宝葫芦的秘密》。

形象代言：王葆。

《宝葫芦的秘密》是当代作家张天翼创作的小说。一直期待拥有宝葫芦的王葆，突然有一天钓到了一只宝葫芦，它能够满足王葆的所有愿望。宝葫芦看上去能够变出各种各样的东西，但这些东西都是从别人那里偷来的。王葆告诉了父母、老师、同学后，宝葫芦才彻底消失。最后，王葆和朋友们一起将东西归还、赔偿，生活又变成了原来的样子。

学生通过阅读《宝葫芦的秘密》，学习主人公知错就改的品质。

6. 勇于探索

一个人要积极探索，主动钻研。

主打读物：《昆虫记》。

形象代言：法布尔。

《昆虫记》是法国昆虫学家法布尔创作的科普读物，主要从种类、特征和习性等方面对昆虫进行描述和介绍,用仔细的观察、生动的语言,将昆虫真实的生活特点和习性秘密呈现在读者眼前。书中的昆虫们特点丰富,令人喜爱。作者法布尔用人性去看待昆虫,将自己的人生感悟与昆虫的多彩生活融为一体,表现了他对生命的尊重和对自然的热爱。

学生通过阅读《昆虫记》,学习作者勇于探索的品质。

7. 珍爱生命

一个人要尊重生命,善待自己。

主打读物:《我与地坛》。

形象代言:史铁生。

《我与地坛》是当代作家史铁生创作的散文集,作品通过人物、故事、环境,描述了坐着轮椅的史铁生 15 年来在地坛的所思所得。散文中令人感动的是作者对人生的感悟以及对亲情的讴歌。

学生通过阅读《我与地坛》,学习作者珍爱生命的品质。

8. 乐于助人

一个人要待人热情,助人为乐。

主打读物:《今天我是升旗手》。

形象代言:肖晓。

《今天我是升旗手》是当代作家黄蓓佳创作的小说,主要讲述了崇拜英雄、精力充沛、品学兼优的主人公肖晓的故事。肖晓心中有一个愿望:当一回学校的升旗手。但肖晓的愿望总是因为种种原因而得不到实现。可他没有放弃努力,通过积极参加"手拉手"活动来帮助同学们,最终亲手升起了五星红旗。

学生通过阅读《今天我是升旗手》,学习主人公乐于助人的品质。

9. 爱国奉献

一个人要热爱祖国,乐于奉献。

主打读物:《小英雄雨来》。

形象代言:雨来。

《小英雄雨来》是当代作家管桦创作的小说,故事记叙了抗日战争时期,热爱祖国、机智勇敢的小英雄雨来为掩护革命干部李大叔,和日本鬼子斗智斗勇的故事。

学生通过阅读《小英雄雨来》,学习主人公爱国奉献的品质。

10. 正直善良

一个人要正直坦率，纯真善良。

主打读物：《小坡的生日》。

形象代言：小坡。

《小坡的生日》是作家老舍创作的童话，主要讲述了生活在南洋的男孩小坡和他妹妹的有趣故事。故事后半段通过对小坡梦境的描述，隐含了对南洋现实弊端的嘲讽，前后连贯紧密，充满奇幻色彩。

学生通过阅读《小坡的生日》，学习主人公正直善良的品质。

11. 不畏艰险

一个人要不怕困难，迎难而上。

主打读物：《西游记》。

形象代言：孙悟空。

《西游记》是明代作家吴承恩创作的神魔小说，与《三国演义》《水浒传》《红楼梦》并称为中国古典四大名著。主要讲述了石猴孙悟空跟随菩提祖师学艺及大闹天宫后，与唐僧、猪八戒、沙僧、白龙马一同西行取经，一路上降妖除魔，历经艰险，经历九九八十一难后终于取回真经的故事。

学生通过阅读《西游记》，学习主人公不畏艰险的品质。

12. 多谋善断

一个人要勤于思考，善于判断。

主打读物：《三国演义》。

形象代言：诸葛亮。

《三国演义》是元末明初小说家罗贯中根据陈寿《三国志》加工而成的长篇章回体小说。小说描述了从东汉末年到西晋初年之间魏、蜀、吴三国之间的政治、军事斗争。从“桃园三结义”开篇，到司马炎一统三国，建立晋朝结束。故事中的诸葛亮聪敏睿智、勤于思考、善于判断，广受读者喜爱。

学生通过阅读《三国演义》，学习主人公多谋善断的品质。

（二）泛在阅读：精选育人读物，提炼品格关键点

为了让学生读到合适、经典的童书，苏苑实小根据学生年龄特点，结合教材篇目及课程标准规定，在实践积累的基础上，精心整理阅读序列，编制校本教材，使泛在阅读得以课程化，进一步让泛在阅读内涵更加深刻、外延更加宽阔。

苏苑实小围绕上述十二大品格关键词，以主打读物为核心，以学生身心发

展特点为原则，组织班主任、任课教师和学生从《小学生必读书目》等经典读物中精选既能扣住教育目标，又具极强感染力，可读性强，能深深吸引学生的适合书目，进一步充实泛在阅读育人书库。低年级以儿童喜爱的童谣、童诗、绘本为主，中高年级则以整本书阅读为主。

苏苑实小每学期初制定各年级泛在阅读诵读书单、阅读活动项目清单，根据阅读反馈情况，适当进行书目调整，并做到年级组资源共享。立足课堂，聚焦核心素养，潜移默化地影响学生的思想、情感。着眼于让学生在泛在阅读中发展语言、发展素养、成就生命；着眼于培养学生的"书卷气、灵秀气、端庄气、博雅气、阳光气"。通过唱、诵、演、画、评、辩等学生喜闻乐见的"精加工"活动，将经典作品以物化的形态呈现。以"知""情"为开端，以知引人、以情感人、以志树人、以行导人，达到泛在阅读育人的目的。

（三）泛在阅读：优化育人课堂，挖掘品格生长点

苏苑实小以泛在阅读建设为立足点，将学生发展核心素养的要求转化为学校教育教学过程中具象的内容，从"着力用好语文课堂""积极实施全学科阅读项目""全力打造'课程超市'""创新开设'家长课堂'"等方面，全方位优化育人课堂，挖掘学生品格的生长点。

一是着力用好语文课堂。语文课堂是阅读的主阵地，教材中蕴藏着丰富的育人素材。苏苑实小围绕十二大品格关键词，成立泛在阅读育人课题组，探索泛在阅读教学新模式，运用情景熏陶、体验感悟、活动强化等有效方式，寻找泛在阅读育人的最佳渗透点，确保泛在阅读育人的最佳效果。

二是积极实施全学科阅读项目。苏苑实小以泛在阅读课程建设为切入点，不断拓宽阅读课程校本化实施的渠道，立德树人，寓"德"于"读"，挖掘多种阅读策略，创新泛在阅读方式，全面提升学生阅读素养。立足全学科，依据学生的年龄、心理特点和认知规律，分学科、分年级制定泛在阅读育人的转型升级方案，并在此基础上，整合学科知识，确立阅读目标，即将各学科的知识点进行系统整理，明确学科教学目标、育人能力目标。

三是全力打造"课程超市"。苏苑实小全方位、多维度地推进泛在阅读育人课程的实施，以校本阅读课程开发和文化场所建设为两翼，走出一条富有特色的泛在阅读育人之路。通过打造"课程超市"，即校级特色社团活动，着力在教育教学中塑造学生良好素养。诸如依托陶艺、刺绣、书法、围棋、剪纸、经典诵读等蕴含着优秀传统文化的课程，实现泛在阅读育人课程转型升级。

四是创新开设“家长课堂”。围绕十二大品格关键词，以“家长学校”为主阵地，发挥家长的资源优势，整合集体的智慧推动课程建设。开设“家长课堂”，让有专长、有文化底蕴的优秀家长走进课堂诵读经典读物、讲述动人故事等，播撒阅读种子，从不同方向、不同渠道、不同维度打开学生视野，让家庭教育与学校教育交相辉映、相辅相成。

（四）泛在阅读：拓展育人渠道，丰富品格锻造点

苏苑实小以十二大品格关键词为抓手，从不同渠道开展多元、多维、多彩的泛在阅读活动，包括“影视拓展”“剧本表演”“亲子共读”“‘享’读书友会”“互联网＋讨论”“文学大咖面对面”等，丰富品格锻造点，让学生在各种阅读活动中涵养品格、提升素养、获得成长，真正达到阅读育人的目的。

影视拓展。将名著文本与影视作品结合，是学生喜欢的阅读形式，其可将静止的语言通过动态的方式生动地展示。苏苑实小围绕十二大品格关键词，从学生年龄特点与学情出发，从中外经典影片中选取适合学生成长的影视作品，组织集体鉴赏或推荐课外观看，培养和提升学生精神品质。

剧本表演。以创造性课本剧为教学媒介，以经典文学作为基础，把学习的主动权还给学生，通过角色扮演和想象体验等愉悦的创造性活动，对作品进行精加工，使阅读活动洋溢着生命的活力，让孩子与文本之间产生积极且深入的体验式互动。通过表演、创作性阅读活动，不断张扬个性特点，锻造品格特质，让学生获取乐学、会学、善学的学习品质，全面提升学生阅读素养和综合能力。

亲子共读。组织家长与孩子的共读活动，让亲子共同体验健康的阅读情趣。组织阅读展演活动，以配乐朗诵、微小品、舞台剧等展现泛在阅读的育人效果。这样的亲子阅读活动可以开发孩子的脑力，提升孩子的阅读兴趣，促进孩子与家长在思想、心灵上的交流与共鸣。同时，此类有效的亲子阅读活动，可以从口才和表述能力等方面有效、全面提升学生能力、眼界、情操，让学生形成良好的阅读习惯。

“享”读书友会。创建由学生负责日常工作的班级“享”读书友会。学生利用课余时间，通过互相推荐新书、好书，开展心际交流活动、图书漂流活动、阅读心语活动，将读书思考进行表达、分享，并向更广的时空延伸。“享”读书友会为同学们提供阅读交流的平台，学生在书友会中，可以分享自己的阅读心得和感受，互相推荐好书，探讨阅读的意义和价值。这种交流不仅可以帮助学生更好地理解书籍，还可以提高学生阅读的乐趣，更好地理解自己热爱的领域，从而更好地探索和学习。

互联网 + 讨论。在互联网环境下，开辟泛在阅读网络沙龙，让学生在虚拟空间里和同伴交流共同感兴趣的话题，通过讨论、争辩、互相学习，碰撞思想火花，培养思辨能力，激发创造力。学生在进行“互联网 + 讨论”活动时，可跳出时空局限，通过不同方式分享感悟、思考、体验、收获。这种分享不仅可以帮助其他人了解阅读的乐趣和价值，还可以促进人与人之间的交流和理解。学生可以通过与其他书友的交流，更好地了解自己的兴趣爱好和价值观，从而更好地塑造自己的个性和品行。

文学大咖面对面。邀请作家、专家、学者进校园、进课堂，与孩子面对面、近距离地交流，分享自己的阅读故事、阅读经验，让学生真实、可感、自然地感受阅读之美。这种方式不仅仅给学生分享了阅读的好处，更能让学生从作家的分享中感受到阅读之美、阅读之趣，以此引导学生的品格养成、素养提升，从而以阅读收获知识，以阅读增长智慧，以阅读促成习惯养成，以阅读树立理想，以阅读培育人才。

（五）泛在阅读：扩充育人维度，把握品格融合点

苏苑实小从“教师引领”“家长参与”“社区助力”等多方面，开展多维度泛在阅读育人活动，形成家、校、社育人合力，把握学生品格融合点。

教师引领。努力打造品格高尚、知识渊博、精于策划、勤于育人的教师阅读队伍，提升教师阅读素养，以“腹有诗书气自华”的形象，树立阅读成德的榜样，成为有品之师，以此更好地孵育和培养学生品格。同时，把师资队伍建设作为学校发展的基础性、关键性和战略性任务，立足实际、多措并举，提升立德树人软实力。①

家长参与。通过家长圆桌会议、月月亲子阅读小报（《含笑花开》）、天天家校联系录（《家校苑地》）、家长委员会、家庭教育学堂等为家长提供广泛的阅读空间、交流空间、展示空间、沟通空间，以父母的“阅读有品、阅读成格”影响孩子的成长。同时，进行家校优质资源整合和共享，并充分利用现有资源，实现资源优势互补，达到通过阅读提升学生品格的目的。以多样的亲子阅读活动为抓手，形成学校与家庭教育的合力。

---

① 唐晓芳. 强化师资队伍“硬建设”，提升立德树人“软实力”[J]. 小学教学研究（理论版），2022(29):5－7.

社区助力。以吴中区新华书店为泛在阅读育人资源后台，为学生的阅读成长增添助力；以吴中区图书馆为泛在阅读育人体验场所，有效保障苏苑实小泛在阅读育人的教育资源；以吴中区青少年活动中心为泛在阅读育人基地，借助校外文化艺术、科技知识、技能培训的实践平台，培养学生良好的道德意识、民主意识、科学意识、生态意识、法律意识，全面达到育人效果。

二、“六阅育六德”，活动践品行

苏苑实小坚持立德树人的基本理念，把“立德树人”放在中心，建构泛在阅读课程，结合教学实践与课改研究，将知识和能力、学习过程和方法指导相结合，将情感、态度及价值观的培养相融合，使以上三个维度相互渗透、相互融合。着眼阅读，以丰富的“六阅”“六德”实践活动为抓手，培养学生好学、进取、质疑、创新、谦逊、自律、善良、友爱、勇敢、坚韧等必备品格，形成了以“言、意、趣、法”为主要内容的泛在阅读“六阅”“六德”的核心价值。其中，言即本质：聚焦阅读作品内容及内涵的语言“生长点”；意即灵魂：充分挖掘文本的人文性；趣即灵性：让学生在获取知识、涵泳品格的过程中，充分享受阅读的快乐；法即根本：用适当的方法引领学生积极思考、提升素养。从而培养学生知识内涵、基本素养、人文底蕴、探索精神、学习方法、责任意识、创新能力等方面的关键能力，进行正确的价值引领，提升学生的核心素养。

根据不同年级学生的不同特点，开展“六阅”“六德”阅读活动、教育活动、实践活动，提升学生品格，丰盈学生精神内涵（表2-1）。

表2-1　苏苑实验小学“六阅”“六德”活动

年级	一	二	三	四	五	六
阅读活动	阅书知礼	阅读童话	阅览名胜	阅享名著	阅读实践	阅品梦想
品格提升	习惯养成	爱与感恩	科学发现	成长励志	生命教育	人生价值

（一）一年级：阅书知礼

古人云：“孝敬父母，尊重师长。”明礼仪、懂美德是中华民族的优良传统，也是社会的基本道德要求。中华民族几千年来，有很多有关传统美德的书籍与故事。因此，一年级泛在阅读的“六阅”“六德”活动，旨在让学生能够通过阅读明礼类书籍，开展思想道德和文明礼仪教育，形成良好的文明礼仪行为。如，“爱阅读，知礼仪”“书香拂面，阅读明仪”等活动，引导学生达成“彬彬有礼”“知书达理”两大特点，说文明话、做文明事、遵守纪律、团结同学，引导学生积极主动参与班级和学校活动。泛在阅读的“阅书知礼”活动，通过全方位、多元化的评价方式，让学生在体验式、实践式阅读活动中获得成长，真正成为知礼、懂礼好少年，在阅读中养成良好的学习生活习惯。

（二）二年级：阅读童话

根据当前学生的阅读现状及二年级学生的身心发展特点，“六阅”“六德”活动紧扣经典童话书籍，引导学生从童话故事中感受生动有趣的语言、奇妙跌宕的情节，体会童话中无与伦比的丰富与奇妙。特别是在活动中，依据童话的自身特点，从角色、画面、剧情三方面代入，最终联结儿童与文本。阅读童话旨在引导学生在品析中感受意境、激活情思，提升审美创造的能力；在品读中涵养想象与表达，发展开拓思维的能力，逐步引导学生树立正确的世界观、人生观、价值观，为学生品格提升与精神品质的锻造打好基础，真正做到走近童话，唤醒童心，感受与践行美好品质。

（三）三年级：阅览名胜

阅读和行走，都是一种生活方式。三年级的学生已经有了一定的生活阅历，对文字、社会有一定简单感知，根据此学情特点，设置游览阅读课程，阅览名胜古迹。如开展“我在书中看苏州”“中国历史知多少”“世界地理我了解”“名胜古迹的秘密”等活动，让学生在阅览名胜的过程中感受“读万卷书，行万里路”的乐趣。如此，不仅增加了孩子们对家乡、中国、世界文化的进一步了解，也激发了他们对阅读的浓厚兴趣。同时，在阅读的过程中更侧重于对探索与发现意识和能力的培养，提升学生综合素养。

（四）四年级：阅享名著

文学名著是人类智慧的结晶，是真善美的化身。阅读名著可以开启智慧、抚慰心灵。针对四年级学生的学情特点，引导学生从阅读名著、探索方法、分享感受、开展探究，培养学生广泛的阅读兴趣，建构阅读整本书的经验，感受经典名著的艺术魅力，丰富学生的精神世界。教师根据不同作品的特点选择不同的阅读方法，帮助学生理清阅读思路，进而合理安排阅读进度，让学生走入名著为他们展示的广阔天地。经典名著深藏超凡的思想，读懂它的内涵可以使学生感受生活道理，形成美好的精神人格，并通过一系列的阅读活动，培养学生健康的人格。

（五）五年级：阅读实践

阅读实践旨在通过寻找、整合阅读知识教学资源和阅读实践教育资源的契合点，有目的、有计划地挖掘阅读教学资源中的生命元素，引导五年级学生阅读伟大著作，对话伟大灵魂，在实践中自我探索、自我实现、自我突破。针对五年级学生的学情特点，教师依据学生学习经验、兴趣爱好、承受能力等因素进行创造性的设计，循序渐进地指导学生制定个性化导读单、布置阅读专栏、召开阅读分享微沙龙，推进一系列微主题实践活动，如“生命的价值”阅读探秘之旅、“跟着地图去阅读”记录卡制作、“我心中的英雄”小剧场等。如此，学生在阅读实践中自觉、自主、自发地多维观照、汲取力量，集自然生命之长、社会生命之宽、精神生命之高，成为具有独立人格的完整的发展的人。

（六）六年级：阅品梦想

书籍是增长智慧的工具，契合学生身心发展特点的阅读可以怡神旷心、增趣添雅、长才益智。阅读往往和人生志向、精神品质相连。针对六年级学生的学情特点，苏苑实小教师以“世界读书日”“书香班级建设”“阅读主题月活动”为契机，营造独特的阅读文化和书香氛围，精选经典文学著作，以思想大家的视角带领学生认识世界、经历人生，构筑个人价值与社会价值相统一的发展观念、生活方式和进步阶梯，进一步发挥阅读的育人功效，引导学生在广泛的阅读中受到思想启发，进而帮助他们拓宽视野，增长知识；塑造品质，树立梦想；担当使命，实现价值。

第二节　泛在阅读的场域文化

苏苑实小基于“立德树人”根本目标，以泛在阅读为突破口，坚持阅读育人，打造富有本校特色的阅读阵地。一方面紧抓自身场域资源，另一方面积极探索转化，进一步丰富场域文化内涵，建设了自然场域、人文场域、媒体场域三位一体的立体化、多元化、个性化的泛在阅读育人场域文化新样态。

一、自然场域

自然场域是苏苑实小泛在阅读场域建设的重要方面。其中名目繁多的古树名木与千姿百态的石刻砖雕是集知识性、艺术性、人文性为一体的丰富阅读资源。让学生置身其中，可在潜移默化的泛在阅读自然场域文化氛围中得到审美的启迪、精神的润泽、心灵的陶冶、品质的提升。

（一）古树名木

触摸一棵树，是在聆听来自远古的生物密码；欣赏一棵树，是在钟情一段难忘的绿色记忆；阅读一棵树，是在感受一份年轮记录下的悠久历史文化。

一棵古树就是一张名片，一棵古树就是一段故事。学校为学生打造了丰富多彩、底蕴深厚的自然场域，引导学生在阅读每一棵古树名木的过程中对古树的历史、文化内涵进行科学分析，全面感受苏苑实小古树名木的科学知识和人文价值（表 2-2），从而体验阅读的乐趣，增长知识、陶冶情操、提升阅历、丰富素养。

表 2-2　苏苑实小古树名木阅读名片

树名	位置	科学知识性阅读名片	人文价值性阅读名片
朴树	南大门口	科名：大麻科 分布：我国山东、河南和长江流域以南各省区 树龄：约 300 年　高度：9 m 胸径：70 cm　下围（连裸根）：610 cm	人文内涵：朴实、博雅。 校园的朴树枝繁叶茂，就像一位和蔼可亲的老者，静静地伫立，见证着学生的成长和学校的发展。
红花檵木	南大门口	科名：金缕梅科 别名：红桎木、红花、红檵花 分布：我国长江中下游及以南地区 树龄：约 300 年　高度：6 m 胸径：65 cm　下围（连裸根）：230 cm	人文内涵：高雅、古朴。 校园的红花檵木已经有约 300 年历史，造型别致，气质优雅。可谓是不管从哪个角度观赏，都是校园里一道美丽的风景线。
石榴（多棵）	阅苑大道西侧	科名：石榴科 别名：安石榴、若榴、丹若、金罂 分布：伊朗及邻近地区多见，我国除极寒地区外南北各地均有分布 树龄：约 200 年　高度：5 m 胸径：27 cm　下围：275 cm	人文内涵：热情、蓬勃。 校园中的这几棵石榴树朝气蓬勃、欣欣向荣，果实味美、色泽艳丽，也是一种富有文化意义的植物。石榴在中国传统文化中被赋予了许多美好的寓意，如多子多福、吉祥如意等。

续表

树名	位置	科学知识性阅读名片	人文价值性阅读名片
枣树	阅苑大道两侧	科名：鼠李科 分布：我国东北南部、华南、西南、西北到新疆均有分布，以黄河中下游、华北平原为多见 树龄：约 80 年　高度：6.5 m 胸径：45 cm　下围：190 cm	人文内涵：奉献、勤劳。 校园中两棵相对而望的马眼枣树，已经有 80 多年历史。马眼枣为苏州洞庭东山三山岛特有。每年秋天，沉甸甸的枣子便会挂满枝头，果粒为椭圆形，水分较多，口感又甜又脆，尤为适宜鲜食。
银杏	阅苑大道东侧	科名：银杏科 别名：白果树、公孙树 分布：亚热带季风区 树龄：约 250 年　高度：3 m 胸径：60 cm　下围（连裸根）：290 cm	人文内涵：顽强、儒雅。 校园中的这棵银杏主要取景在于它的根部，造型尤为奇巧。阅读银杏的特点，重在阅读它生命力极强，不屈服、不言败的精神。
三角枫	阅苑大道西侧	科名：槭树科 分布：我国华北地区山东、河南、河北分布较广 树龄：约 150 年　高度：5 m 胸径：52 cm　下围：220 cm	人文内涵：活泼、灵动。 校园的三角枫到深秋时，树的叶子由绿渐变成淡红、粉红、赭红、紫红等多种颜色，春季转为绿色，是很好的阅读资源。
凌霄	阅苑大道西侧	科名：紫葳科 别名：紫葳花、女葳花 分布：我国黄河流域、长江流域及广东、广西、贵州等省 树龄：约 150 年　高度：4 m 胸径：16 cm　下围：70 cm	人文内涵：内敛、含蓄。 凌霄花常被古今文人大量描绘，并代表了多种不同的意象。校园中的凌霄特点是以瘦弱之姿，缘参天之木，托鲜花于日下，绽芳英于云端，给人坚忍不拔、豪气干云之感。
枸杞	阅苑大道两侧	科名：茄科 别名：枸杞子 分布：我国宁夏、河北、山东、江苏、浙江、江西、湖北、四川、云南、福建等省 树龄：约 100 年　高度：2.5 m 胸径：18 cm　下围：55 cm	人文内涵：和谐、奋发。 枸杞有着源远流长的历史内涵、扑朔迷离的传奇故事。校园中的这棵枸杞是文化与吉祥的象征，代表着喜庆与和谐、奋斗与热烈、幸福与展望，给人蓬勃向上的美感。

续表

树名	位置	科学知识性阅读名片	人文价值性阅读名片
榆树	阳光操场南侧	科名:榆科 别名:白榆、榆钱、春榆 分布:我国东北、华北、西北、华东等地区 树龄:约 100 年　高度:1.8 m 胸径:50 cm　下围:130 cm	人文内涵:友爱、大方。 校园中的榆树苍劲古朴,春季发叶,青翠碧绿,而后榆钱满树,蔚为壮观;夏季枝叶扶疏,冠幅如云,浓荫如盖;秋冬季节,枝干毕露,虬曲嶙峋。“榆”,同“余”,有着富足的寓意。
香樟	阳光操场北侧	科名:樟科 别名:木樟、芳樟、番樟、香蕊、樟木子 分布:我国长江以南及西南地区 树龄:约 80 年　高度:13 m 胸径:55 cm　下围:190 cm	人文内涵:高洁、无私。 香樟木是江南四大名木之一,校园中的这棵香樟树有着蓬勃的生命力和高洁的气质。
雪松	阳光操场北侧	科名:松科 别名:香柏、喜马拉雅雪松、喜马拉雅杉 分布:原产于喜马拉雅山西部自阿富汗至印度海拔 1 300 ~ 3 300 米间。我国自 1920 年起引种,现长江流域多有分布 树龄:约 50 年　高度:11 m 胸径:40 cm　下围:150 cm	人文内涵:正直、坚韧。 学校的雪松树冠形状像宝塔,树干高大,枝叶繁茂。雪松除了是常绿树种之一,它还具有很强的观赏价值和药用价值,是人类最早使用的芳香物质之一。阅读雪松,感受雪松木材坚实、纹理致密、生命力顽强的特点。
铁树	校园多处	科名:苏铁科 别名:苏铁、凤尾蕉 分布:亚洲东部及东南部、大洋洲及马达加斯加等热带、亚热带地区 树龄:约 100 年　高度:1.5 m 胸径:20 cm　下围:75 cm	人文内涵:刚正、无畏。 校园的铁树形状古朴典雅,主干粗壮有力,质地坚硬如铁;羽叶光亮优质,四季常青,观赏性极佳。其药用价值与文化寓意也十分丰富。
桂花	校园多处	科名:木樨科 别名:木樨、丹桂、金桂、岩桂、九里香 分布:我国长江流域及以南地区多见 树龄:约 100 年　高度:6 m 胸径:15 cm　下围:70 cm	人文内涵:亲和、沉稳。 桂花自古以来就有美好的寓意,桂花的花语有收获、久伴,而且有高洁和吉祥的文化象征,不仅是中国的传统名花之一,而且具有极高的观赏价值,深受很多人的喜爱。

续表

树名	位置	科学知识性阅读名片	人文价值性阅读名片
构树	校园多处	科名:桑科 别名:构桃树、楮树、楮实子、沙纸树、谷木、谷浆树、谷树 分布:我国南方地区极为常见 树龄:约 30 年　胸径:53 cm 下围:190 cm	人文内涵:坚贞、不屈。 构树作为我国广布的乡土树种,在中国应用历史悠久,被载入了各种历史典籍、诗词歌赋中,有着生命力强、朴实无华、棱角分明、坚贞不屈的品质特点。
枸骨	校园多处	别名:鸟不宿、猫儿刺、枸骨冬青 科名:冬青科 分布:产于我国长江流域及以南各地,生于山坡、谷地、溪边杂木林或灌丛中 树龄:约 15 年　高度:4 m 胸径:23 cm　下围:100 cm	人文内涵:积极、乐观。 枸骨的叶片形态非常的奇特,表面光亮,叶子边缘有小刺。枸骨树的叶非常的密集,叶片一年四季常绿,它是一种多年生的小灌木,具有一定的观赏价值。

1. 阅读科学知识性名片丰富阅历

通过引导学生对古树名木的科学知识名片阅读,对学生阅读方法、阅读能力进行培养,延展学生知识面,丰富学生人生阅历。实践证明,阅读能力的提高,要充分调动学生的阅读积极性,并将能力培养的方法与手段始终贯穿学生的日常学习生活,让学生在广泛阅读中逐渐积累、逐步消化。苏苑实小通过打造富有深刻内涵的古树名木阅读课程,以古树名木科学知识性名片阅读的形式,调动学生的生活体验,从而使学生对古树名木有深刻而积极的理解、透彻而能动的感悟。在这一过程中,学生的理解能力、阅读能力也能在潜移默化中得到锻炼和提高。

2. 阅读人文价值性名片提升内涵

通过引导学生对古树名木丰富的人文价值性名片阅读,培养学生良好的阅读能力,丰富学生的人格内涵。这是一个不断积累、不断消化吸收的过程。从古树名木的文化内涵入手,从众多现象中揭示出事物的本质,并从中感受文化的传承与历史的积淀。学生在对古树名木文化名片的鉴赏阅读过程中,欣赏与品味语言艺术的魅力、体验和感知生命艺术的高尚,激发自然与文学的审美意识,提升综合与科学的审美能力,激发美好而丰富的想象,思考和感悟人生哲理,养成高雅的审美阅读艺术情趣,从而在分享阅读乐趣,交流阅读成果中提升阅读品质与个人文化修养、人文内涵。

（二）石刻砖雕

石虽不语，却显深意。静心阅读，无声交流，往往会带来意想不到的沉静美感，汲取经时光雕琢后更加闪耀的精神力量。

一块置石，一座雕塑，一处浮雕，通过不同的物质存在形式与人文景观价值，从内容、造型、内涵等不同角度，吸引不同阅读主体，形成丰富有意义的阅读模式，达到深刻、多元的阅读效果。面对石刻砖雕实物景象，用现场阅读的方式，感悟石刻砖雕的人文化、序列化特点，感受阅读魅力。学生在阅读中，寻找石刻砖雕的艺术价值和人文价值（表 2-3），激发石刻砖雕与人文历史的情感联系，完成情境阅读。学生阅读石刻砖雕的过程既是一种艺术欣赏过程，也是一种心灵成长与精神熏陶的过程。

表 2-3　苏苑实验小学石刻砖雕阅读名片

<table>
<tr><th>名字</th><th>位置</th><th>艺术价值阅读名片</th><th>人文价值阅读名片</th></tr>
<tr><td>托起明天的太阳</td><td>南大门口</td><td>雕塑由三部分构成，底座为交叉叠放的三本书，中间是向上伸展的三条手臂，最上面是一个巨大的球形，线条简洁，造型独特，富有艺术美。</td><td>太阳是生命的象征，“托起明天的太阳”意在激励广大师生珍惜生命，积极面对生活，承担生命重任，充满信心地面对未来的挑战。</td></tr>
<tr><td>师生情深</td><td>南大门口</td><td>石块在学校南大门左手边最显眼处，石体较小，整体圆润光滑，顶部打磨成圆弧形，两边线条流畅，和四周的绿植形成和谐的氛围。</td><td>师生之爱是一种无私的爱，石刻寄寓师生关系和谐，在传承文化、传递思想、传授知识过程中实现师生共同成长。</td></tr>
<tr><td>雅真</td><td>雅真园</td><td rowspan="2">雅真园内，“雅真”“只争朝夕”这两块体态较大的石头相对矗立，在意境上相互呼应。石材的大小不完全一致，“雅真”石体宽厚，表面平坦光滑，显得沉稳内敛；“只争朝夕”石比较瘦高，表面凹凸，棱角分明，充满锐意，这样既统一，又富有变化，营造出自然的艺术效果。</td><td>“雅真”寓意学生涵养“行文雅举动，谈高雅内容，塑真诚情怀，拥真挚童心”的品格，为实现强国梦赋能。</td></tr>
<tr><td>只争朝夕</td><td>雅真园</td><td>“只争朝夕”是中国共产党人对时间和使命紧迫感的深刻表达，寄寓广大师生不断充实和强健自身，毫不懈怠地努力奋斗。</td></tr>
</table>

续表

名字	位置	艺术价值阅读名片	人文价值阅读名片
蓄势	操场	“蓄势”是一块天然形成的巨石，俯卧在操场大香樟树下，极具视觉冲击力。它的线条多变流畅，斜线具有动态特点，其表达向上的方向和生命的蓬勃；曲线具有灵动特点，其表达轻快的心情与活泼的方式。	青少年阶段是人生的“拔节孕穗期”，最需要精心引导和栽培。“蓄势”寄寓学生不断学习、不断进步，积极储备知识、积蓄力量，为做好社会主义接班人做准备。
天合之作	植物园	石块轮廓线突出、色彩多样，具有独特的观赏价值，其透、瘦、漏、清、丑、顽、拙的特点广受人们喜爱。这一块置石将最富有变化的那一面朝向主要观赏的方向，并利用植物凌霄花柔化山石的硬感，描绘出一幅刚与柔的生动画面。	天人合一的内涵是追求人与自然的和谐统一，本质是人的意识与自然意识的统一。“天合之作”寄寓学生从小树立正确的自然观和可持续的发展观，自觉尊重自然，爱护自然。
英雄雷锋	悦读园	铜雕在我国商周时期就出现了，以铜料为坯，然后运用雕刻、铸造、雕塑等手法制作而成，是雕塑的一种。悦读园中的雷锋半身铜雕像线条精细，形态栩栩如生，同时还具有金属的光泽和质感，真实再现了英雄形象。	雷锋精神内容为对党、国家、人民的无限热爱与无私奉献，是助人为乐的奉献精神，是兢兢业业、勤勤恳恳的敬业精神，是积极进取、笃行不怠的创新精神，是艰苦朴素、踔厉奋发的创业精神。
绿意	植物园	“绿意”由四块大小不一的太湖石堆叠而成，或卧或立，形态不一而具有和谐美。这处置石造型别致、玲珑剔透，极具欣赏价值和人文底蕴。	绿意，是春天的代表色彩，也蕴含着大自然的生命力量。在现代诗歌中，绿的意象常常被用来讴歌生命、希望和自由。学生从大自然中，感受到生命的美好，得到心灵的滋养和安慰。
伟人群像	含轩楼	伟人群像采用浮雕技术，再现了毛泽东、刘少奇、周恩来、邓小平等伟人形象，体现了老一辈革命家博爱、拼搏、奋进、为民的革命精神，与勇于思考、奋发进取、坚韧不拔、攻坚克难的英雄品质。	老一辈革命家勇于实践、勇于探索的开拓精神，不畏艰险、顽强拼搏的奋斗精神，鞠躬尽瘁、死而后已的献身精神，是宝贵的革命精神，也是党和国家的宝贵财富。
水车	操场西北角	水车，又称孔明车，此景观设计灵感来自传统水稻灌溉工具。其外形酷似古式车轮，古朴、厚重，蕴含着深刻的历史意义，同时又有“问渠哪得清如许，为有源头活水来”的劝学之意。	水车是高超的劳动技艺作品，是珍贵的历史文化遗产，寓意勤劳、灵动，是劳动人民为美好生活不断努力的象征。

续表

名字	位置	艺术价值阅读名片	人文价值阅读名片
致远	操场	巨大的黄色长方体石块，表面光滑细腻，线条流畅，直直插入茂密的玉兰树枝叶中，在一片绿色的掩映中更显向上的蓬勃锐气，宽厚的底座蕴含了沉稳的性格。	致远，体现了一种矢志不渝的精神，它要求苏苑实小既脚踏实地立足现实，又能有发展的眼光，锐意进取，勇于开拓创新。
艺术家群像	含英楼	浮雕是在平面上雕刻凹凸形象的雕塑，是圆雕和绘画之间的艺术表现。艺术家群像是含英楼的又一处浮雕，由艺术家普希金、罗丹、齐白石、杜甫、高尔基、雨果、徐悲鸿、贝多芬等的浮雕组成，包含了古今中外各个领域的艺术集大成者。	艺术家的形象特点，代表着人类对美的感受、理解、表现、追求、创造、探索。他们身上闪耀着时代进步、文化张扬的精神。
革命历程浮雕	操场主席台两侧	浮雕墙位于操场主席台两侧，由六面大小相同的墙体组成。不同的墙面展示了不同的历史故事，它们相对独立地反映了革命历程中重要的战争场景和主要人物，精细的细节和逼真的表现形式真实再现了历史，整体的古铜色更添庄严肃穆。	长征精神是不惧艰难的革命乐观主义、无坚不摧的革命英雄主义、独立自主的创新胆略、顾全大局的集体主义，是中华民族百折不挠、自强不息的民族精神的最高表现，是苏苑实小高质量发展的精神动力。

1. 阅读艺术价值名片提高审美

石刻砖雕做工精细，铸造精良，设计巧妙，具有良好的艺术欣赏价值，其形式美与内容美有机结合，产生了丰富的审美文化内涵。教师通过引导学生对石刻砖雕艺术价值名片的阅读，培养他们良好的阅读能力和审美能力，在日常生活中浸润美育。学生在对石刻砖雕欣赏阅读的过程中逐步掌握审美基础知识，提高理解和感知石刻砖雕艺术形态美的能力，感悟和鉴赏石刻砖雕人文艺术内涵，创造和获取石刻砖雕创作艺术的能力，培养自身正确的鉴赏能力、阅读能力、感悟能力、创造能力。

2. 阅读人文价值名片汲取力量

文艺的永恒价值在于追求真、善、美。艺术的最高境界在于打动人的心灵，让人受到灵魂的洗礼，从而在人文环境的渲染下能够发现与获取自然的美、感受与享受生活的美、成长与成就心灵的美。通过引导学生对石刻砖雕丰富的人文价值名片阅读，将中华优秀的传统文化、红色的革命文化和先进的社会主义文化融入学校泛在阅读育人课程体系，融入学生精神文化血脉并化作奋斗之力、强国之心。

二、人文场域

一个书香氛围浓郁的校园必定能滋养出爱阅读的孩子，因此，苏苑实小努力把校园设计成一本精美的书，设计有形，润物无声，使书香之境从单一走向多元，从平面走向立体。舒适安静的现代化图书馆，随手可取阅的泛在阅读长廊，温馨的班级特色图书角，都是学校精心为学生打造的泛在阅读育人的人文场域。

（一）精心创设“九个一”阅读环境

在“立德树人”的主目标引领下，苏苑实小将阅读内涵不断深化，优化育人的方式，让阅读内化为一种持之以恒的学习品质。在泛在阅读课程的构建中，结合苏苑实小获评的江苏省中小学课程基地项目——“小学泛在式融合课程基地建设”，进一步创设多维度、立体化、全领域的物型环境，打造了“九个一”阅读场域，即“一柜、一廊、一亭、一厅、一堂、一屋、一树、一屏、一网”，让体验式阅读和内化式阅读有效助力学生的品格提升、素养形成。

一柜，即“班级书柜”：班班都有读书柜，走廊边、休息区有开架书柜，是孩子们自在惬意的泛读空间；

一廊，即“阅读长廊”：每月精心推出“新书推荐”“阅读心得”“名作欣赏”，是孩子们自由选择的泛读平台；

一亭，即“苑小朗读亭”：是校园小花园里的读书场，书香花香交融的泛读天地；

一厅，即“阅读厅”：防疫期间，学校把食堂餐厅打造成了阅读空间，隔离板上“长出”古诗和童谣，被“学习强国”等主流媒体平台宣传推广；

一堂，即“书苑学堂”：是一处散播国学经典魅力的泛读场所；

一屋，即“苑小书屋”：是苏苑实小建成的苏州市第一家校园新华书店；

一树，即“古树名片”：校园里的每棵古树名木都是学生阅读的丰富资源，每棵树上都挂有二维码，只要扫码就能获取古树名木的科学知识、人文内涵；

一屏，即“融媒体阅读屏”：融媒体阅读机中有丰富的阅读资源，涵盖文学、历史、科学等多个学科的书籍，是学生阅读的好去处；

一网，即“阅读漂流网”：学生通过多样的读书活动，把读书心得、读书心愿写在书签上，在阅读漂流网上互相交流，丰富阅读体验。

（二）倾力打造四条特色阅读长廊

苏苑实小倾力打造了四条特色阅读长廊：一楼乐读长廊、二楼艺读长廊、三楼品读长廊和四楼的泛在阅读长廊，让学生置身书海，眼里有书，心里有书，抬头是书，低头是书，浸润在阅读的世界里，随时随地可与书谈心。

1. 乐读长廊

乐读长廊位于含硕楼一层，为开放性楼道，本阅读长廊为学生打造了五处阅读主题学习、展示区，包括融媒体体验空间、阅读成果圃、红网漂流交心站、苑小朗读亭广播台、教师书法展示学习园。

融媒体体验空间：这里收纳了包括科学、历史、地理、名著等主题的十万册图书，这些书会根据学生阅读需求定期增加，支持扫描二维码线上阅读。

阅读成果圃：苏苑实小开展的形式多样、丰富多彩的全学科"悦"读系列活动，"整本书泛在阅读成果""全学科泛在阅读成果""多彩课间泛在阅读成果"等都在这里展示，学生在绘制与欣赏的过程中提升阅读能力与素养。

红网漂流交心站：这是学生最骄傲的"阅读打卡网"，也是学生阅读的心灵交流地。学生会把自己的阅读感受分享在这里，从中收获阅读交流的快乐。

苑小朗读亭广播台：朗读亭是同学们都特别喜欢的地方，每天的晨会课，都有同学前来朗读，苏苑实小还会把优秀的朗读作品通过校园微信公众号分享给更多学生。

教师书法展示学习园：每周，苏苑实小的老师们在这里书写他们的心情，同学们也常被这里吸引，阅读老师们的作品。

2. 艺读长廊

艺读长廊位于含硕楼二层，为开放性楼道，本阅读长廊为学生打造了四处阅读主题学习、展示区，包括荣誉殿堂、个人阅读书画展、翰墨飘香墙、课程超市作品秀。

荣誉殿堂：每一个在二楼艺读长廊中举办个人书画展的同学都将在荣誉殿堂获得表彰，这是激发学生艺术阅读激情、培养学生艺术阅读情怀的重要阵地。

个人阅读书画展：是一道独特的风景，每学期都有同学在这里举办个人阅读书画展。通过学生自主申报、校级初级评审、公开展示的方式，为学生搭建展示自我的平台。

翰墨飘香墙：是集中展示学生个人优秀书法作品的艺术墙，一幅幅作品背后凝聚了学生们在书法阅读探索中的所思所得。

课程超市作品秀：学生参加各类艺术阅读课程超市，将阅读与艺术完美融合，创造出很多充满创意的灵动作品，定期在这里展示。

3. 品读长廊

品读长廊位于含硕楼三层，为开放性楼道，本阅读长廊为学生打造了四处阅读主题学习、展示区，包括泛在阅读精品书屋、桃花坞木刻年画工作坊、德善学堂、一日常规学习圃。

泛在阅读精品书屋：这里展示了“一书一世界，一品一人生”十个大字，是苏州市品格提升工程项目的一个缩影。这里的12本书，分别代表了12个不同性格品质的主人公，这些主人公是每一名学生学习的榜样。学生们在阅读这些书的同时学习书中人物所蕴含的优秀品质。

桃花坞木刻年画工作坊：苏苑实小的桃花坞木刻年画工坊，是同学们阅读延伸的课外实践基地。将阅读融入桃花坞木刻年画特色社团活动，使学生在不断的阅读中传承传统文化的精髓。

德善学堂：运用苏式园林、博古书架等设计元素，为学生打造了一个古典与现代相融、文化元素与儿童气息并存的学习环境。这里有《三字经》《弟子规》《笠翁对韵》等传统国学阅读资料，也有书法、国画、做灯笼、纸版画、剪窗花等传统文化、手工艺的阅读拓展资料，旨在为学生的童年播下善的种子，在传统文化的阅读中铸就学生的品格提升。

一日常规学习圃：这里对苏苑实小阅读育人校本教材进行了墙面展示，其展示出的《苏苑实小一日常规》由学校语文老师编撰，美术老师配图，以趣味的儿童诗的形式，对学生开展校园一日常规教育。每年，一年级新同学进校之时，学校都会赠送这本《苏苑实小一日常规》，引导学生养成良好行为习惯。

4. 泛在阅读长廊

泛在阅读长廊位于含硕楼四层，为开放性楼道，本阅读长廊为学生打造了四处阅读主题学习、展示区，包括“阅读天下”观影角、“书天书地”悦读场、“阅秀笔尖”展示区、“读乐乐”媒体体验区。

“阅读天下”观影角：这里为学生打造了一个精品阅读观影区，学生在观影的过程中学习丰富的知识。

“书天书地”悦读场：这是一个4D多元的阅读场。学生们在这里能够走着看到书，坐着看到书，抬头看到书，有着放眼全是书的阅读感受，同时也在这一片书海中养成了爱学、乐学的好品格。

“阅秀笔尖”展示区:学生将自己阅读的收获与感受付诸笔尖,形成一幅幅精彩的作品在此展示。

“读乐乐”媒体体验区:这里有丰富多彩的融媒体阅读体验区域,包括有趣的“成语点点乐”“诗词跳跳乐”,学生能够在游戏中感受阅读的乐趣,增长知识,提升素养。

(三) 科学构建两条特色阅读楼道

苏苑实小基于数学、英语的学科特点,从数学、英语中挖掘阅读元素,丰富阅读知识与阅读体验,为学生们科学构建了两条有着丰富学科味道的特色阅读楼道,即“快乐英语”阅读楼道和“数学拾趣”阅读楼道,让学生在多彩的阅读过程中感受多元的阅读乐趣。

1. “快乐英语”阅读楼道

“快乐英语”阅读楼道为学生打造了丰富多彩的阅读空间,让学生在阅读英语的过程中提升综合素养。

“English is a bridge to the world”(英语是通向世界的桥梁):开启阅读之旅。

英语单词圃:学生通过阅读不断更新单词墙中的单词,拓宽知识面,增加英语词汇量。

英语故事墙:学生通过阅读英语的绘本故事、成语故事、寓言故事等,不断启迪智慧,提升英语素养。

英语名人名言:学生在阅读英语名言的过程中,不仅提升阅读水平,更提升人文底蕴、品格涵养。

2. “数学拾趣”阅读楼道

“数学拾趣”阅读楼道为学生打造了沉浸式数学阅读体验空间,让学生在阅读、探索数学阅读文化与知识的过程中提升综合素养。

“玩学创”体验乐园:学生可以通过看一看、摸一摸、比一比、量一量等方式亲身感知“米”“分米”“立方米”等数学常用单位,在实践阅读中提升数学素养。

数学家王国:学生通过阅读祖冲之、华罗庚、徐光启、陈景润等中国著名数学家的故事,从中感受学习的乐趣、做人的真谛。

“＋ － × ÷”符号角:学生通过对小学阶段各种数学符号的阅读认知与实践学习,开展实践延展活动、情境体验游戏,拓宽学生知识面、发散学生数学思维。

数学公式思维导图:这里将小学阶段学生要接触的数学公式用思维导图的

形式呈现在学生眼前，帮助学生在阅读过程中潜移默化地掌握数学公式，提升数学素养。

三、媒体场域

新时代背景下，以学生为中心的教育理念呼吁更为广泛、便利、交互、多元、个性的阅读方式。科技的发展，人类的进步，决定了融媒体之路是学校阅读文化建设的必经之路，是传统纸质阅读向现代化阅读发展转型的必由之路，也是阅读观念、阅读方式、阅读生活转变的必行之路。① 这是传统阅读与融媒体阅读有效融合，以两者互为补充、互为融合、互为延展为主要特点的相辅相成、互相促进的新型阅读模式。

媒体场域建设是苏苑实小泛在阅读场域建设的一大特色，其多样的呈现形式、多彩的阅读资源、多元的体验效果将阅读场域提档升级，为校园阅读的纵深发展提供新的形式。

（一）随处可见的人机互动阅览系统

苏苑实小为学生打造了随处可见的人机互动式融媒体阅览系统。这些系统融合丰富的声、像、影、音元素，符合学生身心发展特点，更能满足学生阅读需求。学生阅读时，可根据自己喜好，跳出传统纸质阅读的文字，对文本内容深入理解。较之传统阅读方式，在阅读资源上更为丰厚。丰富多彩的阅读资源，可打破纸质书籍在资源上的局限，一定程度上充实纸质书籍的文本内容，拓宽学习渠道，拓展知识面，让学生随心阅读。

1. 融媒体移动图书馆

苏苑实小各楼道都有一台融媒体电子书图书馆，能为学生提供正版电子书资源免费下载阅读，包含了经典类名著、成功类励志传记、名人类回忆小说、历史类军事纪实等 12 大类的图书。这里的借阅机每月将会更新 1 500 本图书，阅读 APP 可以自由放大或缩小文字、图片，并可使用笔记、批注、书签、章节跳转、夜间模式等功能。

2. 超星电子书借阅机

苏苑实小为学生提供可以通过二维码扫描借阅的超星移动借阅机，学生可

---

① 唐晓芳，周超. 融媒体阅读：新时代校园传统阅读文化建设的转型升级[J]. 江苏教育研究，2020(32)：40－43.

以按照分类，选择自己心仪的图书，通过超星移动图书馆 APP，利用其中的扫码功能，扫描屏幕上所提供的对应二维码，就可以免费将书籍下载至书架并进行阅读。其内置 3 000 册电子书、100 种期刊，图书每月更新 150 册，期刊每月定期更新。学生或者家长只需使用手持移动终端（手机、平板等）对二维码进行扫描，就能通过下载的方式保存电子书籍，让知识能够随身携带，让阅读无处不在。

3. 歌德电子书指尖机

学校为学生配备了歌德电子书指尖机。学生可以把电子书拿在手上，随时点开喜欢的电子书，选择在线阅读，即可在机器上直接阅读。此指尖机可以让学生在阅读的过程中促进核心素养形成、自学能力达成、阅读习惯养成，培养学生获取、分析、总结、概括、提炼、组合信息的能力，提升学生自学、合作、探索、解决问题的能力。①

（二）随时可用的人机互动体验场地

为激发学生的阅读兴趣，培养学生养成良好的阅读习惯，学校创设了融媒体阅读场域，诸如“苑小朗读亭”“阅读筑梦空间”（包含“成语点点乐”“诗词跳跳乐”）等随时可用的人机互动体验场地。相对于传统的阅读方式，这些新颖别致的阅读方式、独特舒适的阅读体验，点燃了学生阅读和朗读的热情。

1. 苑小朗读亭

苑小朗读亭外形、内部设备与迷你录音房相似，里面配备智能屏幕、多功能麦克风、舒适性高脚椅和立体声耳机。进入朗读亭后，学生可以根据自己的喜好对朗读的作品进行选择，并搭配自己喜欢的背景音乐及自己所习惯的朗读语速。朗读模式丰富多样，包括自由朗读、绘本朗读、对话朗读、视频朗读等，形式自由灵活。学生可以在朗读完毕后对自己的作品进行试听，查看评价，分享朋友圈等，还可对其他同学的作品进行试听、点赞、评论。其为学生创造一个私密的空间进行自由朗读，空间不大却“五脏俱全”，自带帷帘与排气系统，亭内设有悬臂式电容麦克风、录音监听耳机、多点触控全高清屏，拥有良好的隔音效果。

苑小朗读亭有丰富的朗读体验功能，包括融合朗读练习、英语名著学习、演讲与表达培训、线上阅读交流等，可让学生在朗读中获得快乐与享受，满足学生

---

① 唐晓芳，周超. 融媒体阅读：新时代校园传统阅读文化建设的转型升级［J］. 江苏教育研究，2020（32）：40－43.

的阅读个性需求。苑小朗读亭系统朗读库中有名家经典、唐诗宋词、童话寓言、课本朗读、红色经典等1万余篇作品可供学生选择，学生还可以自带作品配合背景音乐进行朗读，是学生进行朗读提升的小小乐园。

2. 阅读筑梦空间

学校为学生打造的阅读筑梦空间包括“成语点点乐”“诗词跳跳乐”两种不同类型的阅读体验实践项目，是以中国传统文化中的成语、古诗为主题的益智游戏体验阅读场所。阅读筑梦空间采用简单直观的操作方式，让学生在游戏中感受到成语的魅力和智慧。“成语点点乐”“诗词跳跳乐”阅读游戏画面精美，关卡设计多样，趣味性和挑战性兼备，独具特色。

（1）独具特色。

丰富的成语、诗词库：阅读游戏中收录了大量的成语、诗词，学生可以在阅读游戏中学习到许多有趣的成语故事和典故。

精美的画面：画面精美，场景和角色设计独具匠心，让学生沉浸在一个别具一格的成语世界中。

多样的关卡设计：关卡设计多样，有趣味性的同时也考验学生的智慧和思维能力。

（2）富有亮点。

互动性：游戏中设置了多种互动方式，让学生之间可以互相竞争和交流。

可玩性：每个关卡都有多种玩法和挑战方式，让学生有更多的选择和乐趣。

知识性：游戏中不仅有趣味性，还能让学生在玩耍中学习成语知识，提高自己的文化素养。

（3）玩法多样。

成语接龙：学生需要根据提示接龙成语，每完成一定数量的成语接龙，就可以进入下一关。

成语填空：根据提示填写成语中的空缺部分，每完成一定数量的填空题目，就可以进入下一关。

成语匹配：将成语和其对应的解释匹配起来，每完成一定数量的匹配题目，就可以进入下一关。

诗词飞花令：游戏的玩法和内容非常丰富，学生在闯关的过程中能深入了解体验古诗词背后的真实趣味故事，通关后可以获得一定的奖励。

时空对话：古诗词学习互动养成休闲娱乐体验活动。学生可以通过游戏体验进行阶段性学习古诗文，了解各个朝代古诗文背后的故事和真相，同时能和诗人跨时空对话，了解他在写不同诗词时的感情，完美通关可以获得大量积分，解锁后面的关卡。

诗词之美：一款学习古诗词文化、体验古诗词闯关乐趣的互动性沉浸式阅读游戏。游戏内收录了上千首经典古诗词，按朝代作者作品进行分类，排列清晰，内容丰富。学生在这款游戏内需要通过阅读活动完成指定的任务，获取一定的积分，从而达成阅读能力的提升。

第三章

泛在阅读的育人课题

读书可以让人保持思想活力，让人受到智慧启发，让人滋养浩然之气。对于青少年而言，阅读是帮助他们认识世界，形成对人生、对世界的基本态度和价值观的重要途径。苏苑实小一直将泛在阅读作为育人的一个支点，深入开展课题研究，促进学校内涵发展，助推教师专业成长，并使之为当代青少年提供修德之本、明辨之基、勤学之径、笃行之力。

第一节　泛在阅读育人课题的文献综述

一、研究背景

“最是书香能致远，腹有诗书气自华。”阅读，是一种习惯，是一种浸润，它对一个人的气质培养、素养提升乃至品格塑造，都有着举足轻重的作用。基于“立德树人”的育人价值，苏苑实小将课题研究聚焦在小学泛在阅读课程的开发与实施研究上，秉持着“让阅读无处不在，让育人随时发生”的核心理念，以泛在阅读为突破口，全力推进育人方式的整体变革。

随着教育技术的发展，泛在学习已成为近年来的研究热点，学者们普遍认为泛在学习可以有效提升学习者的阅读能力和学习兴趣。泛在学习的发展经历了初期的模糊定义、理论研究、实践探索等过程，又经过对已有文献的系统梳理，研究背景总结如下：

（一）国外有关泛在学习的主要定义

泛在学习是由现代信息技术中的泛在计算衍生而来，它属于泛在计算技术支持下的一种新的学习方式。Xerox PARC 前首席科学家马克·维瑟(Mark Weiser)曾在他的文章中提出泛在计算的概念。在此基础上,日韩、欧盟、北美等学者也纷纷提出了类似的概念,认为泛在学习就如同空气、水一样,自然地融入人类日常的社会生活中。

泛在学习是在泛在计算技术条件下设计的一种学习环境。美国教育发展中心的一份报告认为,泛在学习是在泛在计算技术条件下设计的一种学习环境。① 这里强调了不过分依赖电脑,更多的是要靠无线网络连接更多的设备,可以在学校、家庭、图书馆,只要是你希望看书学习的地方都可以进行学习,而不仅仅是像以前那样依靠图书、电脑来学习。

(二)国内有关泛在学习的主要定义

白娟、鬲淑芳指出泛在学习是一种学习方式,学习者可以在近乎无限的数据库中去摄取知识,也可以与学伴和教师交流。② 潘基鑫等人认为:广义的泛在学习是一种无所不在、无孔不入的学习,只要学习者愿意就可以通过适当的工具和环境适时地获取信息和资源。狭义的泛在学习是指在泛在技术和普适计算的情景创设与支持下,学习者积极主动地、随时随地利用易获取的资源来进行的各种学习活动。③ 梁瑞仪、李康则是把泛在学习看成是让学生在基于无缝连接的信息环境中可以随时随地自由化地学习,强调的是一种社会发展到一定程度的个人学习状态。④

二、研究方向和意义

随着信息技术的快速发展和教育教学理念的更新,学生获取信息的方式发生了巨大变革。传统的课堂教学模式难以满足学生多样化的学习需求,而泛在阅读课程的自主性和个性化特点,使得学生能够更加主动地参与阅读,提高了

---

① 转引自代安定,陈暑波,熊佩英,吴承逊.泛在学习环境下数学建模课程教学模式研究[J].丝路视野,2017(23):65-66.

② 白娟,鬲淑芳.M-Learning:21 世纪教育技术的新发展[J].现代远程教育研究,2003(4):45-48.

③ 潘基鑫,雷要曾,程璐璐等.泛在学习理论研究综述[J].远程教育杂志,2010,28(2):93-98.

④ 梁瑞仪,李康.若干学习相关概念的解读与思考[J].中国远程教育,2009(1):31-35.

育人效果。

泛在学习旨在基于立德树人的根本宗旨，根据学生的年龄特点和现有教师的特长，开发与建设有学校特色的泛在阅读课程体系，创建浸润性的阅读环境，打通阅读与育人之间的渠道，全学科参与，全方位开展，全领域推进，在无处不在、触手可及的阅读中培养全面发展的学生。

三、研究方法

本课题主要采取文献研究法、行动研究法、案例分析法、经验总结法等研究方法，深入了解课题研究现状，归纳总结课题存在的主要问题，不断推进课题的研究与实践，形成科学严谨、具有可操作性、可借鉴性的研究成果。

四、研究内容

2021 年，苏苑实小的《指向立德树人的小学泛在阅读课程的开发与实施研究》课题成功申报了江苏省教育科学“十四五”规划课题，申报前期和申报成功后的两年多时间里，随着课题研究的不断深入，对课题研究的文献搜集、整理、分析在不断更新，到目前为止本课题组共查阅了相关专著十多部，相关论文近 300 篇，并对专著和论文进行了初步整理和分析。研究分析如下：

（一）立德树人在小学教育中的重要性和必要性

在小学教育中，立德树人的重要性尤为突出。经检索发现，《小学语文教与学》《语文建设》等多部核心期刊的论文中，均强调了立德树人的重要性。《在小学语文阅读教学中实现立德树人教育》一文中指出：立德树人是社会主义教育的根本任务，学校教育要加强学生的立德树人教育，培养学生养成高尚的道德品质，以生为主，把立德树人的教育与小学课程教学相结合，培养出德才兼备的学生。①

由此可见，小学阶段是学生基础知识和道德品质发展的关键时期，通过立德树人的教育，可以培养学生积极向上的价值观和良好的品德，不仅有助于个人的成长，有助于社会的和谐发展，也为国家的可持续发展做出积极贡献。

---

① 苏承红．在小学语文阅读教学中实现立德树人教育［J］．小学生作文辅导（读写双赢），2021（4）：85.

（二）小学泛在阅读课程的定义、设计原则和特点

小学泛在阅读课程聚焦立德树人、变革育人方式，精心打造多元化、融媒体、开放式的阅读课程，不断提炼泛在阅读课程理念，构建泛在阅读课程范式，彰显泛在阅读课程成果，打造综合育人的全学科、全领域、全时空的泛在阅读课程体系。苏苑实小在回归教育初心、回归教育原点、回归课堂教学上下功夫，在研究解决的问题、过程、方法和创新点上下功夫，在阐释理论、实践范式、凝练成果上认真思考，就泛在阅读育人理念、泛在阅读育人体系、泛在阅读育人阵地、构建泛在阅读育人机制等方面开展研究，努力呈现有品有格、有质有味的泛在阅读育人课程范式，使其有如下特点：打造活泼的生命课堂，凸显学生的学习品质，锻造教师的教学品格，提升学校的发展品位，彰显立德树人的基本理念。

（三）小学泛在阅读课程的开发与实施研究现状

1. 国外相关研究概况

根据各类相关文献资料，发现国外关于小学泛在阅读课程的研究主要集中在以下三个方面展开。第一方面是指学校支持和技术设备等因素对泛在阅读课程的成功实施起到了关键作用。西尔维娅·斯塔夫里迪（Sylvia Stavridi）探讨了不同的数字平台、工具、技术/软件和基于网络的应用程序，这些应用程序支持主动学习，并区分了传统阅读的教学方法。她强调，通过将数字技术作为创作和开展学习活动的工具，可以改善儿童在创造性过程中的学习，当然其中也包括阅读。[①] 劳佩联（Rau P L P），郑剑（Zheng J），郭志（Guo Z）通过研究表明多媒体技术可以减少学生的阅读困难，并提供新的阅读体验方式。学生进行沉浸式阅读，是丰富和积极参与阅读的重要方式。[②] 斯蒂利亚诺斯·米斯塔基迪斯（Stylianos Mystakidis）和范吉利斯·海布里迪斯（Vangelis Lympouridis）主要研究了沉浸式学习，它是将教育概念化为一系列基于存在感的主动现象体验。沉浸式学习可以通过智能手段来实现，如虚拟现实（VR）和增强现实技术（AR）。阅读也可以通过这一系列数字技术来实现，从而促进学生进行沉浸式

---

① Sylvia Stavridi. The role of interactive visual art learning in development of young children's creativity[J]. Creative Education, 2015, 6(21): 2274－2282.

② Rau P L P, Zheng J, Guo Z. Immersive reading in virtual and augmented reality environment[J]. Information and Learning Sciences, 2021(7/8): 464－479.

学习。① 第二方面是围绕泛在阅读课程的必要性进行了一些探索性研究。玛丽·简（Mary Jane L）、托马斯（Tomas）、埃莱奥·维拉罗斯（Erleo T. Villaros），希娜·麦·加尔曼（Sheena Mai A. Galman）就对他们当地中小学的阅读管理进行评估后指出，要提高学习者的阅读能力，从而获得阅读文化，就要创建情境化阅读课程，并将其作为学校提升学生阅读能力的重点举措。② 第三方面是表明泛在阅读环境对学生的成长能产生积极的影响。西科拉（Sikora）、埃文斯（Evans）和凯莉（Kelley）指出让孩子们沉浸在以书为导向的环境中，有利于他们以后的教育成就和职业提升。研究表明，良好的阅读环境、方便的图书获取和图书馆的阅读服务与学生学习能力的发展呈正相关。③

综上所述，国外对小学泛在阅读课程的研究取得了一定的成果。通过泛在阅读课程，学生的阅读能力、兴趣、动机和参与度得到了显著提升。然而，泛在阅读课程的设计原则、面临问题和实施策略等方面仍需要进一步探索和研究。

2. 国内相关研究概况

在当代社会中，信息技术的飞速发展给人们的生活带来了诸多便利，同时，也带来了重要的教育问题。尤其是对于小学生来说，他们正处于信息获取的关键时期，如何有效地进行阅读教育也成了教育界关注的焦点。因此，开发和实施泛在阅读课程成了当前教育学界研究的热点之一。近年来，许多学者对小学泛在阅读课程的开发与实施进行了深入研究。

田政指出，泛在阅读环境下的阅读教学研究就是要让学生爱上阅读并养成阅读的好习惯，这一点至关重要。④ 张书华指出，泛在阅读的形式就是真正地让阅读无时不在，无处不在，让我们更健康地去阅读和学习。在泛在阅读背景下，一些碎片时间是可以进行各种形式阅读的，无论是浅阅读还是深阅读，都能获

① Stylianos Mystakidis, Vangelis Lympouridis. Immersive learning[J]. Encyclopedia, 2023(3):396－405.

② Mary Jane L. Tomas, Erleo T. Villaros, Sheena Mai A. Galman. The perceived challenges in reading of learners: basis for school reading programs[J]. Open Journal of Social Sciences, 2021,9(5):107－122.

③ Sikora J, Evans M D R, Kelley J. Scholarly culture: How books in adolescence enhance adult literacy, numeracy and technology skills in 31 societies[J]. Social science research, 2019(77): 1－15.

④ 田政. 泛在阅读环境下的阅读教学研究[J]. 师资建设,2015(3):82－83.

得完美的实现。[①] 尹后庆对泛在阅读课程的效果进行了评估的研究。他发现，在以大数据、人工智能为代表的新科技日益发展和广泛应用的当今，人类的生产方式、生活环境也在发生巨大的变化。时代急剧变化的特征在于，阅读的介质从纸媒向“屏读”迁移，阅读的素材从静态向富媒体扩展，阅读的时空趋于泛在和碎片化。智能工具可以让读者更加便捷地获取阅读资源。[②] 黄敏丽、马宏韬、张蒙指出，学校作为传播文化的主阵地，在读书推广上首当其冲，因此就要注重泛在化阅读环境的组建，积极推进学校的阅读建设。[③] 谭莉提出了当前小学语文阅读教学方式的形式多样，虽然都取得了不错的教学效果，但还是会存在很多问题，没有真正地提高学生的阅读能力。所以我们要进入广泛阅读的步骤，拓宽阅读的范围，从而不断提高学生的阅读能力。[④] 刘俪华进一步指出，传统的语文教育理念已经无法与现代教育相适应，我们通过泛读补给阅读教学的这种方式，能够进一步提升学生的阅读能力。因此，教师要给学生构建相应的阅读环境和阅读材料，可借助现代科技手段作为教学工具。[⑤]

综上所述，在小学阶段开发和实施泛在阅读课程，确实能够有效促进学生的阅读能力和兴趣的提升，增加学生的学业发展和个人发展的机会。然而，在推行泛在阅读课程过程中，还需要进一步研究，探索更加有效的教学策略和评估方法，以促进小学生的全面发展。

五、预期结果与讨论

（一）小学泛在阅读课程对育人的影响

党的二十大报告指出，培养什么人、怎样培养人、为谁培养人是教育的根本问题。育人的根本在于立德。所以，全面贯彻党的教育方针，落实立德树人根

① 张书华. 泛在阅读让我们找回丢失的 time confetti[J]. 课堂内外 · 教师版，2016(7)：25 – 26.

② 尹后庆. 阅读的变与不变[J]. 上海课程教学研究，2017(10)：3 – 4.

③ 黄敏丽，马宏韬，张蒙. 立学为先　读书为本：泛在化阅读环境建设及一二年级阅读推广活动探究[J]. 中国现代教育装备，2018(4)：34 – 36.

④ 谭莉. 论小学语文“泛读—精读”阅读教学模式的建构[J]. 试题与研究. 2019(5)：208.

⑤ 刘俪华. 小学语文学科“泛读补给”阅读教学模式研究[J]. 天津教育，2020(36)：176 – 178.

本任务，培养德智体美劳全面发展的社会主义建设者和接班人是我们的育人初心。

随着泛在学习的普及，小学泛在阅读课程作为一种重要的教育方法被学者研究。学者们普遍认为小学泛在阅读课程对于立德树人具有重要的作用。因为小学泛在阅读课程可以通过多样化的网络阅读资源和活动，激发学生的阅读兴趣；可以通过引导学生进行问题解决、信息筛选和价值判断等活动，培养学生的批判思维；可以通过鼓励学生进行创新性的阅读和写作活动，启发思维，培养学生的创新能力；可以通过智能的阅读媒介，正向引导学生思想，从而提高其德育水平；可以通过智能设备的存档记录分析，私人订制，培养学生良好的阅读习惯。小学泛在阅读课程的发展，在未来教学中定能发展学生思维和创新能力，达到育人目的。

（二）实施过程中可能面临的问题和挑战

1. 教师专业能力不足

泛在阅读不仅要求学生自主阅读，也需要教师在平时提供指导。然而，由于部分教师专业能力不足，可能无法有效地引导学生进行深入的阅读和思考。

2. 资源和设备不足

泛在阅读需要使用数字化教学资源和设备，如电子书、电子阅读器等。然而，由于财力和技术支持的限制，有些学校可能无法提供足够的资源和设备，限制了学生进行泛在阅读的机会。

3. 学生自主学习能力不足

泛在阅读强调学生的主动学习和自主思考能力。然而，学生自主学习能力的欠缺，可能导致学生难以理解和消化所阅读的内容，无法达到阅读的真正目的。

4. 家长配合不足

泛在阅读需要学生在课后进行延续性的阅读活动，并与家长进行配合。然而，由于家长对泛在阅读的认知不足或忙于其他事务，可能无法与学校和教师充分配合，影响学生的阅读效果。

5. 评价和考核方法单一

泛在阅读强调阅读的过程和思考，而非仅仅关注阅读的结果。然而，传统的评价和考核方法可能无法准确地评价学生的泛在阅读能力，如何进行科学、全面的评价和考核成为一个难题。

针对这些问题和挑战,可以采取以下措施来解决:一是加强教师培训和专业发展,提升教师在泛在阅读中的指导和辅导能力;二是寻求外部资源和设备的支持,如与图书馆合作、申请政府或社会组织的资助,以提供更多的数字化阅读资源和设备;三是设计合适的教学活动和任务,引导学生进行自主学习和思考,培养他们的阅读能力;四是加强与家长的沟通和合作,提供家长培训和指导,共同促进学生的阅读发展;五是制定新的评价和考核方法,可以采用"晒晒我的阅读笔记""民间故事会""我是表演家"等方式来评价学生的泛在阅读能力,多维度地了解学生的阅读水平和成长过程。

(三)研究的局限性和进一步研究建议

在开发与实施小学泛在阅读课程的研究中存在以下局限性:

1. 试点范围有限

目前的研究只进行在少量学校的试点,缺乏跨区域、跨校的大样本研究。因此,研究结果的推广和适用性受到限制。

2. 数据收集方法的单一性

研究往往局限于问卷调查和观察记录等定性方法,对于学生的真实泛在阅读行为和效果了解不全面,需要使用更多样的研究方法,如定量研究、实验研究等来进一步验证结果。

3. 研究时间较短

由于研究时间的限制,很难观察和评估学生在泛在阅读课程中的长期发展情况和效果。因此,需要进行长期的追踪研究,探究泛在阅读对育人的效果。

为了进一步推进小学泛在阅读课程的发展与实施研究,建议:

(1)扩大研究范围和样本规模。

应该加大跨区域、跨校的研究力度,以获得更具代表性的研究结果。同时,可以考虑建立研究联盟,共享数据和资源,进行多中心的合作研究。

(2)多维度的数据收集方法。

除了问卷调查和观察记录,可以运用定量研究方法,如比较研究、追踪研究等来全面考查学生的泛在阅读行为和成效。同时,可以结合其他学科的研究方法,揭示泛在阅读对学生认知和情感发展的影响。

(3)开展长期追踪研究。

应该设置长期的研究项目,对学生在泛在阅读课程中的发展情况和效果进行深入研究。同时,要建立健全的评价体系,对育人效果进行科学评估。

（4）深入研究泛在阅读的影响机制。

除了考查泛在阅读对学生阅读能力的影响，还应该深入研究泛在阅读对学生品德、人文素养和综合素质的影响机制，可以通过教学实验或纵向研究来探究这些机制的作用。

六、总结

综合研究结果来看，指向立德树人的小学泛在阅读课程的开发与实施是一种有效的教育模式。泛在阅读课程通过多样化的阅读资源和实践机会，培养了学生综合阅读能力，促进了学生全面发展。

建议在未来的教育实践中，可以进一步加强对泛在阅读课程的研究和实践，探索更加有效的教学策略和实施方法。通过不断优化和创新，指向立德树人的小学泛在阅读课程将在未来的教育中发挥更加积极的作用，培养更多优秀的社会主义建设者和接班人。

第二节　泛在阅读育人课题的研究方案

一、课题的核心概念及其界定

1. 立德树人

国无德不兴，人无德不立。一个国家要培养人才，既要育智，更要育人。党的十八大以来，我国高度重视培养社会主义建设者和接班人，坚持把立德树人作为中心环节，并贯穿教育教学全过程，实现全员育人、全程育人、全方位育人。"立德"强调的是人之为人的根本，是人才培养的基础，立什么样的德，就树什么样的人；"树人"指向的是人才培养目标，教育工作归根结底是为了培养人、塑造人。两者相互补充，辩证统一。

就每一所发展中的学校而言，立德树人，就是要逐步完善德育体系；立德树人，就是要系统推进课程教材建设；立德树人，就是要多方丰富育人载体。这是苏苑实小开展课题研究的核心指向。

2. 泛在阅读课程

泛在阅读课程指的是从语文阅读走向跨学科的阅读，从学校阅读走向生活阅读，从纸质阅读走向融媒体体验性阅读，即通过革新阅读方式和手段，扩大阅读场域和范围，开创综合、立体、创新、前瞻的阅读课程体系，唤醒学生的阅读力、思维力，提升学生的核心素养。

3. 指向立德树人的小学泛在阅读课程开发与实施研究

旨在立足国家课程实施的基础上，努力打破原有阅读空间的局限与学科堡垒，根据学生的年龄特点和现有教师的特长，开发与建设有学校特色的泛在阅读课程体系，创建浸润性的阅读环境，打通阅读与育人之间的渠道，全学科参与，全方位开展，全领域推进，在“无处不在、触手可及”的阅读中培养具有优秀素养的学生。

二、国内外同一研究领域现状与研究的价值

（一）国外研究现状

课题组于 2021 年 8 月在中国知网分别嵌入“德育教育”泛在学习“积极阅读”等关键词，分别搜索到 2010—2021 年间的相关文献为 726 篇、298 篇、22 篇，剔除无效文献 41 篇，还剩有效文献 1005 篇。其中高等教育 480 篇，基础教育 385 篇，其他专业领域 140 篇。其主要观点概述如下：

1. 关于德育教育的研究

从 344 篇有效文献中进行系统梳理，关于德育教育的研究成果有如下三个方面：

（1）全球化时代的德育教育观念创新。

在新加坡，德育观念讲究中西合璧、古今合璧，紧跟世界趋势。在此观念指导下，以儒家思想为中心的价值观教育、全球化意识与跨文化沟通技巧、社交与个人情绪管理等三个方面构成新加坡中学阶段德育的主体内容。目前，从学生的发展看，这种中西合璧的德育观念创新，能够帮助学生塑造适应时代发展的健康心理人格、精神人格，有助于学生的全面成长。

（2）全校性德育教育模式的成功实践。

在当前欧美国家，德育采用的是全校性德育模式（Whole School Approach）。在这种德育模式下，德育不仅仅是一门关于“公民与社会”或“思想品德”的独立课程，还是全校所有学科教师在教学过程中必须涉及的重要内容。这就让德育教育渗透在教学的所有课程与教学过程之中，突出对德育教育的重视性，有利于有效培养学生的综合素养。

（3）崇尚走出课堂的德育教育实践。

课题组在查阅文献时了解到，北欧国家和新加坡等国在德育实践化方面有许多有益经验。上述国家在德育教学中，利用情境教学法、叙述法、体验式学习、价值澄清法等多种教育教学方法，使课堂与日常生活融合，培养学生待人接物、处理人际关系、辨别是非对错等正确道德观念 。

2. 关于泛在学习的研究

从 114 篇有效文献中进行系统梳理，关于泛在学习的研究成果有如下三个方面：

（1）泛在学习由现代信息技术中的“泛在计算”衍生而来。

“泛在计算”最早由施乐帕罗奥多研究中心（Xerox PARC）前首席科学家马克·维瑟（Mark Weiser）在 20 世纪 80 年代后期提出。1991 年，他在一篇具有开创性意义的文章《21 世纪的电脑》中提出：“最深刻的技术是看似消失的，它们融入了每天的生活当中以至于不可分辨。”他认为这也是计算机技术的发展趋势。此后，国外对泛在学习的研究不断深入，政府围绕泛在学习制定有关政策，学校则围绕泛在学习设计未来校园和开展教学实验、示范项目。

（2）美国教育发展中心在 2003 年报告中指出泛在学习的方式。

泛在学习是泛在技术条件下设计的一种学习环境，是指每时每刻的沟通，无处不在的学习，是一种使用手边可以获得的先进科技工具来进行学习活动的 5A（Anyone，Anytime，Anywhere，Any-device，Any-content）泛在学习系统，需要存储海量的学习资源供学生学习，而学生每次学习时只希望获取符合其需求的少量学习资源。

（3）随着泛在计算这一概念的提出，国外对泛在学习的研究不断深入。

韩国政府从 2004 年开始确立了以基础建设的建置、技术的应用、U 化社会制度的建立和服务的扩散化为目标的 U-Korea 总体政策规划。西班牙巴塞罗纳大学开发了 U-语言学习系统。墨西哥圣弗兰西斯克博物馆的电子指南，通过准备访问、互动型博物馆体验、博物馆网页信息检索等活动过程，体现了“以头脑来思维，用身体体验的典型的非形式学习空间博物馆”的特点。美国哈佛大学的“促进泛在学习的无线手持设备”项目、MIT 手持式增强现实模拟项目（MIT Hand-held Augmented Reality Sim-ulations），以开发学习者就像玩游戏一样学习的未来学习环境为目标。

3. **关于泛在阅读课程的研究**

国外关于泛在阅读课程的研究相对甚少，目前从22篇有效文献中进行系统梳理，与泛在阅读理念有关的理论研究成果主要有如下两个方面：

（1）詹姆斯·鲁宾（James Rubin）定义积极阅读者。

他认为积极阅读者是“拥有广泛的阅读兴趣和良好的阅读行为的阅读者”，具有四个能力特征，即喜欢阅读、使用好的阅读策略、阅读中进行意义建构、进行广泛阅读。以积极阅读者为育人导向进行阅读课程的优化改进，有利于引导教师在课程观上实现从阅读教学向阅读教育的转变，从强调技能培养转向强调育人为先，通过阅读课程培育情感、认知、技能、行为同步发展的积极阅读者。

（2）近年来美国开始流行一种新的模式——翻转阅读教学模式。

随着互联网的普及和计算机技术在教育领域的应用，美国开始流行翻转课堂。课前学生观看微课视频，课上安排学生自主阅读、思考与讨论，教师根据学生具体情况进行个别指导，这种阅读方式也是泛在阅读的一种手段。

（二）国内研究现状

课题组于2021年8月在中国知网分别检索“立德树人”泛在学习“阅读课程”等关键词，分别搜索到2010—2021年间的文献为789篇、586篇、758篇，其中，于核心期刊发表的文献595篇，剔除无效文献166篇，还剩有效文献1967篇。其中高等教育1002篇，基础教育735篇，其他专业领域235篇。其主要观点概述如下：

1. **关于立德树人的研究**

从669篇有效文献中进行系统梳理，关于立德树人的研究成果有如下三个方面：

（1）立德树人是新时代教育的立身之本。

《习近平新时代立德树人重要论述探析》①一文中强调：党的十八大以来，习近平围绕新时代立德树人提出了一系列新思想、新观点、新论断，这些重要论述是中国特色社会主义教育理论发展的最新成果，是习近平新时代中国特色社会主义思想的重要组成部分。

（2）立德树人是推动教育改革的重要途径。

---

① 王蓉，韩振峰. 习近平新时代立德树人重要论述探析. 北京交通大学学报（社会科学版）[J]. 2021，20（2）：135 – 140.

检索中发现，出自《北京大学学报》《中学政治参考》《四川师范大学学报》等多部核心期刊的15篇论文中，都有强调：习近平新时代立德树人的重要论述深刻回答了新时代中国特色社会主义教育要“立什么德”“树什么人”的根本问题，揭示了新时代贯彻落实立德树人根本任务的实践途径。深入学习研究习近平新时代立德树人重要论述，对于推进新时代我国教育改革创新、实现党和国家人才培养目标具有重大战略意义，立德树人是推动教育改革与发展的重要实施路径。

（3）立德树人将打开教育事业发展新格局。

《立德树人与时代新人培育的内在逻辑》①一文中指出：立德树人体现了对社会主义人才培养规律的深刻把握，新的历史方位下立德树人的目标指向就是要培育时代新人。培育时代新人是党的教育方针在新时代的诠释表达，时代新人的培育需要通过立德树人来实现。因此，把立德树人贯穿教育教学全过程，将打开全员育人、全程育人、全方位育人的教育事业发展新局面。

2. 关于泛在学习的研究

从512篇有效文献中进行系统梳理，关于泛在学习的研究成果有如下三个方面：

（1）泛在学习是我国学者近年来的研究热点。

首先，在CiteSpace生成的关键词共现知识图谱中，除泛在学习外，出现次数最多的是泛在学习环境；学习资源、学习模式、自主学习、翻转课堂等出现的概率也相对较大。其次，学习模式、情境感知、移动学习、终身教育等词的中心度也相对较高，这些词均揭示了目前我国泛在学习的研究背景。最后，在关键词周围散落的一些词，如对分课堂、个性化学习、大数据、学习元、自主学习能力等显示了我国对泛在学习的研究前沿及研究热点。

（2）实践研究、理论研究是泛在学习研究的重点。

研究者通过将2010—2021年的样本文献按照其研究重点进行统计分析发现：关于泛在学习理论研究的文章占比13.39%；关于泛在学习模式的文章占比12.36%；关于泛在学习技术支持的文章占比10.92%；关于泛在学习资源的文章占比10.81%；关于泛在学习实践研究的文章占比29.45%；其他占比略。也

① 冯刚. 立德树人与时代新人培育的内在逻辑. 四川师范大学学报（社会科学版）[J]. 2021，48（5）：13－19.

就是说，泛在学习的实践研究和理论研究是我国泛在学习研究的重点。

（3）泛在学习是未来教育变革的新方向。

朱连召指出：泛在学习代表着未来学习的一种新的方向，是促进教育现代化的一个重要方面，也是支持终身学习、构建学习型社会的重要途径。随着移动智能手机、平板电脑性能的继续提高，网络速度的继续提升，新的泛在学习软件的不断出现，泛在学习的发展前景十分广阔，在不久的将来，它的发展和大力推广实施必将给教育领域带来前所未有的新变化。①

3. 关于泛在阅读课程的研究

（1）泛在阅读课程适合培养积极阅读者。

文献检索中发现，我国儿童阅读课程的现状：儿童阅读课程定位模糊，儿童阅读时间难以保证，儿童阅读指导不够到位，儿童阅读评价缺少标准。传统的阅读侧重知识层面，在阅读素养乃至品格提升上关注度不够。传统阅读往往止于群体性的学习和理解，忽视了学生的个性化行为。而泛在阅读课程从育人角度看待泛在阅读的教育价值，重视培养积极阅读者。

（2）泛在阅读课程将实现阅读教学向阅读教育的转变。

检索中发现，出自《教育信息技术》《中学出版》《南京师范大学学报》等多部权威期刊的22篇论文中，都有强调：泛在阅读课程将是以学生为中心的高自主阅读教育文化，是阅读课程的优化改进，将使阅读课程从强调技能培养转向强调育人为先。

（三）研究价值

1. 理论价值

泛在阅读的过程能提高学生思辨的能力，同时阅读的效果也体现在对人的价值、人文精神和理想人格的建立上。所以，泛在阅读可以帮助学生树立正确的世界观、人生观和价值观，有独特的育人优势。指向立德树人的小学泛在阅读课程，着眼核心素养，培养全面发展的学生。这是苏苑实小开展此项研究的理论依据、核心价值。

---

① 朱连召. 泛在学习国内文献研究综述[C]. 中国人工智能学会计算机辅助教育专业委员会. 计算机与教育：实践、创新、未来——全国计算机辅助教育学会第十六届学术年会论文集. 华东师范大学教育信息技术学系，2014：9.

2. 实践价值

基础教育阶段的阅读能力培养可能会影响孩子的一生。苏苑实小旨在建设随处可见的校园融媒体阅读平台和赏心悦目的阅读课程体系，在“纸读 + 屏读”的双媒介推动下，让阅读呈现出泛在式的、智慧型的、全学科的、全方位的一种学习方式。

3. 推广价值

苏苑实小以学生的品格提升为突破口，以全面素质的培养为落脚点，开展了一系列泛在阅读的实践研究：2017 年 3 月，苏苑实小申报的“‘享’读中成长——基于阅读课程转型升级的品格提升”项目入选苏州市品格提升工程项目；2020 年 11 月，苏苑实小“小学泛在式融合阅读课程基地建设”入选江苏省中小学课程基地及学校文化建设项目。其中对阅读能力的培养也有了很多探索，积累了一定的实践资料和课堂经验，对推进基层学校全员育人、全程育人、全方位育人具有较好的理论和实践指导意义。

三、研究的目标、内容（或子课题设计）与重点

（一）研究目标

（1）通过对全学科阅读课程的开发、全方位的阅读环境的创建等，积淀阅读树人的能量，提升学生核心素养，达成“泛素养”的“全育人”目标，凸显育人功能，彰显立德树人的基本理念。

（2）通过对泛在阅读课程的开发与实施，构建一套较为完善的泛在阅读课程体系，探索体现育人优势的全学科阅读课堂教学模式，以此推动学校大阅读进程，呈现阅读成果的最优化。

（3）寻求培养学生高品质阅读能力的途径。借助语文、数学、英语、科学等主要学科的课堂教学，着重挖掘教材中阅读要素，利用多种平台，创设多项活动，进行多维度、多元化的训练，培养学生的阅读素养。

（二）研究内容

1. 指向立德树人的小学泛在阅读课程的文献研究

研究要点：这是一项归因性研究，主要从国内外同一研究领域，关于“立德树人”泛在学习“泛在阅读课程”等关键词进行广泛搜索、归纳整理、分析鉴别，了解研究现状，并结合其亮点以及存在的不足，立足本校的实践基础，为新课题

的研究提供强有力的支持和论证。

2. 指向立德树人的小学泛在阅读课程与育人价值的关系研究

研究要点:借助课堂教学,挖掘教材中的阅读要素,利用多种平台,创设多项活动,寻求有效策略,打通阅读与育人之间的渠道,以此探究课程本身的育人价值、育人优势,着力培养学生的核心素养。

3. 指向立德树人的小学泛在阅读课程的体系建构研究

研究要点:围绕泛在阅读,就课程内容、课程结构、课程安排、实施途径、实施方法、阅读评价等方面开展研究,想通过“泛素养”“泛课程”“泛场域”“泛活动”的阅读方式,开展泛在阅读课程的研究,形成一整套泛在阅读课程体系,彰显立德树人的基本理念。

4. 指向立德树人的小学泛在阅读课程的实施路径研究

研究要点:这是具体的策略研究,通过“校内外结合”“线上线下融通”“家庭、学校、社会三位一体”的随处可见、随时发生的阅读方式,打造泛在阅读环境,构建泛在阅读课程,拓宽泛在阅读渠道,在“纸读 + 屏读”的双媒介推动下,拟形成多维度、立体化、全领域的泛在阅读课程实施路径。

5. 指向立德树人的小学泛在阅读课程的评价机制研究

研究要点:通过“建、读、诵、展、评”等评学手段,构筑个人自评、伙伴互评、家校共评、活动促评、成果展评五重评价形式;通过“自主学、交流学、展示学、点拨学”等评教方式,形成泛在阅读课堂评价策略;通过丰富多彩的“主题类”“项目类”“拓展类”“即时类”等泛阅读课程活动,形成多元化的泛在阅读评价机制,拟构建起泛在阅读评学、评教的指标体系。

6. 指向立德树人的小学泛在阅读课程的案例研究

研究要点:这是一项指向目标的个案研究。苏苑实小在实施泛在阅读课程的过程中,注重泛在阅读课程资源的研发和整合、泛在阅读课程内容的丰富与完善、泛在阅读课程模式的分类和梳理等方面进行个案研究,搜集和整理一些体现泛在阅读课程自身特点的、具有应用价值的、可资借鉴的典型案例,以此来强化实践研究成效。

(三）研究重点

1. 指向立德树人的小学泛在阅读课程的体系建构研究

围绕泛在阅读,就课程内容、课程结构、课程安排、实施途径、实施方法、阅读评价等方面开展研究,形成一整套课程体系,彰显立德树人的基本理念。

2. 指向立德树人的小学泛在阅读课程的实施路径研究

通过“校内外结合”“线上线下融通”“家庭、学校、社会三位一体”的随处可见、随时发生的阅读方式，打造泛在阅读环境，构建泛在阅读课程，拓宽泛在阅读渠道，在“纸读 + 屏读”的双媒介推动下，力求形成多维度、立体化、全领域的泛在阅读课程实施路径。

四、研究的思路、过程与方法

（一）研究思路

首先，对“立德树人”泛在阅读等要点进行文献搜索，奠定本课题研究的学理基础。

其次，基于苏苑实小实践基础，初步撰写出课题研究方案，邀请专家进行立项论证。

再次，对所建构的泛在阅读课程，分层分阶段实施行动研究，并通过课堂研讨、现场展示、邀请专家指导、中期汇报等系列活动，再次完善调整研究进程。

最后，总结提炼研究成果，撰写结题报告，出版研究专著。

（二）研究过程

1. 准备阶段（2021 年 8 月—2021 年 12 月）

进行文献搜索，了解国内外研究现状，形成文献综述报告，拟定 6 个相关的子课题方案，召开课题研讨组会议，确定研究方向，拟定课题研究题目。

2. 实施阶段（2022 年 1 月—2023 年 12 月）

撰写开题报告，组织专家开题论证，并进一步修改方案。对课题组核心成员进行合理分工，分配研究任务，部署研究活动。组织课题研究反思分享活动，撰写相关课题论文。

3. 中期推进阶段（2024 年 1 月—2025 年 6 月）

梳理总结阶段性研究成果，形成中期研究报告，举办课题研究展示会，邀请领导专家现场指导，进一步调整、完善、优化课题研究，提升研究效能。

4. 总结鉴定阶段（2025 年 7 月—2025 年 12 月）

全面总结提炼课题研究成果，形成结题报告，出版课题研究专著，出版案例集，邀请专家进行结题鉴定。

研究过程如图 3-1 所示。

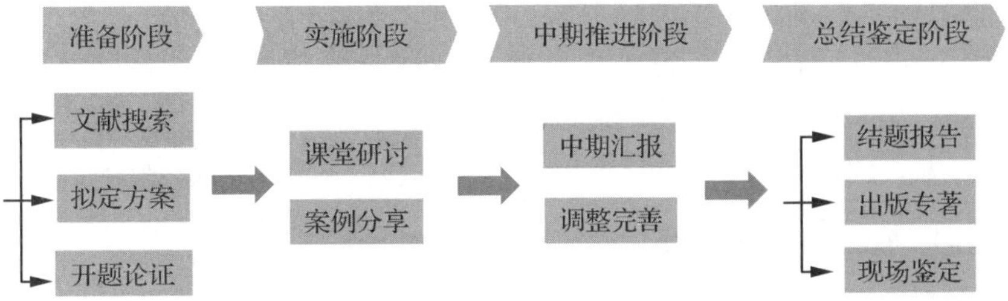

图 3-1　指向立德树人的小学泛在阅读课程的开发与实施研究思路图

（三）研究方法

本课题研究主要采取文献研究法、行动研究法、案例分析法、经验总结法等研究方法。

文献研究法：主要从中国知网等进行文献搜索，从“立德树人”“泛在阅读课程”等关键词入手，依据本校实践基础和研究需要，为新课题的确立提供有力的支持和论证。

行动研究法：在不断调整研究思路后，在全校进行全学科、全领域、全人员的泛在阅读课程的开发与实施研究活动，组织现场课堂展示会，进行研讨反思，在实践活动中发现问题，不断调整。

案例分析法：对泛在阅读课堂教学实践中真实发生的带有启发性的典型性事件进行研究与剖析，并激发反思，发现问题，探明原因，总结规律，为理论与实践的结合提供生动的注解。

经验总结法：主要将研究中初步获取的研究成果通过分析综合、归纳演绎，进行思维加工上升为理论，形成科学严谨、具有可操作性、可借鉴性的研究报告、专著结集，并在一定范围内进行推广运用。

五、主要观点与可能的创新之处

（一）主要观点

（1）指向立德树人的小学泛在阅读课程的开发与实施研究，立足立德树人的基本理念，从学生的终身发展观出发，以培养学生必备品格与提升学生核心素养为目标，凸显育人功能和育人价值，实现由阅读教学到阅读育人的转变。

（2）泛在阅读课程的开发与实施，就是根据学生年龄特点，架构起通过“泛素养”“泛课程”“泛场域”“泛活动”的阅读方式和阅读路径，构建一套较为完善的“泛在阅读课程”体系，全学科联动，全方位开展，全领域推进，促进学生多元学习能力的形成，使阅读无处不在、随时发生、润物无声。

（3）泛在阅读课程的开发与实施研究，是对当前大阅读、大数据背景下新型的学习方式的积极探索，同时更是对当前“双减”政策真正落地的有效回应。

（二）可能的创新之处

1. 课程理念的创新

苏苑实小以习近平总书记重要讲话、泛在阅读等相关理论为指导，通过泛在阅读课程的开发与实施，形成立德树人的泛在阅读课程理念，打通阅读与育人的通道，回应当前“双减”背景下国家和党的教育方针政策的有效落实，具有鲜明的时代性。

2. 实践路径的创新

苏苑实小拟形成多维度、立体化、全领域的“泛在阅读课程”实施的基本路径。拟引进融媒体阅读资源，建设互联阅读资源链、校本特色资源库并将其融合成为学校的后台阅读云平台，在“纸读 + 屏读”的双媒介推动下，让阅读随时发生、触手可得。

3. 评价体系的创新

构建泛在阅读评学 + 阅读评教的指标体系，通过“建、读、诵、展、评”等评学手段，构筑个人自评、伙伴互评、家校共评、活动促评、成果展评五重评价形式；通过“自主学、交流学、展示学、点拨学”等评教方式，形成泛在阅读课堂评价策略；通过“主题类”“项目类”“拓展类”“即时类”等泛阅读课程活动，形成多元化的泛在阅读评价机制。

（三）阶段性成果

在该课题的引领下，苏苑实小教师积极研究，主动撰写，充分利用现有资源，开发相应的课题研究，进而探索育人新样态。近年来，泛在阅读越来越多地被苏苑实小教师应用到教学、科研和实践中去，苏苑实小教师也对泛在阅读形成了一套较为完善的理论和实践体系，还呈现出不断深入发展的趋势。

如唐晓芳校长在《让童年邂逅阅读——苏苑实验小学阅读课程建设的思考与实践》一文中，把学生阅读放在学校课程大系统中审视和研究，构建了苏苑实验小学七大阅读举措，形成了以学生阅读为主渠道的苏苑实小阅读课程体系。周超老师在《融媒体阅读：新时代下校园传统阅读文化建设的转型与升级》一文中认为学校泛在阅读文化的建设，能更大限度激发学生阅读兴趣，培养学生核心素养，提升学生语文能力，达成传统阅读文化建设的转型升级。管静老师在《泛在阅读：创生有效智能阅读时代的密码》一文中巧妙运用泛在阅读这个密码，来开启智能新时代中的阅读教学新模式，充分体现了泛在阅读的阶段性成效。黄雅萍老师在《泛在阅读背景下，小学道法教学的"活"与"透"》一文中也提到了通过泛在阅读方式，打造泛在阅读环境，构建泛在阅读课程，可以将道法课上得既"活"又"透"。诸多论文发表于省级及以上刊物并在各级各类比赛中获奖，彰显了苏苑实小教师的理论研究深度与广度，具体论文见附录。

第四章

泛在阅读的育人课程

作为一所享誉省内外的名校，苏苑实小秉持“让阅读无处不在，让育人随时发生”的办学理念，立足国家课程的实施，以探索“泛在阅读新样态”为出发点，开发与建设有学校特色的泛在阅读课程体系，为学生提供丰富多样的课程资源，多维度、立体化地实施七大阅读举措，分别为：一个理念、两者先行、三位一体、四“一”读法、五重评价、六年一贯、七彩童年，构建了全员参与、全方位开展、全学科实施、全领域推进的苏苑实小泛在阅读三大课程体系①，即泛在阅读育“生”课程、泛在阅读育“师”课程和泛在阅读育“家”课程。

三大育人课程创设了积极向上的育人环境和琅琅书声的阅读氛围，实现了阅读课程与学生成长的共生融合，使学子呈现出“书卷气、灵秀气、端庄气、博雅气、阳光气”的灵动样态。

第一节　泛在阅读育“生”课程

当今教育环境下，培养一批爱学习、善思考、乐表达的孩子，是一所学校的追求，那么提升阅读能力与阅读素养是关键。在多年的实践探索征程中，苏苑实小结合学生、学段以及学科特点，开发了基础类、拓展类、综合类三大泛在阅读育“生”阅读课程群，体现阶梯化、序列化、系统化的特点，通过阅读课程体系的建构提高学生的思维品质和综合素养。

---

① 唐晓芳. 让童年邂逅阅读：苏苑实验小学阅读课程建设的思考与实践[J]. 小学语文教与学，2018(4)：20－21.

一、基础类泛在阅读课程：以“快乐读书吧”为支点，撬动整体研究

基础类阅读课程主要指以语文统编教材中的“快乐读书吧”栏目为核心开展的泛在阅读育“生”课程。

统编教材中有一个栏目，名为“快乐读书吧”，该栏目以向学生推荐优秀的书籍为主，旨在帮助学生提升阅读兴趣，学习阅读策略，提高阅读能力。苏苑实小充分认识到“快乐读书吧”的编排特点与功能定位，通过整体规划该栏目的阅读进程，精心设计多种适合学生的阅读课型，科学开展丰富多彩的阅读研讨活动，切实做到“课本”与“读本”并立共读，有效地推进了“快乐读书吧”阅读课程和阅读活动的深入进行，即以“快乐读书吧”为支点，撬动全校整本书阅读教学的整体研究与实践。

（一）整体规划阅读进程

任何课程的开展都不是一蹴而就的，需要前期的充分调研，整体的高位统筹。苏苑实小在“快乐读书吧”课程的开展和实施之前进行了全方位、系统性的研读。整体安排阅读进程是泛在阅读育“生”课程有效开展的重要保证。

1. 系统梳理阅读教材

教材中一共安排了12次“快乐读书吧”，通过系统的聚焦梳理，我们发现除一年级上册的“快乐读书吧”介绍阅读的方式和途径，以激发学生阅读兴趣为主，其他“快乐读书吧”的板块呈现形式相对统一，主要包含四个方面，分别是：鲜明的阅读主题；生动的阅读导语；细致的“你读过吗”；丰富的“相信你可以读更多”。就形式而言，有短篇文集，有中长篇小说；就内容而言，有童话、寓言、民间故事、神话故事以及小说和科普读物等；就难易程度而言，不同年段的书目与学生的学习水平适切，也符合新课标提出的阅读能力要求。

2. 合理确定阅读内容

引导学生培养浓厚的阅读兴趣，扩大自身的阅读量，了解多样的课外阅读方法，掌握有效的课外阅读技巧，逐步养成良好的阅读习惯，是开展“快乐读书吧”课程的目的。“书吧”中的书目是经过专家组精心遴选的，符合学生身心发展的优秀书籍。在实际阅读过程中，我们可以依据书目的类型与内容作出合理的取舍，重点阅读指定书目，选择性地阅读推荐书目。另外针对共读书目，师生可以共读经典篇目，其余的内容则留给学生自读。这样的取舍，有利于做到主

次有别，也给学生留出了阅读的自主空间。

3. 精心制订阅读计划

苏苑实小在系统梳理各册“快乐读书吧”内容后，以教研组为团队制订了12期《苏苑实验小学“快乐读书吧”阅读计划》。首先，确定师生每月共读书目和自选书目。其次，确定每一本书需要的阅读时间，还要进一步考虑每周阅读的时间，具体安排到晨诵、午读以及周末阅读等各个时间段。最后，学校教研团队统筹安排好每一次阅读课的时间。在学校层面做好总体进程规划后，就进入到学生自主阅读环节。每位学生在语文老师的细心指导下，制订一份切实可行的属于自己的阅读计划表，可以是富有个性的、有创新性的。有了这样的阅读进程规划作为总体引领，学生的阅读就有据可依，有始有终。

（二）倾心设计多种课型

近年来，基于核心素养的语文教改越来越重视阅读教学。一般来说，校内师生共读、伙伴共读的课型主要为导读课、推进课、交流课和展示课等。在此基础上，苏苑实小综合分析近年来义务教育质量监测诊断结果报告，发现基础教育阶段的阅读主要分为三种类型：文言文阅读、文学型阅读和任务型阅读。针对学生阅读中的薄弱处、陌生处，苏苑实小别出心裁地设计了与“快乐读书吧”相契合的多种类型的阅读课型，分别是：文言文阅读课、文学型阅读课和任务型阅读课。

1. 文言文阅读能力：在“快乐读书吧”中拔节生长

文言文作为古代的书面用语，是中华民族文化传承的重要载体，承载着悠悠历史。近年来，基于核心素养的语文教改越来越重视文言文阅读，语文教材中文言文所占的比例明显提高。为检验学生的文言文阅读能力，各地中高考日益重视对文言文阅读的考查。苏苑实小质量监测团队对监测结果相关数据进行了比对与分析，发现目前“文言文阅读”主要存在以下突出问题：学生文言阅读兴趣不浓，畏难情绪严重；文言材料有限，阅读面相对狭窄；学生文言常识缺乏，尤其在虚实词的掌握和信息的解释方面较为薄弱。

如何拉近学生与文言文的距离，提升学生的文言文阅读能力，亟需我们语文一线教师认真考量。在小学语文教学中，注重文言诵读、强调文言文阅读的整体性和阶梯式的学习方法渗透尤为重要。除了要充分利用好现行统编小学语文教材中的16篇小古文，更要把文言文阅读教学的触角伸向课外。“快乐读书吧”这一栏目涵盖了古今中外各类文学名著，尤其是其中推荐的古代寓言故事、神话故事、古诗词等，均是学生学习文言文的极佳素材和范本。教师通过“快乐读书吧”的科学运用，可以为学生打开文言文阅读的大门，夯实学生的古汉语文学功底，进而提升学生的核心素养。

（1）构建“快乐读书吧”文言文阅读课程。

① 设计教学，优化“文言文阅读”教学内容。

“文言”“文章”“文学”“文化”，作为文言文的四个方面，相辅相成，缺一不可。教学设计时，苏苑实小巧妙勾连“快乐读书吧”阅读主题，优化教学内容。

② 落实教学，打造“文言文阅读”趣味课堂。

文言文阅读教学必须搭建符合学情的学习支架，苏苑实小创设形式多样的课堂活动，打造“兴趣”和“思维”共频的文言课堂，引导学生体验文言文阅读的快乐，推动课后的持续阅读。

③ 拓展教学，开发“文言文阅读”特色微课。

微课的知识点小而精，针对文言文阅读中的重点字词，总结归类，结合具体的文言文阅读内容，苏苑实小组织青年教师和专家名师录制特色微课，从而指导学生攻克难点。

（2）开展“快乐读书吧”文言文阅读活动。

① 读写结合，丰富阅读形式。

诵读经典小古文：小古文是适合小学生阅读、篇幅较小的文言文。它们短小精悍，语言凝练，多由短句组成，诵读时朗朗上口，便于记诵。学生在诵读时能够积累语言，明白事理，丰富情感。

改写趣味小故事：文言文中的神话故事和寓言故事是学生喜闻乐见的文学样式，依托“快乐读书吧”的相关主题，引导学生读写结合，将文言文小故事改写成现代汉语的故事，增加个性阅读的体验和文字的运用，提升学生理解力和写作能力。

② 主题活动，丰富阅读体验。

开展圆桌分享会：文言文是中华民族先辈智慧的结晶，蕴含了深刻的道理，结合相关“快乐读书吧”主题，苏苑实小开展学生圆桌分享会，鼓励他们各抒己见，畅谈自己的理解和感悟，从而加深对文言文阅读积累。

表演文言小剧本：有些文言文故事性强且教育意义深刻，可以采用“演”的方式，选取大家喜闻乐见的故事进行改编。学生头脑风暴，自导自演，趣味无限，在演绎中加深对文言故事的理解，传承文言故事中所蕴含的传统文化。

（3）加强“快乐读书吧”文言文阅读能力评价。

① 在学习中强化文言文阅读能力。

在课堂教学的各个评价环节中，我们根据学生文言文阅读能力的表现，进行有针对性的练习与指导，积极开展扎实、有效的阅读活动，从而强化对学生文言文阅读能力的考查。

② 在检测中提升文言文阅读能力。

在检测中，我们巧妙设计文言文阅读问题，并且特别注意考查学生的掌握程度，提升自身的文言文阅读能力。

综上所述，统编教材把文言文编入小学语文教材，作为教科书的重要组成部分，对文言文阅读进行阶梯式的指导，足见文言文阅读的重要性。如今，“双减”政策的施行更为亲子阅读、家庭阅读、自主阅读提供了有力保障。指导学生开展丰富而有意义的文言文阅读，提高阅读能力，是每一个语文老师努力的方向。

2. 以“快乐读书吧”为依托，提升学生名著阅读鉴赏力

近年来，基于核心素养的语文教改越来越强调文学型阅读。其中，文学名著作为人类宝贵的精神财富，是学生成长路途中不可或缺的“营养”。然而学生的名著阅读存在不理想的状况：很多学生对教材推荐的名著不感兴趣，迫于应试压力，借助“名著缩减本”“名著知识大全”来拿分，并没有真正地去读名著。因此，架构起学生与名著之间的桥梁，培养小学生对名著阅读的兴趣，提高小学生名著阅读的能力，具有重要的现实意义。

阅读力就是学习力。在名著阅读的过程中提升学生的阅读力，是为学生打下阅读基础和人生发展底色的重要支撑。那我们如何在名著阅读教学中指导、帮助学生呢？最重要的是，让学生获得一些“带得走”的阅读能力，并成为善于独立思考的人。现行统编版小学语文教材中的“快乐读书吧”栏目为名著阅读提供了重要的平台。教师通过对此栏目的科学合理地运用和发挥，可以为学生开启名著阅读的大门，让学生走向名著广阔无垠的天地。

以“快乐读书吧”为依托，开展名著阅读教学，需遵循以下两点基本原则：尊重学生的主体性与合作性；注重活动的趣味性与开放性。基于以上原则，我们初步制定了以下三点推进策略：

（1）构建“快乐读书吧”名著阅读课程。

① 钻研名著特点，举行名著阅读教学设计比赛。

因为每一册“快乐读书吧”的编写意图不同，所以我们的教学着力点也会不同。教师根据教材内容的特点和教学内容的选取，初步设计名著阅读的教学路径。

② 设计名著教学，开展名著阅读课堂研讨活动。

借助生动有趣的课堂研讨活动，让学生在活动中感受阅读的趣味，体验名著阅读的快乐，推动课后的持续阅读。

③ 开发名著读本，举办“名著阅读”导读读本沙龙。

苏苑实小在编订校本教材时，有意识地开发有利于激发学生阅读兴趣的名著导读读本，在阅读课程上进行沙龙活动。

（2）开展“快乐读书吧”名著阅读活动。

游戏是儿童的天性。事实上，自主性和体验性是儿童爱游戏的本质所在。在制定具体的阅读策略时，苏苑实小兼顾到这两点，着力改变学生的阅读动机与阅读体验。

① 比赛竞技类。

“矛盾是非我来辩”：在阅读名著的过程中，倘若学生群体中自发地形成了截然相反的观点，教师可顺势组织辩论赛；倘若学生的阅读见解比较一致，教师可引入名家评论，学生自由选择观点进行辩论。既引导学生主动阅读，又锻炼其逻辑思维能力与言语表达能力。

“精美插图我来画”：要调动学生的名著阅读积极性，除了“读”之外，更要想办法让学生“动”起来。学生在阅读时可以做一些文字摘录并以图画的形式展示、比拼，从而将他们对文本的理解进行显性的呈现。

② 情境创设类。

“精彩剧情我来演”：名著中的故事情节往往非常生动有趣，极能调动学生的表演欲望。学生头脑风暴、自导自演，趣味无限。除了自编自演剧本之外，相声、双簧等也不失为有效的方式。学生全体参与、全情投入，实现从“要我读”到“我要读”的观念转变。

“诗词美文我来诵”：对于诗歌类名著作品，朗诵无疑是不二选择。朗诵的形式尽量多样化，可繁复可简约，旨在引领学生通过诵读感知诗歌的韵律美以及诗人浸透在文字中的深厚情感。当然，创意性的活动也必不可少。

③ 主题交流类。

“读后感受我来说”：名著阅读，应该是极具个性化与多元化的。教师不应自诩为权威者，而应主动转变为与学生平等的阅读者，最大程度地尊重学生的个人解读。

“生动情节我来讲”：有些名著，情节曲折生动，语言诙谐幽默，适合以讲故事的形式来表达。学生可以复述原著或者展开想象、合理虚构略写的部分。

（3）加强“快乐读书吧”名著阅读考查。

① 在学习中强化名著阅读能力。

在课堂教学的各个评价环节中，我们将根据学生名著阅读能力的表现，进行有针对性的练习与指导，积极开展扎实、有效的名著阅读活动，从而强化对学生名著阅读能力的考查。

② 在检测中提升名著阅读能力。

在检测中，我们将巧妙设计名著问题，引导学生逐渐阅读各种名著，提升自身的名著阅读能力。

如今，名著阅读进教材、进课程已成为苏苑实小推广的课程内容，这也体现了亲子阅读、全民阅读的思想。指导学生开展丰富而有意义的名著阅读，是每一所学校的分内之事。

3. 任务型阅读：从文学作品走向现实世界

任务型文本主要包括信息普及、新闻、演讲、报告、图表等。通过阅读，读者可以获取信息，运用信息，建立与所处社会的联系。在小学语文教学中，如何培养小学生对任务型文本的阅读兴趣，培养学生获取信息、运用信息的实践能力，具有重要的现实意义，亟需语文一线教师考量。苏苑实小基于当前任务型阅读现状，深入思考，积极探索，勇于实践，探寻任务型阅读的有效路径，以提升学生任务型阅读的能力。

（1）立足国家现行教材，丰富课堂教学设计。

苏苑实小教师充分挖掘现有教材中任务型文本的内在价值，灵活运用教材中的丰富元素，巧妙捕捉任务型阅读的多重意义。

① 开展任务型阅读教学设计评比。

为进一步增强苏苑实小语文教师的任务型阅读教学的能力，学校开展了教学设计比赛，在精心研磨下，原本教师们印象中枯燥乏味的任务型课文变得生动有趣。

② 开展任务型阅读课堂研讨活动。

苏苑实小开展的研讨活动为期两周，共呈现了 10 节精彩纷呈的课例，旨在探索小学说理文教学的策略。丰富的课堂引发了语文教师对任务型文本的进一步思考,关注语言的特点和表现手法,培养学生辩证的思维、发展的眼光。同时还要关注语言表达的概括性、逻辑性和准确性,培养学生的概括能力,将方法的引领和课堂语言的训练落到实处。

(2) 沿着儿童阅读轨迹,融入学校校本教材。

目前,现有教材中的任务型阅读文本满足不了学生的阅读欲,很多学校也没有为学生提供接触任务型文本的机会。基于以上问题,苏苑实小在编订校本教材时,有意识地选取了一些形式多样的任务型文本在阅读课程上进行教与学。这些文本符合儿童的阅读视角,是他们感兴趣的以及渴望了解的,有利于激发学生的任务型文本阅读兴趣,训练学生获取信息的思维能力。

(3) 基于儿童认知习惯,汇于日常生活细节。

任务型文本阅读课程要与生活实际相结合,面向真实的阅读环境,在阅读情境与生活情境之间找到联结点,符合儿童的心理和需求。因此,我们更多地将任务型文本的学习和实践的场所投放于学生的日常生活细节。

① 设立直观可视的任务型阅读平台。

校园展示窗:校园的展示窗是沟通交流、传递信息的重要平台。我们将学习、生活的各类信息以直观可视的形式呈现在校园的角角落落,让信息成为学生生活中不可或缺的一部分。

学校阅读场:2017 年苏州市首家新华书店校园书屋在苏苑实小揭牌启用。如今,书屋已成为苏苑实小学生的一处畅游书海、增长见识、陶冶性情的好去处。此外,学校的阅览室、图书馆、阅读长廊等有着大量丰富的书刊,是学生了解信息、获取信息最方便快捷的平台。

班级信息台:班级是学生生活中各种信息充斥的场所。我们组织学生选取自己最感兴趣,或者觉得近期比较有价值的信息,在黑板上开辟“一句话新闻”专栏,由新闻搜集员轮流负责编写。轮到的学生要认真翻阅当天的几种报纸,从中筛选出最重要的或最贴近生活的新闻,在仔细阅读的基础上,整理出“一句话新闻”来,将它们展示在班级信息台上,供大家分享,从而达到信息共融。

② 开展丰富多彩的信息阅读活动。

“课前三分钟”学科素养展示:苏苑实小每学期都积极开展“课前三分钟”活动。在课前三分钟里,学生上台进行信息交流,可以是新闻播报、信息传递,从而引导他们在生活中多读书、多看报,关注新闻时事和社会动态,掌握大量与生活有关的信息。通过三分钟交流，学生逐渐养成了观察生活、了解新闻、传播社会正能量的品性，综合能力得到了提升。

“小小剪报乐趣多”：我们鼓励学生将报纸上的有用资料或自己感兴趣的新闻分门别类剪贴成册，对报纸进行二次利用，培养学生对任务型文本的归类能力。同时，在班中建立评选委员会，评出较好的作品，供大家阅览，再次激起学生阅读任务型文本的兴趣。

“午间读报晓天下”：每天中午吃过饭后，学生有一段休息放松的时间。我们让学生充分利用这段时间，把它用来读报。报纸融经济、政治、社会、教育等各类信息为一体，是学生获取最新社会信息的快捷途径。通过翻阅各类报纸，学生能及时了解国内外发生的事件，提升了任务型文本的阅读兴趣。

“校园新闻我来播”：苏苑实小成立了校园小记者站，每学期招募小记者加入团队，参与学校举行的各类活动，并就学校开展的活动、新近发生或发现的有意义的事实写成报道，在校园广播台播报。校园小记者活动锻炼了学生的信息搜集能力，提升了学生的信息表达能力。

（4）出于儿童实践，加强全面有效的信息阅读考查。

① 学习中体悟。

在课堂教学的各个评价环节中，苏苑实小根据学生信息阅读能力的表现，进行了有针对性的练习与指导，强化对学生信息阅读能力的考察，积极开展扎实、有效的信息阅读教学活动。

② 检测中提升。

在检测中，我们巧妙设计信息问题，并且特别注意考查学生对不同体裁的信息文本的掌握程度，引导学生逐渐阅读各种信息文本，提升自身的信息阅读能力。

任务型文本阅读有利于学生阅读素养的提升，终身学习能力的提升。苏苑实小正努力提升学生的信息素养，构建自然社会科学世界的背景知识，为学生后续的学业进阶助力，为未来的生活做准备。①

（三）科学开展研讨活动

快乐学习，从爱上阅读开始。作为一个代表性栏目，“快乐读书吧”将阅读

---

① 徐玉萍. 小学语文信息类文本阅读教学实践探讨[J]. 新课程研究，2020(23)：21－22.

从教材引向了课外。它既是例子，又是典型。在学生心中播下阅读的种子，是苏苑实小基础类阅读课程的目标。

为扎实推进泛在阅读课程的实施，有效将课外阅读向学生的课外生活延伸，苏苑实小语文组聚焦“双减”背景下如何更高质量地阅读，积极探求在“双减”政策下语文阅读教学的新模式，开展了青年教师“快乐读书吧”主题教学研讨活动，以各年级一册“快乐读书吧”为例。

1. 一年级“快乐读书吧”之“读书真快乐”

对于一年级的新生来说，对阅读充满好奇至关重要。教师以学生为主体，带领学生观察图片，体验和大人一起读、和同学一起读、分角色读，让学生感受读书的快乐，逐步养成学生乐于阅读的习惯，并告诉学生可以借助拼音等工具来阅读，从而培养良好的阅读习惯。

2. 二年级“快乐读书吧”之“读读童话故事”

童话故事是激发孩子想象力的最好教材。教师善于激发学生的想象力，带领学生阅读童话故事，让学生运用多种方式来开展阅读活动，帮助学生了解故事书的基本信息，对故事书的内容进行简单的猜测与想象，带领学生交流印象深刻的内容，通过分析片段中的好词好句，逐步渗透读书的策略和方法。同时，根据阅读计划，制作简单的读书记录卡，让学生的阅读留下“痕迹”，带领孩子走上童话阅读的道路。

3. 三年级“快乐读书吧”之“在那奇妙的王国里”

教师紧扣主题，探索童话的乐趣，给予了学生充分自主探究的机会，让其在童话的王国里不断徜徉和探索，同时借助读书记录卡的形式，引导学生在阅读时注重积累和感悟。在快乐的阅读中，孩子们畅游于童话王国，不仅了解了童话类文本的特点，还掌握了阅读童话故事的好方法，在学习中不断感悟着阅读的魅力。

4. 四年级“快乐读书吧”之“很久很久以前”

教师通过复习已学神话故事，展示中外神话精彩片段，让学生将旧知与新授的内容相联系。在此基础上，引导学生从三个层次逐步掌握阅读神话故事的方法，并用此方法进行自主阅读。学生在自主品读过程中进行批注思考，边读边想，感受神话的魅力。

5. 五年级“快乐读书吧”之“从前有座山”

阅读经典是每个人成长道路上必不可少的精神补给。教师和五年级的学生一起走进《“快乐读书吧”之“从前有座山”》，研究民间故事中的人物，带领同学们了解主人公身上美好的品质，从而了解到故事寄托了人们朴素而又美好的愿望，引导学生持续阅读中外民间故事，感受文学的魅力。

6. 六年级“快乐读书吧”之“笑与泪，经历与成长”

古今中外许多作家的作品都在讲述成长的忧与乐、愁与思、得与失。书籍中的主人公大多和六年级学生同龄，因而他们的或甜或苦的人生经历，能在无形中引领学生勇敢面对人生。在课堂研讨的过程中，教师发现：上好一节整本书阅读课，不仅能激发学生的阅读兴趣，更重要的是为他们理解人生打开了一扇窗，这就是育人的指向。

综上所述，在教师的课堂引领下，苏苑实小的学生投入到了课外阅读中，无论何时，无论何地，都有学生手捧书本，沉浸阅读的美好风景——迎着朝阳，来到美丽的校园，和教师在教室里一起读书；午餐过后，和伙伴坐在雅真园、磐安园里一起读特别喜欢的故事，也可去自主阅读机上浏览最新的书籍信息；课后延时时段，与伙伴们手拉手来到“筑梦空间”阅读天地，在“诗词跳跳乐”中吟诗诵词；回家作业完成了，要争分夺秒看自己喜欢的书。甜甜地，和妈妈一起阅读；乐乐地，和哥哥、姐姐一起阅读；静静地，和自己一起阅读……

泛在阅读教学，最重要的是在学生的心田里播下读书的种子。苏苑实小语文教师们满怀热情立足课堂阵地，实践泛在阅读基础课程，勤勤恳恳地耕耘在阅读的“田地”里，扎扎实实地推进泛在阅读，让每个学生在一场场阅读盛宴中爱上阅读。

二、拓展类泛在阅读课程：全学科、跨学科双管齐下，推动整体研究

拓展类阅读课程指多学科、跨领域的阅读课程，主要分为两种类型：第一类是全学科泛在阅读课程。依据教育部相关文件、课程标准、各个学科的学科素养等，确立各学科整本书阅读书目，形成分层分类学科阅读资源体系。第二类是跨学科泛在阅读课程。年级内所有学科教师共同参与，围绕同一本书或同一类书，从各学科多角度聚焦研究，将阅读内容与各学科素养融会贯通。

（一）全学科泛在阅读课程

目前，大多数学校的阅读都以语文学科为主，事实上，任何学科的学习都离不开阅读。因此，我们必须跳出语文阅读的狭隘观念，从学生的终身发展出发，

站在全学科角度，树立全学科阅读意识，扩充阅读内容，扩展阅读领域，创建综合立体的阅读模式，才能更好地加强全学科整合和协调育人。

苏苑实小深入探索全学科泛在阅读，强调语、数、英、音、体、美、科学等全学科覆盖，全员参与，全学段推进，通过各学科联动，开发与建设有学校特色的全学科泛在阅读课程，从长期占主导的文学性文本阅读转向兼容实用类文本和图式类文本的阅读视域，培养学生学科阅读能力，强化核心素养，为学生发展赋能。

1. 全学科阅读课程内容丰富

苏苑实小全面推进全学科阅读课程，根据学科特色进行分类整合，分为五大课程，分别是：核心素养课程、多彩艺体课程、实践探究课程、传统文化课程和筑梦心灵课程，将阅读渗透到各个学科（表 4-1）。

表 4-1　苏苑实小全学科阅读课程

<table>
<tr><th>一级课程</th><th>二级课程</th><th>子课程</th></tr>
<tr><td rowspan="9">核心素养课程</td><td rowspan="3">诗意语文课程</td><td>快乐读书吧：打开视界之窗，开启整本书阅读的奇妙之旅。</td></tr>
<tr><td>苑小朗读者：用声音温暖心灵，给予力量，润泽生命。</td></tr>
<tr><td>生活大课堂：生活就是一本永远翻不完的书，去那里寻觅语文的美吧！</td></tr>
<tr><td rowspan="3">趣味数学课程</td><td>数字世界：算算、比比、变变，看我神机妙算，一起奔向数字世界。</td></tr>
<tr><td>图形奥秘：折折、剪剪、拼拼，看我七十二变，一起探究图形奥秘。</td></tr>
<tr><td>统计天地：画画、想想、说说，看我由表及里，一起走进统计天地。</td></tr>
<tr><td rowspan="3">快乐英语课程</td><td>声临其境：把声音融入动画，让心灵触摸文化。</td></tr>
<tr><td>绘声绘色：打开绘本之眼，收获快乐童年。</td></tr>
<tr><td>童星奥斯卡：把情感带入故事，用英语演绎风采。</td></tr>
<tr><td rowspan="6">多彩艺体课程</td><td rowspan="3">“音你而美”课程</td><td>灵歌舞动：以灵动之声，舞动童年之美</td></tr>
<tr><td>童声悠扬：用童声诉说美好，用音乐筑梦童年</td></tr>
<tr><td>弦乐人生：指尖流淌音符，琴弦承载童年</td></tr>
<tr><td rowspan="3">体育竞技课程</td><td>足下生辉：脚下练功夫，人生造辉煌。</td></tr>
<tr><td>韵动飞扬：韵律与力量的糅合是有张力的美。</td></tr>
<tr><td>御风而行：你穿着钉鞋，在红色年轮上飞驰。</td></tr>
</table>

续表

一级课程	二级课程	子课程
多彩艺体课程	“美轮美画”课程	木刻年画：一笔一刻，一深一浅，以刀刻木，拓出“年”味。
		萌彩画苑：圈圈画画绘童真世界，涂涂点点构幸福画卷。
		七彩画坊：一抹淡彩，一笔涂鸦，一点创意，描绘七彩童年。
实践探究课程	智能科创课程	小小创客：让思维沸腾，让创造先行。
		趣味编程：把逻辑编进思考，把趣味编进学习。
		光影映像：定格幸福童年，分享美丽瞬间。
	自然探秘课程	水稻一生：稻香稻香，青葱稚嫩，成长芬芳。
		小小园艺师：立足大自然，观绿色之美；巧手着园艺，装点幸福生活。
		小小发明家：融科技于生活，变创意于实践。
	苏城研学课程	寻迹山水吴中：人文共山水，自然在吴中。
		红色经典之旅：寻找革命足迹，追忆红色经典。
		姑苏名人访谈：精读历史名人，传承苏州文化。
传统文化课程	书韵雅致课程	乐享书艺（硬笔）：一笔一画绘人生，横撇竖捺书童年。
		翰墨飘香（软笔）：以墨为心，以笔为情，丹青溢彩沁人心。
		丹青墨韵（国画）：水墨渗化奇妙，勾画意境之美。
	地方民俗课程	纸趣苑：趣味剪纸，巧手剪出快乐。
		锦绣坊：一副刺绣，便是一方文化。
		陶艺馆：小小双手捏出无限想象，块块泥巴制出五彩生活。
	国学经典课程	论语听学：打开国学宝藏，共读国学经典。
		诗人心语：读唐诗宋词，听千古心声。
		古文观止：诵读古文，感受典范，打下文化的底子。
筑梦心灵课程	弘扬明德课程	德善学堂：沐德善之风，习传统之美。
		遇见榜样：传承榜样精神，德润苑小童心。
		三会成长：约之以礼，择善而从。

续表

一级课程	二级课程	子课程
筑梦心灵课程	修身至善课程	致敬国旗：童心向党，强国有我。
		红领巾寻访：发现身边美好，树立多彩梦想。
		苑小之星：规范言行，日行一善。
	心理健康课程	心语心愿：爱心港湾，善启心灵。
		心灵驿站：放飞烦恼，拥抱快乐。
		向阳花开：心纳阳光，幸福出发。

2. 典型案例：精雕细琢，木刻工坊

2021 年 3 月，在吴中区教育局的关心和支持下，苏苑实小有幸成为“江苏省美育浸润行动计划”苏州大学的首批试点学校，借此契机，学校主动作为，将第一批国家级非物质文化遗产之一的苏州传统艺术——桃花坞木刻年画引进校园。苏州桃花坞木版年画距今已有 350 年的悠久历史，是第一批国家级非物质文化遗产。为了让学生更好地了解、学习、制作桃花坞木刻年画，学校组建团队，创编了《桃花坞木刻年画》校本教材，让学校桃花坞木刻年画社团的学习使用。

教材从低年级孩子的初识“桃花坞”，到中年级学生的走进“桃花坞”，再到高年级学生的创新“桃花坞”，处处体现了苏苑实小“美育文化浸润、美育课程浸润、美育活动浸润、美育师资浸润”的美育目标。根据小学生年龄特点，本教材汲取了桃花坞木刻年画的特色精髓，以制作材料、制作步骤为切入口，将现代儿童文化元素融入其中，不仅有“门神”“一团和气”等传统装饰画，还有取材于校园风光以及书本经典人物形象的现代创意画，更涌现出见证时代变革、礼赞城市发展之作。

苏苑实小借助专家的力量，将苏大艺术学院的桃花坞木版年画等具有地方特色的艺术文化引入学校美术课堂和社团活动，成为校本特色课程。在苏州市第七届中小学生艺术展演活动暨第六届中小学生艺术节学生艺术实践工作坊比赛中，苏苑实小的“桃花坞木刻年画艺术工作坊”喜获一等奖。

此次，苏苑实小牢牢抓住了入选苏州大学美育浸润计划试点学校的机遇，充分开掘阅读要素，涵养艺术素养。从课程入手，发掘和丰富美育资源，如“乐乐陶陶”陶艺课程、“翰墨飘香”书法课程、“格林屋”儿童画课程，学生自主选择，自由参加，教师们精心辅导，为各类比赛挖掘了很多优秀选手。桃花坞木刻年画社团的学生通过学习，不仅了解了桃花坞年画的历史，学习了它的制作技艺，还拓展了课外知识，丰富了艺术涵养。

另外，苏苑实小充分挖掘藏书票的美育阅读价值。校园里的一草一木成了藏书票里的“主角”，书中的经典人物在藏书票中生动再现，孩子们别出心裁地创新运用藏书票这一木刻版画形式，以此实现对阅读的理解、内化和表达。

（二）跨学科泛在阅读课程

苏苑实小在立足国家课程实施的基础上，努力打破原有阅读空间的局限与学科堡垒，根据学生的年龄特点和现有教师的特长，开发与建设系列化的跨学科阅读课程体系，为学生提供丰富多样的课程资源，促进学生多元能力的形成。

1. 跨学科阅读课程主题鲜明

古诗、童谣、童话、儿歌，是低年级学生最亲近的阅读主题；科普故事，最吸引中年级学生的目光；成长小说、古典名著，是高年级学生最喜欢阅读的作品，基于对各个年龄层学生阅读兴趣的了解，苏苑实小组建各学科名师团队研修并开发了跨学科主题阅读课程，打通学科界限，将跨学科阅读与时代发展的需求、与学校的文化体系、与学生成长需要相融通（表 4-2）。

表 4-2　苏苑实小跨学科阅读课程内容

年级	阅读主题	教学（活动）内容
一年级	1. 诵读《笠翁对韵》	语文：吟诵《笠翁对韵》，开展诵读比赛。
		数学：熟读《数的分合》，班内背诵比赛。
		英语：绘本《Phonics》，感受古韵今风。
		音乐：古诗新唱《咏鹅》，体验古诗新魅力。
		美术：吟诵《笠翁对韵》，畅想美妙童画。
		科学：了解《笠翁对韵》的天文地理常识。
	2. 悦读《童谣 300 首》	语文：阅读《童谣 300 首》，开展诵读活动。
		数学：熟读《数学儿歌》，吟诵儿歌比赛。
		英语：吟唱《Phonics》，感受童谣乐趣。
		音乐：学唱童谣《小猴子》，声势动作伴奏。
		美术：悠悠诵童谣诗，盈盈绘童画意。
		科学：了解童谣中的植物、动物特点。

续表

年级	阅读主题	教学(活动)内容
二年级	1. 走近动物世界	语文:阅读动物童话,开展系列活动。
		数学:参观动物乐园,发现数学问题。
		英语:与绘本手拉手,和动物做朋友。
		科学:观察动物形态,了解动物种类。
		音乐:听赏生肖儿歌,演唱生肖歌曲。
		美术:观察动物特征,塑造动物形象。
	2. 走进大自然,感悟四季美景	语文:阅读四季儿歌,开展系列活动。
		数学:观察身边事物,感悟数学思想。
		英语:走进春夏秋冬,聆听四季儿歌。
		科学:认识缤纷四季,探索地球家园。
		音乐:演唱四季歌曲,感受美好四季。
		美术:感悟四季美景,创作四季美图。
三年级	1. 保护地球	语文:阅读《看里面》系列,开展系列活动。
		数学:搜集南北极温度信息,获得新的发现。
		英语:了解动物生活习性,观看相关英文电影。
		科学:了解动物结构及习性,提高保护意识。
		音乐:赏析有关环保歌曲,共同增强环保意识。
		美术:阅读科学小故事,创作科技环保画。
	2. 走近科学	语文:阅读《小牛顿科学馆》,开展系列活动。
		数学:搜集行驶速度信息,比较获得新的发现。
		英语:学习相关单词,提高绿色出行意识。
		科学:了解飞行原理,不断激发科学兴趣。
		音乐:学唱有关歌曲,培养热爱科学情感。
		美术:赞新科技发展,绘科幻飞行器。
四年级	1. 走近《鸟儿的辩论》	语文:阅读《鸟儿的辩论》,开展系列活动。
		数学:统计鸟儿数量,获得新的发现。
		英语:认识鸟儿名字,撰写爱鸟作文。
		科学:了解鸟类秘密,探究鸟类习性。
		音乐:聆听鸟儿之声,学唱鸟儿之声。
		美术:发现插图秘密,创作鸟儿绘本。

续表

年级	阅读主题	教学(活动)内容
四年级	2. 阅读《最美的科普·四季时钟系列》	语文:阅读《最美的科普》,开展系列活动。
		信息:学习图画编辑,制作雾凇动图。
		体育:了解冬奥项目,学习滑雪姿势。
		科学:了解四季奥秘,探究自然景观。
		音乐:走进美丽世界,学唱《四季歌》。
		美术:学画四季美景,创作美景图册。
五年级	1. 走近《昆虫记》	语文:阅读《昆虫记》,开展系列活动。
		数学:进行分类统计,获得新的发现。
		英语:认识昆虫名字,编写昆虫故事。
		科学:了解昆虫秘密,探究有趣习性。
		音乐:学唱昆虫之歌,走进昆虫世界。
		美术:发现插图秘密,创作昆虫绘本。
	2. 领略《中国国家地理精华》	语文:阅读《中国国家地理精华》,开展系列活动。
		数学:学习植被种类、面积计算,寻求新的突破。
		英语:认识祖国名胜古迹名字,编写简短介绍。
		科学:了解祖国名胜古迹起源,探究人文历史。
		音乐:欣赏赞美祖国风光名曲,陶冶爱国情操。
		美术:品鉴祖国风景名胜佳作,创作书画作品。
六年级	1. 走近《鲁滨逊漂流记》	语文:阅读《鲁宾逊漂流记》,开展系列活动。
		数学:研究行程问题,获得新的发现。
		英语:认识生存工具,续写生存故事。
		科学:了解生存奥秘,掌握生存法则。
		音乐:学唱生存之歌,感知坚强品质。
		美术:找寻励志故事,创作有趣绘本。
	2. 阅读《西游记》	语文:阅读《西游记》,开启西游之道。
		数学:进行分类统计,了解妖怪之多。
		英语:认识各类妖怪,编写新妖怪传。
		科学:讲演西游故事,发现西游秘密。
		音乐:翻唱片尾插曲,感悟西游力量。
		美术:学画西游人物,创编新西游记。

2. **典型案例:走进大自然,感悟四季之美**

“双减”政策之下,苏苑实小凝聚全学科教师之力,开展学科碰撞,为低年级学生精心准备了跨学科阅读“大礼包”,激发孩子们的阅读兴趣,让孩子们知晓学科之间的联动,进而让孩子们走进大自然,感悟四季之美。一年四季,春夏秋冬。四季之美,美在春之生命,夏之活力,秋之丰收,冬之纯洁。走进一幅幅美丽的大自然画卷,便会发现它的魅力无处不在,四季交替之美蕴含其中(表4-3)。

表4-3　苏苑实小泛在阅读跨学科阅读课程典型案例

主题	学科	阅读目标	阅读活动环节	育人目标
走进大自然,感悟四季美	语言《田家四季歌》	阅读四季儿歌开展阅读活动	1. 播放歌曲《四季歌》,激发情感。 2. 初读儿歌,整体感知,认识“春、夏、秋、冬”四个生字。 3. 整体感知,注意听清楚录音里描述了哪些景物。 4. 诵读儿歌,感受四季之美。采用多种形式诵读,表达自己的感受。 5. 赏析优美语句,练习说话或者仿写一句诗表现四季特征。 6. 课后收集有关描绘四季的画片、儿歌。	阅读四季涵养美
	数学《藏在四季里的“乘法”》	观察身边事物感悟数学奥妙	1. 创设情境,感知“几个几”。 2. 探究新知,认识乘法。以夏天教室里装空调为例,引出乘法。 3. 练习应用,内化新知。春天里的乘法:柳树是春天最忠实的使者,图中共有多少棵柳树?夏天里的乘法:荷叶上共有多少只青蛙?秋天里的乘法:秋天,李叔叔和张阿姨收了多少玉米?冬天里的乘法:圣诞老公公骑着美丽的雪橇给我们小朋友带来了多少礼物等。 4. 在大自然的四季美景里找到了很多可以用乘法计算的问题。	观察四季表达美

续表

主题	学科	阅读目标	阅读活动环节	育人目标
走进大自然，感悟四季美	英语《A Science Lesson》	走进春夏秋冬 聆听四季儿歌	1. 玩小游戏：同学们只要说出正确的句子，小企鹅就会把冰块敲碎，从而获取温暖的衣服。 2. 孩子们来到VR体验馆，用4D来体验冬天的一系列有趣的活动。通过一节课的观察学习，孩子们更加了解四季，感受了四季的美丽。 3. 欣赏欢唱四季的歌曲和歌谣，整堂课欢快而有趣。	体验四季 表达美
	科学《四季里的科学》	认识缤纷四季 探索地球家园	1. 展示春夏秋冬的图片，了解每一个季节都有每一个季节的特点。 2. 电脑播放视频，了解劳作人们的春夏秋冬。 3. 研究一年四季中不同的花。提前准备好的鲜花和树叶。 4. 研究一年四季中动物的活动。 5. 读一读《二十四节气歌》，了解《二十四节气歌》的意思。	探究四季 发现美
	音乐《四季童趣》	演唱四季歌曲 感受美好四季	1. 欣赏四季歌曲，聆听范唱。 2. 说一说歌曲是怎样描绘四季的。 3. 展示“春、夏、秋、冬”描绘不同季节的四幅图。 4. 引导学生用自己的形体动作合作表演：用肢体语言来描绘这四个不同的季节。以《四季童趣》为主题A，组成回旋曲式。 5. 请同学之间相互评价，取长补短。	聆听四季 歌唱美
	美术《四季的色彩》	感情四季 美景 创作四季美图	1. 出示教材中四幅图，观察比较色彩的不同，了解四季特征。 2. 赏析《早春之路》《夏》《金秋》《冬猎》，感受每个季节的独特之美，找出表现手法。 3. 选择喜欢的一个季节，创作美图，表现色彩之美。	图画四季 创作美

① 语文学科：阅读四季，涵养美。

“春季里，春风吹，夏季里，农事忙，秋季里，稻上场，冬季里，雪初晴”。孩子们在阅读完《田家四季歌》这首小诗后，以“听、说、读、写”四种形式品味乡村田园四季的丰富、生动和美丽，了解四时各异的田园农事。

② 数学学科:观察四季,表达美。

乘法是什么? 在孩子的眼里,乘法是小兔子和它喜爱的胡萝卜,是夜空里的星星伴着月亮,是快乐的音符汇聚成的美妙乐曲……让我们一起走进大自然,用数学的角度去观察四季,寻找四季中可以用乘法解决的数学问题,去探索乘法的奥秘吧!

③ 英语学科:体验四季,表达美。

玩一次《小企鹅砸冰块》的游戏,体验一番冬天有趣的活动,唱一波四季的歌谣,这是二年级的孩子们在用他们的方式体验四季,表达他们对四季变换的喜爱之情。

④ 科学学科:研究四季,发现美。

四季之美,无处不在。一年级的孩子们已经学着观察身边的自然,发现四季流转之美。他们捡拾梧桐树、槐树、枫树、银杏树等树叶,用稚嫩小手制作出一张张精美的树叶贴画,留下秋天的气息。孩子们通过树叶贴画、水彩画等形式,与自然亲近,探索中国传统文化。

⑤ 音乐学科:聆听四季,歌唱美。

春有百花秋有月,夏有凉风冬有雪。一年四季,皆可在音乐中找到属于它们的位置。美丽的四季变幻无穷,像四个调皮的娃娃在玩捉迷藏。欣赏四季不同的美景,孩子们进行欢快的音乐律动,随口哼唱,唱出属于童年的"四季之乐"。

⑥ 美术学科:图画四季,创作美。

自然运转,造就四季更迭,呈现四季不同特点,给人以不同感受。春之色为冷绿,那是蓬勃的生命;夏之色为热赤,那是青春的活力;秋之色为暖黄,那是金黄的未来;冬之色为寒白,那是美好的纯洁。孩子们用一幅幅色彩鲜艳的绘画作品渲染四季之色,描绘四季之美,感受色彩之美。

书海之中自有清韵,书林之中自有智慧。"晓看红湿处,花重锦官城"是春的美景,"稻花乡里说丰年,听取蛙声一片"是夏的艺术,"春种一粒粟,秋收万颗子"是秋的收获,"窗含西岭千秋雪,门泊东吴万里船"是冬的图景。学生们在体验此次跨学科阅读的过程中,自身的阅读能力、观察能力、动手能力得到了很好的锻炼,品味了四季之美与四季之妙,感受了大自然对我们的馈赠,陶冶了自身情操。

三、综合类泛在阅读课程：让书香浸润生命，让阅读成为享受

在基础类泛在阅读课程和拓展类泛在阅读课程的引领下，一本本有趣的、有益的书籍走进了学生的天地。综合类阅读课程旨在充分利用各类资源开展阅读活动，主要指主题式阅读、项目式阅读、融媒体阅读，此类阅读课程深受学生的喜爱，学生在生活中，处处能品尝到书香的味道。

（一）主题式阅读

该课程以“魅力苏苑实验小学‘阅’”为主题，如，低年级“诗配画”“连词小达人”，中年级“苏苑实验小学朗读者”“苏苑实验小学神笔”，高年级“我爱记诗词”“阅读小苏州”等。每个年级每个月各有一个主题，围绕主题组织开展阅读活动。学生在课程中感受阅读的魅力，表达对阅读的热爱，展示阅读的素养。

1. 低年级篇：21 天阅读“马拉松”。

课程主题：和爸爸妈妈一起读——21 天阅读“马拉松”。

课程介绍：“一本好书，静心阅读，三周坚持，终身受益。”爸爸妈妈们，你们知道吗，养成一个好习惯，只需要 21 天。乘着阅读节的东风，让我们选一本好书，亲子共读，开启属于你们家庭的 21 天阅读“马拉松”吧！

课程内容：坚持每天通过微信打卡，晒晒阅读的书籍，留下阅读的身影。

课程实施：老师向家长推荐本期阅读课程，组织家长积极参与。家长坚持陪伴孩子阅读并打卡，期间多给予鼓励和指导。

2. 中年级篇：我是诗词“小主播”

课程主题：我是诗词“小主播”。

课程介绍：诗词之美，美在音韵，美在情谊，美在哲思。捡拾历史长河里的动人诗词，分享阅读旅程中的美好瞬间，同学们，让我们用声音传递美好，用美文浸润心灵，录制属于自己的有声读物。

课程内容：阅读古诗词书籍，每位同学用心录制一个古诗词音频和一个古诗词视频，各年级建立一个“有声诗库”。

课程实施：老师向学生推荐本期阅读课程，组织学生积极参与，并将录制好的音频上传到班级、年级诗词库。

3. 高年级篇：我的姓氏研究报告

课程主题：我的姓氏研究报告。

课程介绍：横竖撇捺有乾坤，一点一画成文章。结合语文课本“综合性学

习——遨游汉字王国”，感受汉字的有趣，了解汉字的文化。让我们走进线上博物馆，探究自己姓氏的由来吧！

课程内容：线上、线下搜集有关自己姓氏的资料，阅读有关姓氏的书籍，学写一篇研究性报告，可以独立完成，也可以和同姓氏的同学合作完成。

课程实施：老师向学生推荐本期阅读课程，组织学生积极参与。可以是电脑排版设计，也可以是自己手绘完成，纸张大小不小于16开。

（二）项目式阅读

该课程基于阅读材料的项目式学习，通过搭建各种阅读平台，协同师生阅读，同伴互读，亲子共读，在享受阅读乐趣的同时收获素养的提升。以苏苑实小的品格提升项目为例，依据不同年级段开设了多种阅读课程，举行了“童心里的诗篇”等各类活动，让学生在项目活动中体验阅读的美好。

1. 童诗，谱写童年的味道——班级诗歌分享会

苏苑实小多个班级轻轻打开了诗歌的大门，与诗歌在另一种媒介温暖“相遇”，用稚嫩的声音，一字一句，建造起属于自己的“诗歌王国”，演绎出一段特别的诗意童年。在本次活动中，孩子们将诗歌诵读与音乐、舞蹈、表演相融合，以独特的形式来表达自己的情感和对经典的理解，在诵读中接受熏陶，感受诗歌的魅力。丹青绘诗意，诗是有声画，画是有形诗。在这次活动中，孩子们还拿起手中的画笔，运用自己所掌握的绘画技巧，让浓浓的诗情变成生动的画卷。

2. 轻叩诗歌之门，润泽熠熠童心——年级诗歌作品展

孩子是天生的诗人，童心孕育好诗，好诗润泽童心。在万物滋长的春天里，在温和明媚的阳光下，学生用手中的笔写出一首首动人的诗歌。诗歌里汇聚成了五彩斑斓的中国梦；面对身边无数的英雄，孩子们用诗歌表达了对英雄们的敬畏和感恩；小小稚童心，浓浓爱国情，爱国的种子在诗歌里发芽；天空、草木、动物……在学生的视角中都显得那么别致而独特。童真童趣的种子，如果在诗歌的田园破土、发芽，也定会美了岁月、香了人间。

（三）融媒体阅读

该课程指的是利用融媒体平台，进行阅读共享、问答、评价等互动活动，为校园阅读的纵深发展提供新的形式。此类课程突破时空限制，构成新型阅读期待，丰富了学生的沉浸式阅读体验，形成具有聚焦性、主体性、互动性、多元性、便捷性的阅读生态，为学生的阅读开辟了一个崭新的天地。

1.“互动+”阅读

让阅读无处不在，让育人随时发生，全新的阅读“互动+”体验让苏苑实小学生充分地享受着阅读的乐趣。

（1）科技助力，智慧阅读。

在老师的带领下，学生们来到阅读互动空间。这个空间专门打造了丰富多彩的阅读闯关活动。通过“诗词跳跳乐”“成语拍拍乐”等新鲜有趣的互动体验，同学们可以更好地沉浸在阅读的世界里，体验到科技助力下智慧阅读的新奇和快乐。

（2）有声有色，读出风采。

“朗读亭”空间虽小，却打造了一个展示自我的大舞台。学生们大声朗读着自己喜欢的书籍，与其他学生分享自己的感受。“朗读亭”还配备了实时录音设备，让每个孩子的朗读都可以被记录下来，轻松重温自己的朗读风采。

互动阅读，让阅读变得更加生动，让每个人都能够在知识的海洋中找到乐趣。通过这些活动和设施，在阅读互动中，学生们更加热爱读书，更加珍惜书本所带来的美好。

2.“云端+”阅读

为进一步丰富学生们的阅读，营造和谐的“悦”读氛围，培养良好的读书习惯，全面提升学生的素养，苏苑实小利用学校微信公众号平台推广“云端+”阅读，开启阅读新征程。

（1）云上朗读者。

参赛对象：全体师生、家长。

作品要求：选读作品应为与爱相关的文学作品，内容积极向上，故事、诗歌、散文等题材均可，可自选篇目或原创。朗读形式可多样，鼓励亲子共同朗读、配乐朗读；作品为mp4视频格式，视频场景（拍摄背景）整洁，视频清晰。

（2）云上故事屋。

参与对象：一、二年级学生。

活动说明：各班根据新课标的阅读要求，结合学校低年级阅读推荐书目，选择班级共读书目，采取教师引读、亲子共读、云上交流的方式，引导学生们在故事中领略精彩的世界，感受阅读的乐趣。

作品要求：

① 亲子共读精彩瞬间评选。以照片或视频的形式记录下亲子共读的精彩

时刻，具有家庭特色，有创意。

② 创意故事新编评选。对自己阅读的故事进行创编并绘制下来，拍照上传，可以是一幅画，也可以是连环画。

③ 故事大王评选。选择自己喜欢的故事讲给大家并录制好视频，时间不超过 3 分钟，以 mp4 的格式上传。

（3）好书云推荐。

参加对象：三至六年级学生。

活动说明：背一首古诗，天地苍茫。读一本经典，体察古今。书籍丰富了我们的生活，让生活不再无聊。请同学们选择自己喜欢的书籍推荐给大家吧！

作品要求：

① 彩笔 + 画纸 + 创意 + 一本好书 = 好书推荐卡。三、四年级的同学们，将自己制作的推荐卡以 jpg 格式照片的形式发送给老师。

② 生动的故事情节和有趣的讲述会让更多的同学爱上你喜欢的书哦。五、六年级的同学们，请用视频记录下自己最喜欢的一本书推荐给大家吧。在视频中，请清晰地讲述书籍的相关信息以及自己的推荐理由。

综上所述：近年来，苏苑实小聚焦“减负”“提质”，立足泛在阅读，有步骤、有层次地开展全校师生阅读工程系列活动，以更具品质、更加多元的方式推广泛在阅读，让无边界、立体式的品质阅读为师生发展赋能，助力书香校园的建设。经由不懈努力，苏苑实小已经走出了一条富有特色的泛在阅读发展之路，打造了丰富的阅读课程，凸显了学生的学习品质，彰显了综合的育人追求。学校和教师作为学生的阅读引路人，我们将继续构建泛在阅读育“生”新课程，推动阅读育“生”新生态的形成。

第二节　泛在阅读育“师”课程

苏联教育家苏霍姆林斯基认为，教师若不读书，若没有在书海中的精神生活，那么提高他的教育技能的一切措施就都失去意义了。读书足以怡情，足以博彩，足以与学生教学相长。建设一所泛在阅读的书香校园，自然离不开一群爱读书、乐读书、善读书、勤读书的教师。苏苑实小秉承师生共同成长的理念，积极倡导全员阅读、师生共读，鼓励每一位教师做一名“向光”“追光”“发光”的阅读者，经过数年积淀，取得了丰硕的教育成果。

一、“卓越”领航，青年阅读“向光”

“卓越”，顾名思义，是一种快乐、积极的学习方式，也是一种向上、向善、向美的人生态度。在苏苑实小，就有一位卓越的基础教育领航者——全国科研型教师、江苏省特级教师、江苏省正高级教师、江苏省“333 高层次人才培养工程”培养对象、江苏省优秀教育工作者、姑苏教育名家，她就是苏苑实小唐晓芳校长。由她领航的苏苑实小教师团队秉持着泛在阅读的育人观，着力在阅读中寻找教育的力量。

“发展教师，成就学生，成功学校”，始终是苏苑实小矢志不渝的办校追求和发展理念。近五年来，苏苑实小引进优秀青年教师近 60 名，他们已经成为学校教育教学的主力军。本着“教师是立校之本”“发展教师就是发展学校”的原则，学校多管齐下，多措并举，有目标、有梯度、有方案地关心、培养青年教师，特别是近几年，借助泛在阅读的力量，助推青年教师的成长、成才与成功。为更好地助力青年教师成长，在唐晓芳校长的指导下，学校特地成立了青年教师阅读营。阅读营的成员自愿阅读，主动阅读，热爱阅读，始终保持着阅读的热情与动力，并在日复一日的阅读熏陶下形成了共同的愿景——用阅读丰盈自己的人生，以阅读推动育人的发展。

为激发阅读营成员的读书热情，苏苑实小不断探索提升教师素养、提高育人效能的方法及推动教师阅读落地的有效路径。

（一）阅读经典，共享书香

书香润泽校园，阅读孕育智慧。教师在课堂上流露出的气质涵养，往往是经由阅读润泽后沉淀下来的独特的生命品质。它具有一股绵长而浑厚的力量，无形中塑造着教师的专业品格和生命人格。

1. 专业书籍，循序渐进

教师阅读的专业书籍一般分为以下五类：案例型、经验型、分析型、原理型、哲学型。从教师个人兴趣和认知层面的角度出发，案例型、经验型的书籍相对来说更易引起共鸣，也更易被普通教师接受，作为教师专业书籍的首选读物是较为合适的，而教师对于分析型、原理型的书籍可以慢慢了解再展开有选择性的阅读。所以，我们对教师阅读书目的推荐从案例型、经验型入手，有了一定基础后，再阅读更深奥的分析型、原理型书籍，最后阅读综合型的哲学型书籍。循序渐进地阅读专业书籍进一步夯实了教师们的教育教学理论，从而在育人之路上行而有方。

2. 人文社科，“调味”结合

“书籍，是全人类的营养品。”享受阅读与品尝美食一样，需要“荤素搭配”、“营养”全面，从而让味蕾和身心都得到充分、全面的呵护。一个教师的良性阅读应该由“主食”——教育专业书籍和“副食”——人文社科书籍组成，如果没有“主食”阅读，就没有教师专业素养的丰厚；没有“副食”阅读，教师的知识与文化底蕴又会显得浅薄，视野相对狭窄，思维也会窄化。只有“主食”和“副食”协调统一，完美搭配，才能让阅读所给予的“营养”更加全面。

3. 篇目指南，成就专业

苏苑实小历来倡导泛在阅读，从教师阅读层面筛选出了当下最为适切、最为需要的读物。通过广泛的阅读，全校教师真切而幸福地感受到了阅读带来的明媚与希望，丰盈了内心世界，迈向了专业与发展。

（1）职业认同类书籍。

①《岁月如歌》，于漪著，上海教育出版社。

②《致青年教师》，吴非著，教育科学出版社。

③《爱心与教育》，李镇西著，文化艺术出版社。

④《情境教育的诗篇》，李吉林著，高等教育出版社。

⑤《做一个学生喜欢的老师——我的为师之道》，于永正著，教育科学出版社。

⑥《中国著名特级教师教学思想录》，吴正宪、窦桂梅等著，华东师范大学出版社。

⑦《第 56 号教室的奇迹》，[美]雷夫·艾斯奎斯著/卞娜娜译，中国城市出版社。

⑧《给教师的建议》，[苏]B. A. 苏霍姆林斯基著/杜殿坤译，教育科学出版社。

⑨《爱弥儿——论教育(上下卷)》，[法]卢梭著/李平沤译，商务印书馆。

⑩《教学勇气——漫步教师心灵》，[美]帕克·帕尔默著/吴国珍等译，华东师范大学出版社。

（2）专业发展类书籍。

①《陶行知教育名篇选》，陶行知著/董宝良编选，人民教育出版社。

②《中国教育的文化基础》,顾明远著,山西教育出版社。

③《课程的逻辑》,钟启泉主编,浙江人民出版社。

④《面向个体的教育》,李希贵著,教育科学出版社。

⑤《班主任工作漫谈》,魏书生著,文化艺术出版社。

⑥《课堂观察:走向专业的听评课》,沈毅、崔允漷著,华东师范大学出版社。

⑦《阅读力》,聂震宁著,生活·读书·新知三联书店。

⑧《教育漫话》,[英]约翰·洛克著/傅任敢译,教育科学出版社。

⑨《教育的目的》,[英]怀特海著/庄莲平、王立中译,文汇出版社。

⑩《思维与语言》,[苏]列夫·维果茨基著/李维译,北京大学出版社。

(3)视野拓展类书籍。

①《中国诗词大会》(上下册),中华书局。

②《美的历程》,李泽厚著,生活·读书·新知三联书店。

③《中国哲学简史》,冯友兰著/涂又光译,北京大学出版社。

④《苏菲的世界》,[美]乔斯坦·贾德著/萧宝森译,作家出版社。

⑤《教师人文读本(增订本)》(上中下),张民生、于漪主编,上海辞书出版社。

⑥《科学的历程》,吴国盛著,北京大学出版社。

⑦《愿你一生清澈透明》,丰子恺著,现代出版社。

⑧《你心柔软,却有力量》,林清玄著,长江文艺出版社。

⑨《理想国》,[古希腊]柏拉图著/郭斌和、张竹明译,中国纺织出版社。

⑩《爱的艺术》,[美]艾里希·弗洛姆著/李健鸣译,上海译文出版社。

当然,阅读是一种很个性化、私人化的行为,因而,苏苑实小教师的阅读绝不仅仅局限于上述篇目,教师可以根据自身需求调整阅读篇目。我们始终相信:多读书,读好书,一定能滋养我们的内心,开阔我们的眼界,打开人生的格局,不断提升自我,进而能更好地走近儿童,教育儿童。

(二)活动共悟,书韵绵长

为加快青年教师的成长步伐、成就名师团队的专业发展的辐射作用,苏苑实小以泛在阅读为载体,积极为青年教师搭建拓宽阅读视野、交流读书体会的平台,进一步提高青年教师队伍的专业水平和人文素养,促进教师全面成长,让教师拥有一种完整、幸福的教育生活。

1. 每月分享，精彩纷呈

苏苑实小成功创办的“青年教师阅读营”，是教师素养提升的加油站。潜心阅读，时闻书香，是青年教师群体的一道美丽风景。每月，“青年教师阅读营”举行一次活动，唐晓芳校长每次都亲临活动现场，为青年教师们指出阅读方向：广泛阅读，深入思考，积累心得，希望青年教师们以书引路，志存高远，以自己的博学多才来涵养底气，淬炼能力，培养学生。“青年教师阅读营”充分利用教师们的碎片化时间开展“书籍学习齐分享”“阅读好课我来上”“名家名著我来荐”等活动，共同学习，深入探讨，不断汲取阅读的养分。

2. 师生共读，收获颇丰

英国著名剧作家、诗人莎士比亚说，生活里没有书籍，就好像没有阳光；智慧里没有书籍，就好像鸟儿没有翅膀。除了青年教师团队共读，苏苑实小还积极推动师生共读，以教师作为阅读榜样，引领学生亲近阅读。晨读时分，教师们带领学生手捧读物，精心阅读，批注圈画，交流分享……正是在与学生的共读中，教师更加深入了解了学生的阅读兴趣，掌握了教育学生的“密码”，也拥有了满满的幸福感。

3. 阅读有路，奔赴美好

苏苑实小倡导青年教师积极阅读，青年教师可以从推荐篇目中自选后进行自主式阅读，每天保证半小时以上的阅读，力争读得深刻，读有所思，读有所感。在阅读的过程中，坚持读书与反思相结合，带着问题读书，勤于笔耕，以文会友，在交流中促思考，在分享中促提高。在阅读分享沙龙中，青年教师敢于谈感受，聊收获，解疑惑，在阅读中共同提升，奔赴更加美好的教育之路。

时至今日，苏苑实小的“青年教师阅读营”已成立多年，这里成了青年教师丰厚自我、提升自我、展示自我的平台。在这里，自由的阅读氛围、专业的阅读引领以及一颗颗热爱阅读、热爱教育的心碰撞并产生更多育人的智慧。

二、“先锋”熏陶，全员阅读“追光”

推动全员阅读，是泛在阅读建设的关键所在。“青年阅读营”共有六十多位成员，其中大多担任班主任工作，是学校里平时工作最忙碌、最辛苦的群体，也是学校育人工作的排头兵。这些教师通过阅读滋养了身心，成长了自己，形成了一个教学有底气、思想有深度、精神有内涵的团队形象。同时，青年教师带头读书，成为全校教师阅读的先行者和领跑者，形成了巨大的影响力，也潜移默化中熏陶了身边的其他教师。有了这些“先锋阅读者”的领跑，苏苑实小的全员阅读工作就水到渠成了。

1. 融入管理

阅读，需要教师在自由、放松的氛围下进行，也需要学校为之制定适切的阅读目标、阅读方向，开展适宜的阅读活动。

为激励全体教师阅读，以引领教师的阅读兴趣为先，以调动教师的阅读积极性为主，苏苑实小根据年龄层和名师称号对全体教师分别提出了分层次细化的阅读要求，制定了相应的读书制度和考核方法，如：五年内青年教师每月至少阅读两本书，每学期至少读十本书，每学期写三篇有质量的读书心得；四十周岁以下青年教师每月至少阅读一本书，每学期至少阅读五本书，每学期写一篇有质量的读书心得；四十周岁以上的教师可以摘抄圈画批注为主，也欢迎教师在“保底”的基础上自我“提升”。

走进阅读，萃取养分，苏苑实小每月开展丰富多样的主题阅读活动，通过学习、交流、分享、反思，进行阅读思想的渗透，以期达到共读、共享、共成长的目的。同时，苏苑实小每学期开展阅读课名师展示研讨活动，让大家近距离感受名师风采，汲取阅读智慧，在一次次的实践中提升自我阅读能力，发展自身素养。

2. 树立“标杆”

学生阅读，需要名师的引领和同伴的感染，教师阅读亦是如此。苏苑实小语文教师团队努力做全员阅读的带头人，借助学校微信公众号平台，开设“跟着语文教师读经典”阅读微课程栏目，通过图文并茂和视频微课的新颖形式，为学生搭建多元的阅读平台，也以自身的专业阅读素养带出了一股校园阅读风气。

苏苑实小语文青年教师自选一本好书，制作一期微信推送，以每周一期进行发布。所选书目不重复，贴合学生的阅读兴趣，同时也彰显阅读育人的目标（表4-4）。微课语言优美生动，体现语文教师应有的素养。同时，苏苑实小还注意树立教师队伍中的阅读模范“标杆”，比如张王明秀老师，自参加学校“青年教师阅读营”、区骨干教师培训班后，在阅读的熏陶和影响下，教龄仅六年的她，如今已是苏州市青年教师“教坛新秀”，已获苏州市班主任基本功竞赛一等奖……一本好书，会让一位教师心里有爱，眼里有光，打开一扇看世界的窗……

表 4-4　“苑小点播台”推送安排表

周次	推送教师	阅读主题
1	徐玉萍	“苑小点播台”跟着徐老师读《繁星 · 春水》
2	纪　靖	“苑小点播台”跟着纪老师读《小坡的生日》
3	申丽君	“苑小点播台”跟着申老师读《呼兰河传》
4	张雯佳	“苑小点播台”跟着张老师读《夏洛的网》
5	杨顺其	“苑小点播台”跟着杨老师读《读读童谣和儿歌》
6	张王明秀	“苑小点播台”跟着张老师读《汤姆索亚历险记》
7	任　适	“苑小点播台”跟着任老师读《伊索寓言》
8	王嘉楠	“苑小点播台”跟着王老师读《中国神话传说》
9	蒋聂雅	“苑小点播台”跟着蒋老师读《中国民间故事》
10	耿　馨	“苑小点播台”跟着耿老师读《昆虫记》
11	沈思懿	“苑小点播台”跟着沈老师读《鲁滨逊漂流记》
12	孔华丽	“苑小点播台”跟着孔老师读《中国古代寓言》
13	王　颖	“苑小点播台”跟着王老师读《窗边的小豆豆》
14	陆咏怡	“苑小点播台”跟着陆老师读《童年》
15	郭晓冰	“苑小点播台”跟着郭老师读《水浒传》
16	魏雨晗	“苑小点播台”跟着魏老师读《海底两万里》
17	胡欢欢	“苑小点播台”跟着胡老师读《月亮湖 》
18	何光政	“苑小点播台”跟着何老师读《西游记》
19	钮以澄	“苑小点播台”跟着钮老师读《小英雄雨来 》
20	周葕悦	“苑小点播台”跟着周老师读《新月集》

3. **活动促进**

阅读不负韶华，书香浸润心灵。苏苑实小全体教师秉承着“学高为师、身正为范”的原则，通过泛在阅读，广泛开展“苑小书香”阅读记录卡、“苑小读书沙龙”交流会、“苑小书签制作”、“苑小好声音”演讲比赛等阅读展评活动，分享自己读书或者教学的感悟，让大家共享教书育人的智慧，以此营造勤奋读书、奋发向上的校园文化氛围，进一步提升全校教师的整体文化素养。

（1）“苑小书香”阅读记录卡。

全体教师每周至少完成一份阅读记录，按年级组评选出最优秀的阅读记录，并推荐评选“读书积极分子”。全体教师以书为友，陶冶思想情操，提升人文素养(表4-5)。

表4-5 “苑小书香”阅读记录卡

阅读时间		阅读书目		阅读人	
阅读收获：					

(2)“苑小读书沙龙”交流会。

为积极营造浓郁的校园书香文化氛围，苏苑实小成立教师读书会，每月定期举办“苑小读书沙龙”交流会。全校教师根据当月所读书篇，畅所欲言，汲取知识，增长智慧，增强语言沟通能力和思辨能力。

(3)“苑小书签制作”活动。

为深入激发全校教师的阅读兴趣，苏苑实小每学期开展一次“苑小书签制作”活动，按年级组评选出最佳创意奖、最佳内容奖、最佳书法奖，并颁发证书。

(4)“苑小好声音”演讲比赛。

为积极践行泛在阅读的办学理念，在每年的“世界阅读日”当天，苏苑实小推选优秀教师代表参加“苑小好声音”演讲比赛，真正让书声成为苏苑实小最动听的音乐，让书香成为苏苑实小最芬芳的味道。

全体教师与书为伴，广泛涉猎，捧读经典，潜心钻研，自觉主动地把读书和教育教学结合起来，带着氤氲的书香芬芳，与学生同成长、共进步。

三、“星火”燎原，人人阅读“发光”

一路阅读，一路收获。一摞摞读过的书，一本本写过的笔记，一位位热爱阅读的老师，带着一群群热爱阅读的学生走在书香四溢的道路上。阅读，成长了孩子，也发展了教师，更成功了学校。

1. 阅读场域丰富，育人有痕有形

苏苑实小仿佛一座校园里的图书馆，处处皆是泛在阅读空间，时时彰显着泛在阅读的育人追求。苏苑实小打造线下阅读多样空间，为学生量身打造温馨舒适的阅读区：教室内外设置“行走的书架”，让书籍循环流动；“九个一”阅读环境，四条特色阅读长廊，让阅读无处不在；与新华书店共建苑小书屋，为学生提供阅读指导与服务。同时，基于智能化时代特征，苏苑实小持续打造线上智慧阅读空间，增设地面互动系统、电子阅读平台，提供免费优质的阅读资源，给予学生更多阅读选择空间。

2. 阅读活动纷呈，育人有声有色

泛在阅读正当时，书香弥漫散芳华，苏苑实小的泛在阅读得到了全区乃至全市同行的充分肯定和一致好评。在苏州市中小学品格提升项目总结大会、苏州市整本书阅读专题研讨活动、吴中区全员阅读工作大会，苏苑实小均作为阅读典型被宣传、被推广，苏苑实小唐晓芳校长还作了《泛在阅读：童年最美的样态》等专题分享。

苑小学子徜徉书海，采撷书香：阅读特色作业之《我的整本书阅读报告手册》汇聚了阅读中的奇思妙想，留下了阅读的点滴痕迹，跟着校园公众号“苑小点播台”读整本书，浸润书香……在泛在阅读的滋养下，苑小学子综合素养不断提升，在各级各类阅读赛事中频频获奖——江苏省“七彩语文杯”作文大赛、苏州市“童心里的诗篇”少儿诗会比赛、苏州市第八届“故事大王”比赛、苏州市“蒲公英”征文比赛、苏州市“仰望星空，放飞梦想”图文大赛等；多个班级被评为苏州市“书香之班”，荣获苏州市整班写字比赛一等奖，获奖班级数位居吴中区第一，苏州市前列；全校学生发表习作达 1 000 多人次。

3. 阅读成效突出，育人有品有格

泛在阅读发挥了立德树人的功能，打造了活泼的生命课堂，凸显了学生的学习品质，提升了学校的发展品位。在泛在阅读这一学校主课题的推动下，全校教师积极进行课题申报，参与研究，以科研带动教研，以教研促进育人。近年来，苏苑实小的教师们在课题领衔人唐晓芳校长的带领下，积极钻研，取得了出色的研究成果：学校成功结项“十三五”省级规划课题并成功申报“十四五”省级规划课题，学校多项成果荣获省市教育成果一、二等奖，教师撰写的百余篇论文发表于省级以上刊物，其中核心期刊数十篇，在省级及以上征文评比中硕果累累，多名教师获评“苏州市教科研先进个人”“吴中区教科研先进个人”等。同时，学校获评苏州市教师国家通用语言文字教学能力大赛“优秀组织奖”、苏州市“引力播杯”汉字书写大赛“优秀组织奖”、苏州市“蒲公英”征文比赛“优秀组织奖”、吴中区全员阅读先进单位、吴中区中小学校园文化艺术节优秀组织奖……一路走来，苏苑实小教师团队不仅是“行”者，还是“学”者，更是“智”者，且行且思，书香满径。

阅读之道，百年基业；手握书卷，未来可期。推动教师阅读，助力教师成长，提高的是教师的修养，最终受益的是学生。苏苑实小教师将继续在泛在阅读中汲取教育智慧，浸润教育情怀，做“闪闪发光”的阅读者。

附：苏苑实小青年教师阅读故事、阅读心得精选

【第一篇】

读书的岁月，最美

苏苑实验小学　徐玉萍

出　发

人的一生，是一个漫长而又短暂的生命历程。而阅读，是否只是生命中的一个偶然？我的阅读，最初是从哪里出发的？

记得那是在读村小的时候，学校坐落在灵岩山山脚下的一个小村庄里，风景宜人，校风淳朴。当时村小的条件很艰苦，学校没有图书馆，班级没有图书角，而我们，也没有属于自己的课外书，大多数课余时间就是在尘土飞扬的操场上跳花绳、踢毽子。有一次，木渎镇上唯一一家新华书店竟然到我们学校来售书，这让我们这群乡间田野里长大的野孩子第一次感受到了书的巨大魅力。

在学校唯一一间局促的教工会议室里，赫然摆放着几十本崭新的图书。我们睁大了眼睛，好奇地打量着它们，甚至想“贪婪”地将它们统统据为己有。然而，摸摸瘪瘪的口袋，就再也兴奋不起来了。我在这些图书之间来来回回地穿梭，摸摸这本，翻翻那本，觉得这本很好，又想着那本也不错，可是口袋里妈妈给的钱只够买一本书。最终，我被一本墨绿色封面的书深深地吸引住了——叶永烈的《深山黑影》。这个书的书名多神秘呀，想必故事也会十分精彩！当年的我，还不知道叶永烈是个十分有名的科普作家。

拥有第一本真正属于自己的课外书的感觉，真的是太美妙了，感觉就像拥有了全世界！大概从那时开始，想读书、爱读书的念头就像水沟边的野草，在我的心中蔓延、疯长。此后的每一次上街，我不再跟着妈妈闲逛集市，而是央求她把我送到新华书店，让我一个人静静地在书店里阅读、享受、流连、品味……

我的阅读，就是从这时，悄悄地出发。

前　行

人的一生，像一场马拉松比赛，起步后的一公里就算是领先一点也算不了什么。中学时期最难得的阅读，也就是学校图书馆每月一次的借阅。我们像珍视一年一次的冬雪一般，珍惜这一次机会。可惜好似南方的雪，来得晚，下得少，有惊喜，却不长久。真正开始投入到阅读中，并且坚持，是在什么时候呢？

大学，瘦西湖畔，四年光阴，我算是彻彻底底地“沉”在了阅读的海洋中。作为一名中文系毕业的师范生，读书已然不是一种习惯，而是一种生活，一种情结。每每奔向图书馆，我的心里总是充满欢喜与雀跃的。我沉浸其中，追寻生活的意义，人生的方向，以及思想的出路。

中文系的四年，是书一直陪伴着我，让我度过了一个个漫长而又有意义的日子。除了每天要上的文化课和公共课，我常常捧着一本书在学校的紫藤廊下阅读，常常一个人坐在偌大的阶梯教室边看边想，也常在瘦西湖畔的石阶上吹着风读着书。那时的读书给了我年轻的心一份淡定，一份理智，一份从容。

在那段岁月里，我读了许多外国文学名著，如陀思妥耶夫斯基的《罪与罚》、马尔克斯的《百年孤独》、米兰·昆德拉的《生命中不能承受之轻》、福克纳的《喧哗与骚动》，也读了许多中国古代和现当代文学著作，从《诗经》《楚辞》到老庄哲学，从《苏轼诗选》到《人间词话》，从鲁迅、巴金到史铁生、余华……每一位名家都成了我心之仰慕的大师。

书不仅丰富了我的见识，也提高了我对文学的鉴赏力。我先后担任了院“透红亭”文学社的社长、校刊《扬大青年》的主编，还在校报当过两年的实习编辑。每每在校刊和校报的一角看到自己青涩的作品，一种油然而生的满足和欣喜瞬间溢满内心。四年时光，我图书借阅卡的记录是一千多本，我可以穿梭在几大校区图书馆，寻觅一本自己期待已久的诗集。我沉浸其中，享受着不同的书籍给予我的营养，我变得不再幼稚，思想成熟了，思考缜密了，做事有主见了。这些变化都得益于那些书。它们就像一盏明灯，指引着我走向一条更加宽阔的人生之路。

我的写作，就是在这时，默默地前行。

积　淀

人的一生，像一幅画，一切全凭自己用心绘就。从中文系毕业后，我走上了人民教师的岗位。一开始，自认为饱读诗书十几年，以这样的积淀成为一名小学教师一定绰绰有余，可是当我真正走进课堂，才发现课堂教学需要各种“宝物”的融合。看到学生在课堂上个性鲜明的表现，我必须要有丰富而灵活的儿童心理学、教育学的理论及实践经验作支撑才能巧妙引导；儿童作家的知名作品也要读上一读，才能和学生走得更近。

于是我又开始“恶补”：文学著作、心理学著作、教育类书籍。如：《爱和自由》《班主任兵法》《给年轻班主任的建议》《陶行知教育名篇》《如何说孩子才能学》《给我一个班我就心满意足了》……此外，我仍然继续痴迷于文学类作品，路遥的《人生》、林语堂的《苏东坡传》、海子的诗都是我的枕边头，还有席慕蓉的《在黑暗的河流上》《槭树下的家》也是时常带在包里，闲时就取出来一读，《追风筝的人》《皮囊》也是对我影响至深的作品……虽然读的数量没有大学时多，但是更精了，更实在了。

从教十多年来，虽然工作忙碌，生活琐碎，但是读书依然是我美好生活的重心。专业化书籍报刊，开启了我的教育智慧，提高了我的教学水平，让我的教学变得游刃有余，让课堂言之有物，言之有味，言之有趣。当然，在阅读的过程中，我会做一个有心人，记录下所感所悟，形成文字，那就是我获奖的一张张证书、发表的一篇篇论文。工作以来，我先后获得了江苏省“师陶杯”论文比赛一等奖、苏州市素养大赛一等奖、苏州市评优课一等奖等。伴随我自身成长的，则是学生们取得的累累硕果，孩子们在征文、诗歌、演讲等各类比赛中取得了优异的成绩，留下了闪光的印记。

终点是哪里，也许重要，也许并不重要。重要的是，出发的脚步，却不能轻易地停下。

【第二篇】

让孩子成为他自己

——读《让天赋自由》有感

苏苑实验小学　纪靖

深耕讲坛，你曾因台下一时的叽叽喳喳头疼吗？你会为某个孩子的叛逆行径犯难吗？这些在一线教学中常见的教育现象，也许会消磨你的教学热情，也许会令你动摇、困惑……当你感到迷茫与无力的时候，不妨让自己静下来，在阅读中及时地补给能量，汲取智慧，再抬头，你会发现，那些原来令人难以理解的现象，都有其存在的合理性。

一、 理解孩子的与众不同

陆陆续续带了几届毕业生，每一届都会碰到一两个“特立独行”的孩子，他们的行为不受约束，看待问题总有一套自己的见解。种种特别的行径，让我们的相处多有磨合，我们谁也说服不了谁，作为学习共同体的我们，都是受挫又受伤。阅读《让天赋自由》这本书后，我改变了对待这类学生一贯的想法与做法。书中一个个鲜活的案例告诉我，那些发生在过去的不愉快的无可奈何的拉扯，本质上是师者的教育智慧“应对不了他的与众不同”。

著名学者柯尔斯滕·奥尔森说过：“教师应该接受孩子的本来面貌，而不是他们所希望成为的样子。”肯·罗宾逊在《让天赋自由》中也反复论述：“你要真诚地望着孩子研究，要去了解他们真实的存在，而不是拿一个可能适合的模板套用在他们身上。”这些一语中的的教育箴言让我沉思了很久。在教学中，我们的确会不自觉地闯入这个误区，把各种各样的标准摆在犯错的或表现不佳的学生面前，再加以各种劝导的说辞，苦口婆心，可是最终的效果往往与我们所预期的相差甚远，师生关系也可能因此而变得紧张。如何真正成为学生成长中的一个导航者，一个能带给他们温暖与感动的良师益友？我明白了，我首先要做的就是放下所谓的标准。对于那些个性特别强的孩子，当我们不再用统一的认知、情感、身份的认同去约束、强求他们，当我们用智慧的眼光真正共情，也许，我们便抵达了用对钥匙解开每一把可爱小锁的教育胜境。

二、 发现孩子的多种可能

在阅读《让天赋自由》一书时，我对孩子的天赋与智力也有了更深入的理解。作者指出智力应该有各种各样的表现方式，没有人能对其进行衡量比较。加德纳的多元智能理论也表明，每个人都有不同的智力优势，教育应该平等待之，让所有孩子都有机会发展自己的个体能力。书中对天赋、智力的阐述令我深受启发。不同于那些在学业水平测试中表现突出的孩子，那些看似资质平平的孩子其实也有巨大的潜能。充分挖掘孩子的多种可能，让孩子自信地拥抱自己的天赋，成为真正的自己，教师的引导尤为重要。

像书中的小吉莉安遇到她的心理老师，发现了自己的舞蹈天赋，我的教育视野里，也出现过这样一位可爱的孩子——多多。刚接班的时候，他的妈妈告诉我，他被诊断为多动症，课堂上会注意力不集中。和吉莉安相似的是，他的学习也是不容乐观，并表现得兴趣缺乏。踢足球是他唯一喜欢并热爱去做的事情。然而，每学期他都因为学习、作业等问题，不能参加足球兴趣班。看着他整日没精打采、放任蹉跎的模样，我主动和几个任课老师商量，并和足球教练申请，帮他加入学校的足球队。当他得知这个消息后，那眉眼里的神采与往日简直判若两人。很快，他成了校队里最佳的守门员，在与邻校的对抗赛中，关键时刻他的一招用脸接球瞬间点燃了全场。看着他在运动场上肆意地挥洒着汗水，满溢的笑容彰显着少年的朝气与活力，我备受感动。这个少年郎的故事未完待续，我想他的未来也一定会精彩连连，因为他找到了真正的自己。

三、 营造多元的部落文化

肯·罗宾逊在论述个体发现自身天赋的有效途径时提出，找到部落对人的认同感和目标都会产生革命性的影响，因为部落会带来三种强大的动力：认同感、灵感，以及所谓的“协同魔力”。“部落”，也就是我们平常所说的团队。团队成员之间的相互激励、互助互补让我们获得了更强烈的个人认同，让我们更具创造力，更有成就感，这就是协同的魔力。在我们学校，老师们会定期开展学科教研、班主任沙龙等活动，这些有趣的教研活动营造了浓浓的学习氛围，老师们在倾听与表达中不断地接纳、提升、反思和重塑。在团队的带动影响下，在为同一个使命晴耕雨读中，我们逐渐清晰了自己的育人观，找准了自己为之奋斗终生的育人方向。

1. 师生共读，激发学习热情

“在孩子的生活中重新唤起好奇心的热度，最好的途径是在你自己的生活中做一个好奇心强、富于冒险精神的学习者。”读到这句话时，有一个想法从我的脑海里冒出来：能不能在班级里开展师生整本书共读的活动，用共读唤起孩子的学习动机？有了这个想法，我马上就在班级里实施起来。令我惊喜的是，孩子们对师生共读的阅读模式也充满了期待。我和孩子们一起研定阅读的书单，细化阅读的计划，很快，师生共读的活动就如火如荼地展开了。我记得我们共读的第一本书是法国作家圣·埃克苏佩里的童话小说《小王子》。这是一部老少皆宜的哲理童话，作为大人的我读后是满满的感动与沉思，孩子们在阅读中也获得了成长的启迪。在每周一次的读书沙龙活动中，我们一起探讨了书中狐狸、玫瑰花、蛇等物象的象征义，畅谈了国王、点灯人、地理学家等形象在现实中的映照。在倾听与交流中，我们的心灵亲近起来，班级里氤氲着沁人心脾的书香。读完《小王子》后，孩子们的阅读热情明显被调动起来，我们的师生共读开了一个好头。后来，我们还一起阅读了《月亮湖》《新月集》《呼兰河传》《老人与海》《夏洛的网》等多部中外文学经典。有了良好的阅读习惯，孩子们的课余时间充实了，他们的习作也逐渐有了思想的深度。

此外，我们还用各种各样有趣的形式记录下我们阅读的美好：绘制图文并茂的阅读小报；梳理每一本细读过的书籍，摘取其中的箴言佳句制作成书签；分组合力为最钟爱的一本书编写阅读手册。在经典的浸润下，孩子们的心性愈发沉静。他们在经典的百草园里自由地行走，在经典的洒照下逐渐形成自己的目标，找到进取的方向。慢慢地，这份踏实与笃定又从语文学科的学习漫溯到其他各个学科中。毕业时，他们用一份份优异的答卷迎接自己的毕业典礼，当我把他们送出校门，并目送着他们坚定地走向更高、更远的平台时，我内心充满了留恋与不舍。

后来，那些美好的共读经历，也成了我心头珍藏的“玫瑰”。

2. 生生悦读，发挥协同魔力

当我们的师生共读平稳进行，取得了不错的效果后，我在想，要是让孩子们也在兴趣、目标的驱动下组成一个个阅读小部落，会有怎样的魔力呢？我在班级里做了这样的提议，话音一落，孩子们仿佛在商量春游的分组一样，兴高采烈地讨论起来。

最开始，班级分成了两个大部落：《哈利波特》部和《三体》部。那一阵子，女孩们相互传阅着《哈利波特》，男孩们沉迷于《三体》，班级里呈现出空前的阅读盛况。看着孩子们热切讨论的模样，我也忍不住想探究一下书中的内容，唯恐自己落伍。渐渐地，两大部又分成了几小部：有几个女孩爱凑在一块读散文，作文里遣词造句也颇具散文的情调；有几个男孩喜欢读小古文，说话也开始“古里古气”，毕业时还用文言文给老师们写了赠言；还有的迷上了东野圭吾的系列推理小说，一本一本地翻阅……生生悦读的小部落，让班级的文化氛围更加浓郁，整班的凝聚力也得到了有效的提升。这一个个有趣又独特的小部落，通过自身的努力，彼此的激励与督促，共同编织了成就满满的书香童年。

再回首，那些在记忆中闪闪发光，历久弥新的，是少年们蓬勃的朝气，是稚嫩又远大的理想，是追求卓越的勇气……

通过阅读，我打开了自己的教育新视界；以共读为钥，我叩开了孩子们的心灵世界。点点书香，淡淡墨痕，在书页间自由漫步，你听，那叮叮咚咚的幽谷足音，是我们不断探寻的回响，是生命的拔节成长。在经典的熏陶中，在时间的洗练下，我们都找到了真正的自己。

【第三篇】

心怀热忱，静待花开

——读《一线带班》有感

苏苑实验小学　钮以澄

人生匆匆，自渡是一种能力，而渡人是一种格局、一种智慧。教师需要当好摆渡人的角色，班主任更是。

管建刚老师于《一线带班》一书中，全面真实地叙述了班主任的工作，亲和幽默地分享着老班主任的经验。一口气读完后，我想说感触太多，共鸣太多，收获太多。这本书就如一位长者，向我们娓娓道来，有看头，有学头，可以说是一本班主任工作的秘籍。

全：全面叙述带班“七抓”

管建刚老师于《一线带班》中真实再现了一线教师、一线班主任教育教学的点点滴滴，全面介绍了自己一线带班的“七抓”：抓开头，抓家长，抓时间，抓作业，抓基础，抓常态课，抓复习。

读着其中的故事，我无数次产生共鸣，这些故事就仿佛是我自己写下的自己班的故事。从学霸到学困生，从学生到家长，从课堂教学到作业练习，从基础朗读到课外阅读，从期初了解到期末梳理，一线带班可能会遇到的问题，我都能从书中受到启发。抓得全才能抓得好，面对琐碎的班主任工作，读完后我意识到每日的教育教学反思有助于我更加全面地做好做实工作。

每个班级不仅具有独特性，更具有共性，管老师让我看到一位优秀的一线教师是如何把握好“七抓”的。

实：实在提供带班方法

工作具体才能不焦虑，工作实在才能不出错。作为班主任的我们经常会遇到与家长沟通、学生教育等等的问题，这些棘手的问题让我们焦头烂额。管老师如数家珍地一一道破，一句句都说到了我们的心坎上。管老师给出的锦囊妙计，不是空中楼阁，而是已经实践过的，操作性很强。

最近，我总是为孩子们的粗心而烦恼。这些小朋友看起来都会，但一到作业时差错就来了，我们老师只得用一个囫囵吞枣的名字来概括他们的学习行为——粗心。而管老师治“粗心”的几招给了我启迪，根据我们自己班的实际情况改了改，试着用了用，对粗心导致的错误惩戒，对细心检查出的正确奖励。实行后效果很不错，好几个粗心惯了的小朋友都一改旧模样，每次作业都认真对待、细心检查，成为班级的优秀小榜样。管老师实实在在的一线带班方法太值得我们细细琢磨、学习借鉴了。

妙：巧妙引领学生成长

“教育就像养花一样，一边养，一边看，一边静待花开。”教育是慢的艺术，教育是细的艺术，需要我们摒弃功利，回归教育规律，慢慢地、静静地做。管老师的书充满了烟火气，带点小幽默，干净而有思想，引领着学生成长，也引领着我们青年教师成长。

初站上讲台，我热切地希望看到每个孩子与我一同沉浸于课堂，一起快乐地徜徉于学习的海洋。但总是有那么几双小眼睛掉队，经过反复地提醒，那几双小眼睛还是游离于外。正巧读到了管老师的妙法，沉静的文字渐渐抚平了我的急躁，我开始试着敲开紧闭的大门，与小朋友谈心，创设更多的生活情景，激起孩子们求知的兴趣。我渐渐学会不急不躁地用“妙”法在孩子们的心田播种下学习的种子，又静静陪伴在孩子们的身边，时不时浇水、施肥、除草，耐心等待树苗的成长、成材。

管老师用最平实的语言直面“枯燥”的教学生活，这样的记录，我想不仅是对过往生活的思索，也是对未来生活的展望。管老师的文字让我心生佩服的同时，也让我意识到每件小事都值得动脑筋，每个孩子都值得深入了解，应当在思考与实践中，不断摸索，不断前进。

管老师在后记中勇敢地直视自己，剖白自己。“走向‘知天命’的我，回首看见一路跌跌撞撞的管建刚，不禁哑然失笑。”管老师写下这句时一定感慨万千，将隐藏在心底翻腾的东西终于写成了文字，宣泄而出。

读时，我亦慨叹良久，也许每一位青年教师，每一位青年班主任开始的路都是坎坷不平、布满荆棘的，但是最终那一个个色彩斑斓的青春梦想，在不舍寸功中可感可及，在平凡岗位的奋斗中闪耀光芒，为逐梦前行的人生岁月写下生动注脚。

【第四篇】

教师一生，与花相伴

——读《教学勇气》所感

苏苑实验小学　管静

春日的午后，刚读完《教学勇气》这本书，书里一些经典的话让我久久不能忘怀："教师们的日常工作，我们的教与学，等于攀爬高山峻岭。""教学的勇气就在于有勇气保持心灵的开放。"……

说实话，书里的内容让我有些震撼，有些感动，但更多的是几点触动！

一、要做一个善读书的教育人

读书是教育人永恒的追求。老师，要读书，读万卷书，要做一个永不毕业的学生；老师，要走路，走万里路，要做一个勇于实践的学生；老师，要交友，交天下友，要做一个乐于结交的学生。我感觉与之相差甚远，读完此书，我茅塞顿开，真是要活到老学到老啊！从教这么些年，我也深深体会到：孩子非常喜欢知识渊博的老师。

今年，我带的是个六年级毕业班，班中不乏阅读甚广的孩子，当孩子问我一个个天马行空的问题时，爱读书的我可以一一告知。看着孩子们眼中的光芒，我也收获了满足感。

二、要做一个有爱心的教育人

打开这本书，我深知作为老师，就要言传身教，用高尚的人格影响学生；要蹲下来看孩子；要有博爱之心，善待每一个孩子。因为只有爱才能创造奇迹。现在，我更认为：对孩子的评价千万不要太纠结于成绩，成绩不是判断一个孩子成功与否的标准，要懂得人生路上还有很多美丽的风景。

学会爱，我看到了班里的孩子互相帮助；懂得爱，我发现了班里的孩子关系融洽；传递爱，我意识到了班里的孩子内心的善良。

三、要做一个幸福的教育人

我觉得，每一个在苏苑实小工作着、耕耘着的老师都是幸福的。我们通常理解的幸福就是：有事做，有人爱，以及做自己喜欢的事，并且成功了。是啊，这两种幸福正是很多老师"幸福"的心声。还有句话说"教育可以成就自己的人生，也可以成就别人的人生"，其实这也正是我追求的幸福，每当看到自己班级中的孩子们一点点的进步，我的心中就感到无比的欣慰！合上这本书，我再一次深深地体会到:做一名教育人是幸福的,能在苏苑实小里做一名教育人,是更幸福的。

第三节　泛在阅读育“家”课程

党的二十大报告第八条“推进文化自信自强,铸就社会主义文化新辉煌”中的第三点“提高全社会文明程度”一节中提出“深化全民阅读活动”使命任务,“十四五”规划和“2035 年远景目标纲要”也明确指出要“深入推进全民阅读,建设‘书香中国’”。“让世界上每一个角落的每一个人都能读到书”的美好愿景正在加快实现。

泛在阅读是一项实践性强而富有综合性和开放性的阅读活动。苏苑实小以“立德树人”为根本出发点,积极探索、实践,不断完善家校社合育机制,充分利用家庭、学校、社会的教育资源、教育场域,联通课内外,拓宽学生综合性学习空间,增加阅读学习的实践机会,促使学生留心生活、观察生活,从而获得丰富的阅读体验。如,学校充分挖掘家庭、学校、社会的资源,通过开展“家庭亲子阅读周”“德善学堂家长课程”“我读你也读”等一系列家庭、学校和社会共同参与的阅读活动,依托多种优质教育资源整合和共享,让体验式阅读和内化式阅读有效助力学生品格的提升与关键能力的培养。

一、泛在阅读润家长

为深入贯彻党的二十大精神,落实《中华人民共和国家庭教育促进法》《关于健全学校家庭社会协同育人机制的意见》《江苏省家庭教育促进条例》等法律法规和文件要求,充分发挥家校社协同育人的作用,苏苑实小以泛在阅读为抓手,不断搭建家庭、学校、社会三位一体,协作育人的交流平台,构建全员育人、全程育人、全方位育人的家校社共同体,打造和谐育人新样态,促进广大未成年人健康成长和全面发展。

(一)构建指导家长泛在阅读的专业化团队

家庭教育指导是一个专业化、系统化的体系。苏苑实小依托家长学校“林老师工作室”、家庭教育指导师团队、班主任队伍、家委会成员和社区志愿者不断完善指导家庭教育的“五级”专业团队,构建“三全”育人的家校社共同体。

这些由家庭教育指导师专家、社会志愿者、优秀家长代表等组成的来源广泛、素质较高、专兼结合、相对稳定的家庭教育的专业指导团队成员，以专业视角给家长推荐分享家庭教育方面的优秀书籍、有效方法、成功经验……强化了家校社三方共同体的沟通、共享、联动，促使学生家长通过泛在阅读，更好地为学生的健康成长助力。

（二）开设指导家长泛在阅读的多样化课程

初步构建课程体系，开设校本课程、线上课程、特色课程等，课程教学做到有计划、有教研、有互动、有评价。加强学校和社区的合作，共同开发泛在阅读课程，让专家的先进理念深入人心，指导家长科学育孩。

1. 校本课程

为了让一年级新生更快地适应学校生活，让家长更好地了解学校，形成教育的合力，帮助孩子适应幼升小的角色转换，顺利度过学习准备期，共同做好幼小衔接工作，每学年初，苏苑实小都会召开以“遇见苏苑实小，遇见最好的自己”为主题的一年级新生家长线上培训活动。唐晓芳校长为家长们介绍学校办学特色、办学理念、办学成果和家校共育方略；邀请优秀家长代表分享育儿经验；依托家庭教育指导师团队为家长们作“一年级新生家长攻略”通识培训，针对一年级学生如何迈好入学第一步做详细介绍与讲解，从学习准备、家庭育人氛围等各方面进行具体地介绍与交流。一年级新生家长培训会拉近了学校、老师与家长的距离，让更多的家长通过泛在阅读掌握育儿诀窍，培养孩子阅读习惯，真正做好孩子的第一任教师。我们坚信，在家校社的共同努力下，苏苑实小的孩子们一定能健康茁壮地成长！

2. 线上课程

学校定期向家长推荐分享“江苏教育家长微课”“苏州市家庭教育名家大讲堂”“心理健康教育家长微课” 等，并以打卡方式组织收听定期推出的“吴家家话”讲座，通过微信平台推出“为‘心’赋能，助力成长”苏苑实小假期家庭教育指南，对家长进行一系列的家庭教育指导。在家校社之间搭建起一张健康防控网，打造了外防内控的“双保险”，为孩子筑起一道坚固的防护墙。

3. 特色课程

为实现“家校协同育人、提质增效谋发展”，苏苑实小面向全体家长，开展“共读《给父母的建议》”家庭阅读活动，家长纷纷通过班级群、朋友圈、钉钉等渠道分享读书笔记及感悟，跟大师学做父母；在过往经验中总结反思，在这场没有彩排的旅行中学做父母;在交流会谈中如切如磋、如琢如磨,在智慧共享中学做父母;在“睿智”和“爱”上下功夫,为如何成为合格父母进而成为优秀父母蓄能。

家长们在老师的指导下,转变观念,积极尝试,敢于挑战,争作表率。泛在阅读成为师生、家长的行为自觉,处处有“书”读,人人爱读“书”,这就是最好的“学校”。孩子的未来不仅仅是一幅畅想的画卷,更是家校携手前行的铿锵回响。这是一场双向奔赴的美好邂逅。身教胜于言教,家校携手同行,“育”见一场最美的成长。

二、泛在阅读进家庭

(一)泛在阅读进家庭的时代背景

当前家校社协同育人主体的专业水平存在差距,家庭教育存在定位模糊、方法不当等问题,家长对家庭教育资源的判别能力较弱,在家庭阅读方面更是难以下手。21 世纪,阅读力对于学生而言十分重要,在此背景下,更应该帮助家长掌握合理的阅读教育方法,让学生的阅读空间和时间都得到极大的拓展与保障。

(二)泛在阅读进家庭的理论基础

让阅读走进家庭,让阅读随时随地发生的前提便是家长要做好教育理念和教育能力的“加法”,从学生的全面发展和终身成长出发,重视教育规律,让家庭阅读不再是一种死板的任务。

1. 指向学生全面发展的家庭阅读观

当今对学生的教育更注重全面发展,学生的全面发展既指体力和智力的充分发展,又指德、智、体、美、劳各方面的协同发展。阅读对学生的全面发展具有重要意义,“阅读进家庭”能帮助学生在课堂教学之外有效获取信息、积累知识、开发智力、培养能力、陶冶性情、塑造品格,在学生的成长过程中起着重要作用。因此,家长要用全面发展观指导家庭阅读,将阅读融入家庭教育。

2. 指向学生终身成长的家庭阅读观

自“双减”以来,虽然学生的课业压力有所减少,但仍有很多家长急于以各种方式应对升学的压力,阅读功利化现象仍旧较为普遍。学生在家大多只阅读与考试有关的名著,目的性强烈,趣味性较少。在这种情况下,学生们“浅阅读”

多，“深阅读”少；图像阅读多，文字阅读少。其实，家庭阅读更应是学生拓宽视野，培养兴趣，养成良好阅读习惯的有效途径，所以家庭阅读应去功利化，把激发阅读兴趣、扩展阅读面、养成良好阅读习惯作为课外阅读的目标。

3. 指向学生发展规律的家庭阅读观

家长在进行家庭阅读指导时要注意每一本好书都有其相对特定的、适合的阅读时机和阅读对象，小学生阅读也要遵循认知发展的规律。如对于小学低年级学生，可推荐其阅读故事性较强的绘本，以及儿歌、童话故事；对于中年级学生，可以鼓励其阅读儿童小说、浅显的历史读物、科幻类作品、科普读物及艺术类作品；对于高年级学生，其逐渐对传记、传奇、探险小说等作品感兴趣，古典名著也可纳入他们的书单。父母是最了解孩子的，根据孩子对阅读形式、阅读内容、阅读题材的偏好，为其提供广泛的阅读材料和深入的阅读指导，这只有父母可以做到。每个家庭都应该结合学生的个性特点，为其设计专属书单，让阅读随时随地发生。

（三）泛在阅读进家庭的重要意义

随着民众教育意识的提高，很多家长对孩子阅读兴趣的培养也越来越重视。小学阶段是孩子形成良好习惯的重要阶段。以书为媒，以阅读为纽带的家庭阅读，能让家长和孩子在阅读过程中享受阅读带来的快乐，能让孩子在阅读的氛围中读有所得，读有所悟，自觉养成良好的阅读习惯。

培养孩子良好的阅读习惯，家长负有义不容辞的责任。我们观察到有些孩子在学校里被环境氛围所感染，愿意手捧一本书津津有味地看起来，可是一回家任凭家长怎么催促却不肯拿起书本。我们也可以观察到，很多家长千方百计让孩子读书，自己却从没静下心来读过一本书。俗话说，言传不如身教，家长的榜样力量也是孩子阅读的动力。我们将泛在阅读渠道延伸到家庭，让家庭也成为泛在阅读的场所。

开展家庭亲子阅读活动，营造书香氛围，还有利于增进亲子感情。当家长在与孩子一同阅读时，会有语言交流，有心灵沟通，能让孩子从中感受到父母对自己的关心和爱护。阅读时的动作表达、语言沟通无不在引起孩子对阅读的兴趣，激发孩子对更广阔世界的探索，这有利于亲子间感情的培养，有利于学生阅读习惯的养成。

（四）泛在阅读进家庭的实施策略

如何让孩子们走进阅读、爱上阅读、沉浸在阅读中，让泛在阅读随时发生，除了学校渲染的阅读氛围外，家庭阅读环境也格外重要。家庭阅读环境、家长引导学生阅读的方法、家长的阅读认知与言行等都对激发学生的阅读兴趣与培养学生的阅读习惯具有非常重要作用。科学的阅读指导能促使学生掌握高效的阅读方法，养成良好的阅读习惯。家校共育下的家庭阅读能够帮助家长掌握阅读指导的原则和方法，使家长能够有理有据地对学生进行阅读指导。

1. 打造良好的阅读环境

泛在阅读环境包括心理环境和物理环境。创设良好的阅读环境有助于引导学生形成良好的阅读行为与习惯。为了培养孩子的阅读兴趣和阅读习惯，在亲子阅读活动中，父母要认识到言传身教对孩子产生的影响，更要身体力行、以身作则，做阅读的践行者，与孩子交流读书心得，创设和谐的读书环境和氛围，做孩子阅读路上的引领者。

（1）打造良好的物理阅读环境。

物理环境包括家中一定量的藏书、阅读场所的布置、相对固定的阅读时间等。这个阅读场所并不仅仅指的是家庭图书角，更多的是泛在阅读场域，孩子触手可及的地方，只有这样孩子才能做到随时、随地阅读。让阅读走进家庭并不是走进家庭的一角，而是要走进生活。

（2）营造合理的心理阅读环境。

心理环境主要指阅读的氛围。为了更好地提高孩子的阅读兴趣，可以让孩子自己参与进家庭阅读环境的布置中，在家中加入孩子喜欢的有关阅读的东西，让这个阅读空间扩大为整个家庭，从而给孩子带来更好的舒适感。

（3）遴选合适的阅读材料。

选择合适的阅读材料是阅读的前提。当今社会数量庞大的阅读材料，需要仔细甄选。家长可以借助学校的书单推荐、读书分享会等来为孩子选择读物。阅读材料的选择应遵循题材广泛这一原则，不仅可以包括小说、绘本、童话、神话、寓言等，还应包括科普读物、历史读物、艺术类书籍等。随着数字阅读的普及，数字化阅读率逐年提升，对于小学生来说，有声阅读是纸质阅读的有益补充。

2. 实施多种阅读活动

“阅读走进家庭”不能只是让“书”走进家庭，而是要让孩子真正地爱上阅读，在家也能随时、随地、随心进行阅读。而丰富有趣的家庭活动能更好地让孩子喜欢阅读，让阅读行为融入孩子的生活，为此我们开展了“我读你也读”家庭亲子阅读周活动。

（1）读书心得亲子分享会。

在很多情况下，大多数家长都会选择带孩子参加学校或者社会举办的读书沙龙或者读书分享会，这有利于孩子交流与表达能力的提高，但是并不是所有孩子都有当众表达的勇气，其实这种活动在家庭中更容易让孩子接受，所以提高孩子阅读能力的策略选择要因人而异、因文而异、因时而异、因地而异。

将读书沙龙缩小为以家庭为单位的读书交流分享，这样有家长的参与会无形减少孩子对于阅读的抵抗，不仅能让孩子在与亲人的交流中逐步学会如何和他人分享读书心得，分享读书经验，传递好书，更能让孩子明白读书是一个家庭的事情，而不是自己一个人的事情。亲子阅读是最美好的心灵打开方式，在共同阅读的缕缕书香中，收获着亲子之间的温情和幸福，也收获着共同的蜕变和成长。亲子阅读，家长和孩子共同阅读成长，分享阅读的乐趣与收获，带给孩子更多的欢喜、热情、感动、勇气与希望。爱孩子，倾情陪伴，就从亲子阅读开始。

（2）阅读打卡集奖章。

阅读打卡集奖章活动的设置首先建立于孩子对书本的自我选择，确定好目标后开展阅读打卡集奖章活动，每完成一本书的阅读就可以得到该书的阅读奖章，而搜集来的阅读奖章，孩子可以放置在任何自己喜欢的地方，每次看到都会提醒孩子自己在阅读方面的小成就。这个小活动可以将孩子搜集奖章的兴趣转化为阅读的动力，以此激励孩子对于阅读的坚持，而长时间的坚持有利于阅读习惯的养成。

（3）精彩故事延伸阅读。

读完一本书并不意味着阅读的结束，阅读的适当延伸更有利于孩子对所读书本的理解。观摩另一种艺术题材是延伸阅读的一个方面，看完一部作品后再用自己的形式再现也是一种延伸阅读。

当孩子阅读完一本书后，如果在分享过程中表达了突出的感受，这时我们就可以引导并帮助孩子进行这一故事的阅读延伸。比如孩子读完《小马过河》，可以陪孩子一起看看与这个故事相关的文学改编或动画短篇，还可以通过角色扮演的方式让故事重现，在与孩子共同表演的同时也是孩子对故事的再次认识，这有利于孩子思维的塑造。

（4）家庭阅读交流树洞。

家庭阅读其实很长时间都局限在语言交流和肢体表达方面，除此之外还可以一起动笔,将所思所想用文字来表达。

不管是阅读中的收获,还是阅读时的困惑,或是想要读什么样的书籍,都可以让孩子用笔写下放置在家庭小树洞中。家长在观看之后进行及时应答和孩子一起分析书籍。文字上的交流在一定程度上可以培养孩子的文字运用能力,将所读内容转化为自己的能力,另外还可以让内向的孩子主动吐露出自己的阅读渴望。总而言之,泛在阅读优在兴趣,乐在过程,趣在形式,贵在坚持。

在这样一个知识快速迭代、信息大量过剩的时代,我们正需要通过不断阅读来提升认知能力。当今教育形式下,家庭教育的作用日益凸显。在家庭阅读领域,家庭和学校要明确各自的责任。学校要提升教师的专业指导能力,发挥好教育指导作用,给家长提供可行的阅读方法和阅读指导。家长要明确义务,确立发展型思维,成为学生阅读的协助者。只有学校和家庭各尽所能,形成合力,才能促进学生全面发展。

三、泛在阅读筑家园

以活动推进书香校园建设,让学校拥有完整的泛在阅读课程体系,才能保证书香校园建设的持续性,这也是让校园弥漫书香,让书香校园建设走向远方,迈向成熟的重要标志。在学校教育中,师生共读和生生共读是常态,在家庭教育中,亲子共读也大有裨益,二者结合便构成家校共读。家校共读不仅是泛在阅读的一种策略,也是家校协同育人的有力抓手。在“双减”政策和《中华人民共和国家庭教育促进法》深入贯彻与实施的当下,家校共读拥有了较为充足的时间,阅读育“家”也被赋予了新的教育意义。

教育与阅读有异曲同工之妙,教育不能拔苗助长,而应循序渐进,阅读同样急不得。泛在阅读是在尊重教育规律的基础上构建成长的阶梯,多渠道、广泛深入地进行阅读活动,引导学生树立正确的价值观、人生观、世界观,帮助实现“立德树人”这一教育的根本任务。为了提升育人的成效,学校和家长要统一家校共育的理念,让家校共读成为推动家校共育的有效途径。

(一)发起四个“一”行动倡议

阅读学习是孩子人生中最珍贵的财富,陪伴是孩子最好的成长礼物。亲子阅读以书为媒,以爱为伴,对于培育良好家教家风、促进儿童健康成长有着无可替代的重要作用。苏苑实小向广大家庭发出了“泛在阅读在行动,书香家园筑幸福”的号召。

1. 每天共享一段“亲子阅读时间”

坚持将亲子阅读融入家庭的基本生活方式，一起远离手机、电视、电脑等电子设备，制订亲子阅读计划，共享“亲子阅读”温馨时光，养成“多读书、爱读书、读好书”的家庭阅读习惯。

2. 每周开展一次“家庭读书分享”

定期开展家庭阅读体会交流，鼓励孩子畅谈阅读收获与体会，不断激发孩子的阅读兴趣，享受读书带来的幸福与快乐，培育浓厚的家庭阅读氛围，促进家庭成员共同成长。

3. 每月走进一次“公共文化场所”

家长和孩子每月至少共同走进一次书店、阅览室、图书馆、展览馆、博物馆等文化场所，一起沐浴书籍的芳香，畅游知识的海洋，不断陶冶情操，提升文化素养，在共同的阅读学习中融洽亲子关系。

4. 每年互赠一封“家书家信寄语”

“家书抵万金”，用丰富的文字传递浓浓的亲情，表达对家人的无限感恩、对亲朋的美好祝愿，沟通交流思想，相互鼓励叮嘱，在字里行间流露温馨与幸福，营造和谐美好的家庭氛围，传承中华优良家教家风。

让我们从现在做起，从自身做起，积极响应泛在阅读的四个“一”行动，让快乐阅读浸润我们的美好生活，让缕缕书香筑起我们的幸福家园！

（二）推进“家庭书房”建设

优化阅读环境，让生活中弥漫着浓浓的书香气息是我们共同的追求。以泛在阅读为切入点，努力为孩子们营造一个优良的阅读环境。充分利用与家长接触的各种机遇，将书香气息带给家庭。推动“家庭书房”的正常化、持久化建设，引导家长努力为孩子创设良好的读书氛围，指导家长教给孩子读书的方法，做孩子读书的引领者和交流者，倡导亲子阅读，与孩子一起制订读书计划。

（三）开发“游天下”特色课程

带领孩子走出课堂、家庭，关注远方的人和事，通过组建跨区域阅读共同体，鼓励家长和学生走出家校、走进社区，建立读书群、创办读书会、开展读书活动，不断扩大家校共读的覆盖面。苏苑实小以学生为主体、以活动为载体，依托学生和家长志愿服务队，举办图书分享活动，共同构建阅读共同体。结合社区、区域“文物里的江南：吴中博物馆教育之夜”“天堂苏州 · 最美吴中”等特色活动围绕“探寻吴中——名字的由来”“探寻吴中之历史瑰宝”等主题，带领孩子们领略吴中人文风貌，体会生态吴中、人文吴中、幸福吴中的最美画卷，以此丰富家校共读的场域，助力构建书香社会。

鼓励家长带领孩子游历最具中国文化的名胜古迹，感受大好河川，寻找课本中的“美好中国”，开展专题性阅读和写作。通过阅读经典、阅读古迹、阅读山河，拓宽学生视野，做到读游结合、读写结合、读研结合。

（四）拓展“家长讲堂”课程

为了进一步加强家校互动，有效挖掘教育教学资源，丰富学生们的课余时光，学校诚邀热心教育事业的家长志愿者走进苏苑实小德善学堂，发挥自身职业的资源优势，为学生讲述社会“大百科”，给学生带来不一样的课堂体验，以丰富多彩的课程，为学生的成长注入鲜活元素，温暖他们的课后时光，完善了学校、家庭、社会三位一体的共同教育体系，促进孩子全面发展，提升综合素养。

（五）组织“书香家庭”评比

1. 建立“亲子阅读”档案袋

通过组织多元化、多层次、多维度的亲子共读，开展“家庭读书分享会”、互赠一封“家书家信寄语”等一系列温馨愉悦的亲子阅读互动活动，而读书笔记的读写，不在于手写多少，关键在于家长与孩子的共同参与，在于在互相勉励、互相欣赏中爱上阅读。“亲子阅读”档案袋的建立，大大提高了孩子的阅读兴趣，强化了孩子的阅读信心。

2. 开展“书香家庭”的评比

我们把家庭藏书、亲子阅读情况、家庭阅读计划、家长参与班级特色活动等情况，作为“书香家庭”评比的重要指标。开展“家长志愿者”进课堂活动，激励更多的家长越来越关注孩子的阅读，并深度参与孩子的阅读活动。每学期对班内优秀的“书香家庭”进行表彰，鼓励家长撰写书香家庭建设的经验和论文，以激励亲子阅读活动的开展。通过“书香家庭”的评比，进一步促进家庭阅读氛围的营造，拓展孩子的泛在阅读空间，进而形成家校育人合力，为孩子的健康成长创设更为温馨、更为温情的书香环境。

书香袅袅润童心，亲子阅读伴成长。当我们走进一个个“书香家庭”，能欣喜地看到，孩子沐浴着书香茁壮成长。读书，是一场静静的领悟，“亲子阅读”是最美好的心灵打开的方式。书香飘万家，阅读乐无涯。阅读是一场“遇见”，用最简单的方式，翻开书本，携一身书香，去触摸这世间的美好；教育亦是一场向美而行的“遇见”，不是注满一桶水，而是点燃一把火。何其有幸，能与孩子共同成长！让我们坚定信念，与书为友，共同成长！

泛在阅读课程的研究与开发是学校课程研究的新课题，探究阅读与家庭教育融合发展的途径，营造以学生为中心和教师、家长共同阅读的格局，实现精神敞亮与心灵的澄亮。阅读“育”家不仅是“共读”，更是“共育”，在泛在阅读中，学校和家庭相辅相成，共生共长。

通过泛在阅读课程的建设与实践，孩子在广泛阅读中拓宽视野、增长知识、熏陶人文、丰富积淀、发育精神，最终让与学校教育相关的人都爱读、同读、共读，在阅读学习中成长。泛在阅读不仅能够拓宽学生的知识面，培养他们的才情，更能够为他们的发展奠基、成长赋能！

第五章

泛在阅读的育人课堂

泛在阅读的育人课堂与传统的阅读教学课堂有所不同，其更注重于达成“让阅读无处不在，让育人随时发生”的阅读育人目标。特别是以泛主题课堂模式为基本点，泛时空课堂模式为突破点，强调多元对话，突出学生的主体作用，旨在让学生在教师的引领下开展阅读活动，在探究、合作、反思中促进知识体系的建构、阅读能力的提升、核心素养的形成、行为品质的养成，达成全面育人的目的。

第一节　泛在阅读育人的课堂模式

泛在阅读育人课堂是教师依据学生现有认知水平，贴近他们的“最近发展区”设计目标，让主题阅读教学更侧重育人效果的课堂教学模式。教学前，教师通过精准把握学情，了解学生的解读能力、接受程度、表达方式；教学时，教师以阅读育人目标指导阅读教学，依托各学科特点，根据阅读情感培养目标、阅读能力达成目标、阅读育人行为目标的不同指向，让三个维度之间相互协同、相互渗透，促进学生语言能力的发展、情感体验的丰富，并通过循序渐进的引导，学生在泛在阅读育人的课堂中收获自己的感悟体验。

同时，泛在阅读育人课堂还注重泛时空课堂拓展。苏苑实小通过合理选择课内外阅读资源，实现课内外文本的关联与整合、线上线下阅读方式的融合，让学生运用课内习得的方法去阅读、创造、锻炼，尤其是通过泛在阅读育人主题引领，促进学生阅读策略的掌握、阅读情感的体验，实现课内外阅读资源的整合，促进育人目标的达成。

一、泛主题课堂模式

泛在阅读育人课堂中，教师以“主题”为基点，基于相关材料的联系，对内容进行提炼与整合。主题阅读富有针对性，教师围绕主题内容搜集资料、整合资源，使教学有条理，容量有提升。在教学过程中，聚焦主题，引领学生在阅读材料中讨论交流，实现思维发展、情感升华，促进他们对主题内容的把握，最终实现素养的提升、能力的培养以及人格的塑造，从而探索泛在阅读育人路径。其中，探究类、评价类、实践类为主要主题课堂模式。

1. 探究类

探究类课堂模式指向学生创新思维的培养，关注个性化学习，鼓励交流合作，以寻问探疑为主线，定制适切的阅读任务单，进行多形式阅读活动，实现知识的内化。教师充当学生阅读探究的点拨者和引导者，适时提供必要的帮助，着力引导学生个体以独到的眼光去接触广泛的阅读材料，发现问题；以有创意的方式参与阅读活动，探讨问题；以平等交流的方法分析阅读所得，解决问题。强调师生主动参与，平等互动，共同探究。在课堂中，学生有足够的空间和时间，围绕自己发现的问题，用个性化的思维方式自由开放地探究问题产生的原因和解决问题的方法，营造积极愉悦的课堂氛围，达到活跃思维，提高学习效率的目的。

2. 评价类

评价类课堂模式注重评价主体和方式的多元，充分发挥评价诊断指导、反馈调节、导向激励的作用，将教师评价、自我评价、同伴评价和学生、家长、社区、专业人员的适当评价相结合，强调过程性评价，以课堂生成性、即时评价为阅读材料，揭示问题并进行反馈和改进，指导师生调整教学方式、教学内容、教学进度，查漏补缺，从而营造平等、真实、和谐的课堂，帮助师生有效达成教学目的，全面落实课程目标。

3. 实践类

实践类课堂模式是指课堂教学过程中引入阅读实践的内容，以实践教学的方式，更好地达成教学目标。教师在有限的时间、空间、设备等条件中，通过创设贴近学生真实生活和社会环境的情境，设计目标明确、形式多样的阅读活动，达到微观课堂模拟宏观社会的效果，使学生在课堂上就实现“走出校园、走入社会”的课外实践教学的体验，以达到知识的传递和内化，引导学生构建个性化的知识体系。

二、泛时空课堂模式

泛时空课堂模式是指依托信息技术，学生能在任何时间、地点，利用各种设备获取所需阅读学习资源，进行个性学习，支持课前、课中、课后全过程的高效课堂，具有即时性、交互性等特点。苏苑实小利用各级智慧云平台、空中课堂、名师微课、在线授课等教学资源，为移动环境下的泛在阅读提供良好的支持。在阅读过程中，教师引导学生自主寻找有用的或感兴趣的阅读资料，这些资料可以是文本，也可以是音频或视频资料，进行持续性、个性化阅读。这样做既可以增强与老师、同学之间的互动交流，也可以根据个体已有的阅读经验和基础进行深层次的知识探索。这样的课堂模式在时间和空间上打破了传统阅读教学的限制，一定程度上加强了师生、生生之间的互动，促进了基于学习问题或阅读资源的自主学习与合作探究。

1. 即时性

泛在阅读指向的是无处不在、无时不有、随时可见、随处可读的即时性现代化阅读方式。与纸质阅读不同的是，它依赖于互联网电子文本传播，是学生获取知识的一种新型阅读方式，阅读过程方便简单，没有携带、保存等方面的限制。学校利用现有的一切软、硬件设备提供给学生诸多随时使用的媒介来进行阅读，是以学生为中心、聚焦学习任务的特色阅读育人方式。

2. 交互性

在新媒介生态环境下的泛在阅读，重在学生与阅读媒介的交互式体验效能。学生对阅读内容的需求不再是单一的文字和图片信息，而是逐渐转向交互，注重趣味性强的动态化内容形态，阅读内容的需求、生产与接收都发生了重大改变。学生可以利用学校所提供的泛在阅读媒体设备，积极主动地进行学习，其主要优势一是具有“泛在性”“交互性”，学生可以在任何地方，任何时间接触到他们所需要的文本、文档、数据和视频等各种学习信息；二是借助便携、先进的阅读设备，增强学生的阅读体验感，在交互式学习中，提升学生的阅读兴趣与阅读能力，形成一种良好的、优秀的阅读学习习惯，最终提升学生的人文素养与综合能力。

第二节　泛在阅读育人的实施策略

苏苑实小对实现泛在阅读育人的核心制度体系进行深入、细致的分析，尤其是对泛在阅读育人的实施策略深入探讨，将泛在阅读育人的课堂实践与校本课程紧密结合，形成富有特点的实施策略并归纳为可供借鉴的课堂案例范式。其中主要包括“文学素养的泛在阅读课堂”“数学思维的泛在阅读课堂”“英语之趣的泛在阅读课堂”“综合延展的泛在阅读课堂”等，将泛在阅读育人融入学生学习的各个学科、各种方式。

一、文学素养的泛在阅读课堂

文学素养是指在文学创作、交流、传播等行为中语言、思想上的水平，包括审美能力、语言能力和研究能力等，是义务教育阶段语文学科核心素养的重要方面。学生文学素养的提升不仅能丰富自身文化修养和精神生活，提高生活品质，还能促进对文化的了解，体会到事物内部的规律和价值，从而形成正确的世界观、人生观和价值观。苏苑实小积极探索文学素养的泛在阅读课堂模式，深度挖掘和利用教材资源，开发阅读阵地，丰富阅读材料，夯实阅读方法，打造单元阅读教学、整本书阅读教学和延展性阅读教学并重的多元阅读课堂。

整本书阅读教学课例

聚焦人物变化　品味名著精彩

——《尼尔斯骑鹅旅行记》整本书阅读教学设计

❊ **背景分析：**

1. 主题阅读内容解析

《尼尔斯骑鹅旅行记》是瑞典女作家塞尔玛·拉格洛芙创作的童话故事，讲述了调皮男孩尼尔斯，经过一段旅行经历，欣赏到瑞典独具特色的自然风光，也饱尝了风险和苦难，渐渐蜕变成一个纯真善良、勇敢坚强、乐于助人的好孩子的故事。

2. 学生阅读能力分析

在塑造人物形象方面，作者创造性地采用了“变形”的艺术手法，极大增强了作品的表现力。“变形”对于六年级学生而言并不陌生，因为上学期他们就围绕“变形记”，发挥想象，尝试写了自己“变形”后的有趣经历。如此富有童真的故事情节和写作手法，很快能引起学生的阅读兴趣。

❀ **阅读育人目标：**

1. 阅读情感培养目标

借助“选取坐标，分享瑞典印象”这个任务，引导学生回顾尼尔斯的旅行历程，梳理书中的特色地点，感受历险故事的神奇有趣，激发学生的阅读兴趣，产生阅读期待。

2. 阅读能力达成目标

跟着尼尔斯的旅行足迹，联系文中片段，学习阅读方法，体会作者的描写方式，品味文字之美，感受瑞典的地理风光、人文历史或民间传说等。

3. 阅读育人行为目标

感受尼尔斯虽然身处逆境，但最终能克服恐惧的心理，让学生了解他在一次次的磨炼中变得勇敢起来的历程，从而引导学生学会勇敢，乐于帮助他人。

❀ **阅读准备：**

1. 教师准备

熟读名著，对名著中的人物有一定的理解和分析，设计学习单。

2. 学生准备

课前一个月时间开展“每天读名著”的活动，对该书的情节和人物都有一定的分析能力，并通过课前查资料，对瑞典这个国家有所了解。

阅读教学过程

阅读回顾环节：选取坐标，分享瑞典印象

活动1：结合图示，回顾旅程

(1) 教师谈话导入，激发学生和尼尔斯一起开启冒险之旅的热情。

(2) 教师播放同学们绘制的“尼尔斯旅行攻略图”，相机评价。

活动2：精选坐标，讲述故事

(1) 过渡：今天，我们班有几位同学自发组成了小小导游团，想要带领大家开展一次瑞典深度游。

(2) 小导游介绍：

1 号导游介绍斯康耐平原，带领学生一览平原独特的地貌。

2 号导游介绍库拉山。联系书中的经典片段“鹤之舞表演大会”，领略这座悬崖的壮美。

3 号导游介绍厄兰岛神奇的传说。

4 号导游介绍达拉那省的五朔节。

5 号导游介绍尼尔斯此行的目的地：拉普兰省。

（3）教师总结整本书阅读方法之一：阅读历险类书籍，可以运用结合图示，精选坐标的方法，清晰地呈现印象深刻的内容。

【阅读育人设计意图】绘制“尼尔斯旅行路线图”是帮助学生读好这部小说的重要方法之一。绘制旅行路线图，不仅可以帮助学生厘清作者写作的思路，还可以让学生形象生动地感受瑞典每一站的地理风貌、历史传说等，再借助路线图来讲一讲旅行中发生的精彩故事，在回顾整本书的阅读中更好地激发学生阅读兴趣。

阅读探究环节：探寻变化，镌刻人物印记

活动 1：交流卡片，探寻人物变化

（1）学生交流：尼尔斯曾经是一个怎样的孩子？

（2）制作尼尔斯人物卡片。经过这场旅行，尼尔斯发生了哪些变化呢？学生填写尼尔斯的变化以及整本书中的关键事件。

（3）学生交流尼尔斯的变化以及促使他发生变化的关键事件。其他学生相机补充。

（4）教师总结，并出示书中的这些片段，多形式品读。

活动 2：聚焦选择，探寻成长助力

（1）通过制作人物卡片，学生交流尼尔斯变化之大的原因。

（2）教师引导学生探寻尼尔斯三次遇到变回原形的机会时的选择和原因。

（3）学生翻看书本，找寻这些变化的相关章节，详细阅读后填表，并交流每一次机会的条件、尼尔斯的选择和原因。

（4）观察表格，找相同点。尼尔斯在三次机会面前都选择了放弃，但这三次放弃有不同之处吗？

（5）教师总结尼尔斯的选择和原因，点出尼尔斯的选择是为了帮助他人，引导学生体会尼尔斯的善良和成长。

活动3:开展辩论,思辨他人作用

(1) 根据尼尔斯旅程中遇到的人物,把它们分一分类。(朋友一类,敌人一类。)

(2) 开展辩论,让学生讨论在这些人中,哪些人帮助过尼尔斯成长? 为什么?

(3) 学生分为正方和反方,开展一场小小辩论赛,说清是朋友帮助了尼尔斯成长,还是敌人促成了尼尔斯成长。

(4) 教师总结:尼尔斯的成长离不开朋友或敌人。就像那些出现在我们生命中的人一样,无论是搀扶我们的人,还是磨砺我们的人,都可以使我们成长为更好的自己,关键就看自己的选择。

(5) 探究故事中其他角色面临的选择。学生进行连线。

(6) 教师引导学生理解这样的选择就是成长之旅。

(7) 教师总结整本书阅读方法之一:聚焦人物,精读章节。

【阅读育人设计意图】用“交流卡片,探寻人物变化”的活动来梳理整本书的主要内容,这是“把书读薄”的一种重要方法。接下来以尼尔斯三次变回人的机会为突破口,通过“聚焦选择,探寻成长助力”的活动任务,引导学生前后联系,又通过揣摩故事情节和尼尔斯语言、心理、动作等描写,探寻尼尔斯三次选择背后的根本原因,感受主人公尼尔斯从不想回家到为了他人放弃回家,从调皮捣蛋到对旅途中的陌生人,甚至对动物的出手相救,他的成长让整本书阅读的文本价值、情感价值都展现了出来。最后,“开展辩论,思辨他人作用”的任务给学生创设了一个轻松愉悦的阅读交流氛围。

阅读拓展环节:课后延伸

活动1:开启阅读小宝库

(1) 学生交流历险类书籍。

(2) 教师相机出示《西游记》《鲁滨逊漂流记》《汤姆索亚历险记》《格列佛游记》……

(3) 教师引导:看来,成长就是一场冒险,它还是百折不挠的坚持,是毫不推卸的责任,是战胜风雨的勇气,是经过磨砺未曾放弃的那份信念。

(4) 教师建议同学们课后可以走进这些经典的历险小说,探寻他们奇幻的成长之旅。

【阅读育人设计意图】由一人到多人,由一本到多本,这样的群类阅读是小学高年段所需要培养的能力，同时也引导学生继续阅读，运用所学习的方式去读更多的经典名著，深入、持续地为阅读积聚力量。

课外延伸活动

活动1：做阅读分享卡

将书里你感兴趣的动植物、自然风光、风俗人情，做成一张瑞典特色分享卡。

与你的好朋友互换，学习到更多的瑞典特色。

活动2：记旅行成长事

哪一次旅行让你也成长了呢？用几句简单的话介绍自己印象深刻的一次经历，并说说它为什么让你成长了。

【阅读育人设计意图】本环节主要是对学生课外延伸阅读的指导，“做阅读分享卡”“记旅行成长事”两个不同形式的延伸拓展活动，让学生在课外阅读名著的过程中培养提升了阅读能力，延展了整本书阅读兴趣。

阅读教学反思

本节阅读课一开始围绕“选取坐标，分享瑞典印象”这个任务，引导学生跟着尼尔斯的旅行足迹，梳理书中的特色地点。这些历险故事极大地激发了学生的阅读兴趣，使之联系文中片段，能深入地阅读这本书的情节，感受瑞典的自然风光、人文历史或民间传说，并从文字中体会作者的描写方式，掌握整本书的阅读方法。

需要改进的是“探寻变化，镌刻人物印记”这部分的活动2，学生们虽然课前已经对该书进行阅读并分析，但课上时间有限，学生并不能一下子找出三处尼尔斯的选择，教学过程中需要老师的点拨。所以，这就要求教师在课前也对该童话故事进行一定的阅读、理解和分析。两相配合，这样整本书阅读活动才能让学生感受到尼尔斯在一次次的磨炼中蜕变，变得善良勇敢、乐于助人，同时也启示我们在生活中要学会勇敢，学会乐于助人。

单元阅读教学课例

繁星如梦　倾听心灵的声音

——冰心《繁星》选读教学设计

❀ **背景分析：**

1. 主题阅读内容解析

冰心一生信奉“爱的哲学”，她认为“有了爱，便有了一切”。在《繁星》里，她赞颂母爱，赞颂人类之爱，赞颂童心，同时她也赞颂大自然，尤其赞颂她在童年时代就很熟悉的大海。

2. 学生阅读能力分析

因为有课内的学习作为铺垫，所以学生对《繁星》这种短诗的形式并不陌生。小诗隽永的语言、纯美的情感、富有启迪的哲理，不仅适合在朗读中品味，还适合在仿写中深化和涵泳。中年级年龄段学生的仿写兴趣比较浓厚，能运用丰富的想象、联想，将生活中常见的事物变成诗的语言，以此提升阅读能力。

❀ **阅读育人目标：**

1. 阅读情感培养目标

轻叩诗歌的大门，打开心灵的窗口，能读到许多真挚而优美的经典现代诗歌。畅游诗歌的王国，感受诗歌的优美意境，跟随诗人穿越时空的长河，回到久违的童年，追忆往昔的美好时光。

2. 阅读能力达成目标

了解作家冰心的生平事迹，熟知《繁星》主要内容及写作特点。通过品读诗歌，初步掌握读诗的方法，通过引导学生理解字词，在理解重点词语中感受诗歌的情感，体会诗人在诗集中贯穿的“爱的哲学”，培养对母亲、童真、自然的热爱之情，最后在品读的基础上尝试对自己喜欢的诗歌进行仿写。

3. 阅读育人行为目标

引导学生通过品读小诗，激发真挚的情感和丰富的想象。美在同学们的眼中，诗在同学们的笔下。诗歌，让学生用美丽的眼睛看世界，用澄澈的心灵悟世界，用轻盈的脚步量世界。轻叩诗歌的大门，走进诗歌的世界，乐趣无穷！

❊ **阅读准备：**

1. 教师准备

(1) 了解短诗的发展历史，深入了解作者冰心的生平经历，阅读《繁星》。

(2) 按照主题对书中小诗进行分类，并着重选择典型诗歌赏析、品读。

2. 学生准备

(1) 初步阅读《繁星》，收集冰心及作品的相关资料。

(2) 摘录作品中自己喜欢的小诗，阅读并背诵。

阅读教学过程

阅读导入环节：内外勾连

活动1：导入新课

轻叩诗歌的大门，打开心灵的窗口，我们能阅读许多经典的现代诗歌，它们优美而真挚。今天，让我们一起走进繁星的世界，跟着老师读一读《繁星》。

活动2：勾连《繁星》

同学们，星星是无边夜空里的精灵，闪烁着智慧的光芒。你喜欢看天上的繁星吗？文坛巨匠巴金爷爷也常独自仰望星空，对话漫天繁星，幽思过往，畅想未来，抒发自己的真情。

在我们曾经学过的《繁星》一文中，

他这样写——从前在家乡七八月的夜晚，在庭院里纳凉的时候，我最爱看天上密密麻麻的星星。

他这样说——星光在我们的肉眼里虽然微小，然而它使我们觉得光明无处不在。

他这样想——在星的怀抱中我微笑着，我沉睡着。我觉得自己是一个小孩子，现在睡在母亲的怀里了。

你们看，随着年龄和阅历的增长，巴金对星空的观察越来越细腻，感情也越来越深。从繁星那里，我们也感受到了巴金对光明与爱的追求和向往。

活动3：线索猜猜

其实，他对光明、对爱的执着追求还受到了另一位文坛巨匠的影响。老师给你提供一些关键线索，请你来猜一猜，这位文坛巨匠是谁。

线索A　她生于1900年10月5日，原名谢婉莹，福建省福州市长乐区人。

线索B　她发表作品的笔名取自“一片冰心在玉壶”。

线索C　1999年2月28日，她在北京医院逝世，享年99岁，被称为“世纪老人”。

你们猜到她是谁了吗？对，她就是冰心奶奶，一位用爱写作的作家。今天，就让我和你们一起，怀着崇敬和喜悦，一起走进冰心，去读读她的诗集《繁星》，去倾听心灵的声音。

【阅读育人设计意图】《义务教育语文课程标准》将兴趣、习惯的培养贯穿始终，不断提升学生热爱阅读的品质。本环节巧妙运用课文中的《繁星》导入，唤醒学生的阅读期待，有利于创设美的情境，激发学生进一步阅读的兴趣。

阅读探究环节：初识《繁星》

活动 1：连一连

同学们，我们先来欣赏一组诗歌，请你连一连（图 5-1）。

出示互动题：连一连。

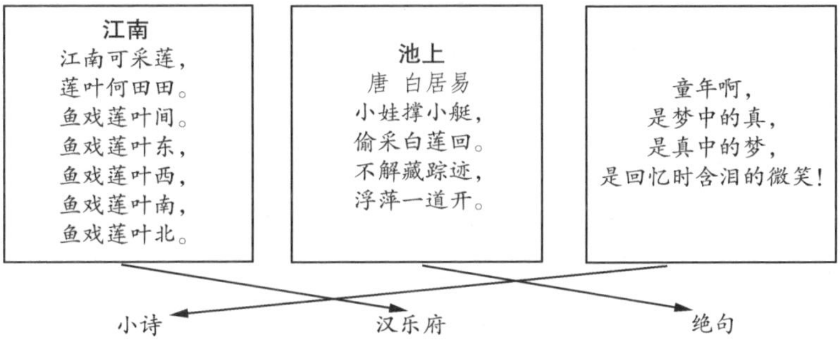

图 5-1　互动连线题

同学们，你瞧，像这种少至一两行，多至七八行的短小诗体，就被称为“小诗”，也被称为“短诗”。1921—1924 年，中国新诗诗坛掀起了一阵小诗热，其创作者中影响最大的就是冰心。

冰心善于将自己从生活中获得的感受随笔记下，这些看似三言两语的感受像点点繁星一样，散落在冰心的稿纸上，最后被印刷出版，成为她人生中第一部诗集——《繁星》。

活动 2：填一填

同学们，你知道吗？在这“点点繁星”中，歌颂<u>母爱与童真</u>，赞颂<u>大自然</u>，以及对<u>人生的思考与感悟</u>，成为冰心终生创作永恒的三大主题。

【阅读育人设计意图】本环节在生生互动、师生互动的交流中，发挥学生的主体作用，指引导学生学习，让学生在真实有效的语文实践中提升语文能力。

阅读实践环节：初读诗歌

活动1：歌颂母爱与童真

冰心认为，“有了爱，便有了一切”。在《繁星》中，她将最崇高、最美好的母爱，反复歌颂。

《繁星》一五九

母亲呵！
天上的风雨来了，
鸟儿躲到它的巢里；
心中的风雨来了，
我只躲到你的怀里。

（1）来，读读这首小诗，是不是感觉特别清新、自然？

（2）你发现了吗？这首小诗中反复出现了哪个词？“风雨”。想一想，它们分别表示什么？你看，反复出现的“风雨”，前后的含义并不相同，这就叫“耐人寻味”，需要我们细细品味。

（3）你还发现了吗？有一个字也反复出现，那就是“躲”。当面对风雨时，鸟儿躲进巢里；我们可以躲进母亲的怀抱里，向母亲倾诉，寻求温暖。

（4）一个“躲”字，反复出现，表达了诗人怎样的情感？是呀，对于冰心，对于我们每个人来说，母亲的怀抱，是我们永远的避风港，是温暖、安全、坚实的代表。

（5）同学们，当我们读到一首小诗时，可以像这样，特别关注一些反复出现的字词。它们往往含义深刻，能帮助我们走进诗人的内心，体会藏在心中的情感。

活动2：赞颂大自然

在冰心看来，人与自然是和谐共生的。而大海，是冰心童年生活中的最好伴侣，面对着这相伴10年的好友，冰心会情不自禁地呼唤出她的名字，让我们走进《繁星》，去寻觅她童年的那片海。

海之诗(1)

《繁星》(一三一)

大海呵！
哪一颗星没有光？
哪一朵花没有香？

哪一次我的思潮里
没有你波涛的清响？

（1）同学们，快来读读这首小诗吧！

（2）经过反复地朗读，你发现这首诗读起来朗朗上口的秘密了吗？

（3）指导学习押韵。

（4）谁还能找一找第二个秘密呢？（这三句是排比句，句式结构相同。）

（5）还有最后一个秘密，看谁拥有火眼金睛？你们关注三个问号了吗？（这三个句子都是反问句。）

小结：当她有心事与烦恼时，想起曾经日日相伴的大海，思念令她难以入眠，她会深情呼唤，我们一起来读。

同学们，现代诗在节奏和韵律上并不像古诗那样严格，但它押韵并且运用了排比、反问等多种修辞手法，我们发现这样的小诗读起来也很有节奏感，这就是诗歌的韵律美。

海之诗(2)

过渡：作者对大海的热爱如同星星有光辉，花儿有芳香一样自然，你听，她又在一次次地呼唤：

《繁星》(二八)
故乡的海波呵！
你那飞溅的浪花，
从前怎样一滴一滴的敲我的磐石，
现在怎样一滴一滴的敲我的心弦。

（1）听老师读读这首小诗，再听听故乡的海浪声吧。

（2）运用刚刚学到的方法，可以关注反复出现的关键词品味情感，可以捕捉诗中运用的修辞手法体会诗的韵律……

（3）找到了吗？是的，“一滴一滴”反复出现，“从前”“现在”今昔对比，你听，无论是过去还是现在，故乡永远都藏在冰心的心里。

小结：海风阵阵，扑面而来，踩着浪花，让我们一起来吟诵——

海之诗系列

诗集中写海的小诗还有很多，读了这些诗，有什么疑问？或者什么发现？是呀，为什么冰心会对大海如此念念不忘呢？让我们从补充资料中去寻找答案吧！

出示关于冰心童年的补充资料，引导学生了解冰心与大海的不解之缘。

现在你明白了吗？是的，大海寄托着诗人对童年生活的追念，对亲人的思念，对自己生长的土地的眷恋。对亲人和故乡的思念，才是她创作诗歌源源不断的动力。

活动3：对人生的思考与感悟

这类诗短小精悍，自然含蓄，富于哲理，让人久久回味，也被称为“哲理诗”。

繁星（十）

阳光穿过石隙里，
和极小的刺果说：
“借我的力量伸出头来罢，
解放了你幽囚的自己！”
树干儿穿出来了，
坚固的磐石，
裂成两半了。

（1）同学们，你瞧，一个“穿”字，告诉我们树干借助阳光的力量破石而出，展现了顽强的生命力，表现了一种积极向上的精神。

（2）出示互动题：说一说。

如果让你为这首诗取个题目，你会取什么？

《石缝间的生命》《无坚不摧的力量》《解放你自己》《顽强的信念》……

（3）这首小诗以恬淡自然且充满童趣的笔调，颂扬了一种什么精神？给你怎样的启发？你能用自己积累的俗语或诗句来说一说吗？

① 世上无难事，只怕有心人。

② 不经一番寒彻骨，怎得梅花扑鼻香？

③ 宝剑锋从磨砺出，梅花香自苦寒来。

【阅读育人设计意图】本环节通过不同主题的小诗的学习与鉴赏，引导学生从品读诗歌的写作手法，向读透诗人的内心想法渐次深入。在走进诗人内心世界的同时，获得人生的感悟。

阅读拓展环节：总结诗集

活动1：积累

（1）同学们，翻阅《繁星》，扑面而来的是诗人那份思念，那份对亲友、对家乡的久远惦记，那份对人生的激励与警示……她的诗里，或随意，或有心，或浓墨，或泼彩，总是酿就着那份浓烈的美好……

(2) 我们现在大多看到的是《繁星 · 春水》这本书。其实，它是将《繁星》《春水》两本诗集合并为一本结集出版的。

(3) 在这两本诗集中，有许多的妙语佳句，课后，请同学们选择自己喜欢的诗句摘录，反复品味。

- 言论的花，开得愈大；行为的果子，结得愈小。
- 空中的鸟！何必和笼子里的同伴争吵呢？你自有你的天地。
- 墙角的花！你孤芳自赏时，天地便小了。
- 成功的花，人们只惊慕她现时的明艳！然而当初她的芽儿，浸透了奋斗的泪泉，洒遍了牺牲的血雨。

活动 2：仿写

没有华丽的辞藻，没有刻意的修饰，寥寥数笔，便能勾勒出一个真善美的世界。亲爱的孩子们，提起你手中的笔，将你心中的真情用小诗的形式记录下来，写一本属于自己的《繁星》吧！

课后，同学们一定要去翻开这本诗集，读读，想想，相信你一定会喜欢上它。《繁星 · 春水》，灿若星辰，让我们一同去亲近自然，感恩母亲，追忆童真。

【阅读育人设计意图】学生的认知和经验会随着经历增长而慢慢发生变化，积累和感悟提升后，由"扶着走"到"自己走"是他们创作的必经之路。从心出发，生活的美好就会在笔尖流淌，记录童心童语，让文字见证自己的成长和蜕变。在教师的鼓励下，学生提笔创作短小精悍的儿童诗，反映真实生活、时代精神以及自己内心的真实感受，收获了属于自己的一片诗歌创作小天地。

课外延伸活动

活动 1

学习了《繁星》中的一些短诗，你了解了现代诗的哪些特点？

（分行排列、格式自由、节奏感强、不拘泥韵律。）

活动 2

拓展延伸：出示《繁星》（二）、《繁星》（五十五）。

活动 3

诗歌的宝库里有无数珍藏。让我们开展综合性学习，一起感受诗歌的独特魅力。通过阅读报纸、杂志、书籍等方式，收集自己喜欢的现代诗。

阅读教学反思

诗歌真的离我们很遥远吗？我们的生活中处处有诗歌的存在。如何让学生拥有一双美丽的眼睛看世界？如何指导学生写诗、编诗、举办朗诵会呢？本次课堂实践指向的是课后的“阅读链接”，延展的是现代诗的阅读。虽然这是一段渺小的、不起眼的阅读之旅，但是我相信每一段路都充满着意义。

首先，从阅读情感培养方面来说，本节阅读课从教材中提供的“阅读链接”出发，打开一个阅读的缺口，基于“人文性与知识性”双线组合的整体联系意识，以及阅读链接与课文、阅读链接与整本书，着重提升学生的语文素养。

其次，从阅读能力达成目标来看，诗歌学习注重的是朗诵和品悟。古语有云：“熟读唐诗三百首，不会作诗也会吟。”冰心的《繁星》适合目前年龄段学生阅读，多读读冰心的诗，相信学生的阅读能力会在潜移默化中得到提升。

最后，从育人行为目标的角度来观照整个教学流程，我们发现，读一本好诗，就是和温婉的诗人对话。怀着崇敬和喜悦，一起阅读《繁星》，一同走进冰心的心灵世界，是一件多么美妙的事啊！

关于诗歌教学，关于阅读教学，有时往往需要教者怀有一份情怀，不断地投入诗歌的世界里，多维度地品味语言之美。这样的阅读之旅，令人温暖，更令人幸福。

延展性阅读教学课例

聚焦阅读积累　品味诗词之趣

——阅读积累经典古诗词教学设计

❀ **背景分析：**

1. 主题阅读内容解析

本节课所涉及的古诗词是学生六年中学习过的古诗词，并精选了较有代表性的三个类别，分别为山水田园诗、赠友送别诗、咏物言志诗。这些诗都有着鲜明的文体特点，在教学时，根据诗的特点展开阅读教学，既能培养学生的阅读能力，又能指导学生积累阅读的方法。

2. 学生阅读能力分析

本节课学习的主体是小学六年级的学生。此阶段的学生已对古诗词有一定积累，并已经具备了一定的阅读积累能力。本课旨在通过开展大量的古诗词阅读积累活动，培养学生良好的阅读习惯，提高学生阅读水平，实现学生语文素养的提升。从而将教学目标、学习目标、能力目标达成一致，实现教、学、评一体化。

❀ **阅读育人目标：**

1. 阅读情感培养目标

阅读理解诗歌意象，梳理诗歌脉络，从诗中描写的景物中，体会诗人的思想感情。联系诗歌创作的时代背景及诗人的生平经历，把握作品的内容和主旨，实现情感的理解共鸣。

2. 阅读能力达成目标

把握关键词语及诗句的内涵，了解诗歌的主要内容；联系诗歌创作时代背景欣赏诗歌，对诗歌进行多元化的富有创意的个性解读。引导学生进行自主赏析和合作探究活动，进而领会并用恰当的语言准确概括诗词意境，提高古诗词阅读鉴赏能力。

3. 阅读育人行为目标

通过阅读中国古代优秀诗歌，感受其在思想和艺术上的独特魅力，获得丰富的审美感受；品味大自然和人生的多姿多彩，领悟中华优秀传统文化的博大精深，进而陶冶情操，理解人性的多样性、社会生活的丰富性，增强人文底蕴，构筑精神生活的基本范式。

❀ **阅读准备：**

1. 教师准备

整理学过的古诗词并进行精选。对上课要积累的古诗词开展分类研究，设计学习单。

2. 学生准备

开展古诗词阅读积累复习，回顾积累古诗词的方法。

阅读教学过程

阅读导入环节：“诗词大会”览诗词

活动1：视频导入

（1）谈话导入：中央电视台有一档节目叫《中国诗词大会》，风靡全国，带人重温那些经典的古诗文，感受诗词之美，体味诗词之趣。下面我们来欣赏一位小选手的精彩表现。

(2) 教师播放诗词大会中小选手的精彩片段，激发学生阅读积累古诗词的兴趣。

(3) 组织交流：看了小选手的精彩表现，你有什么想说的？（精彩源于积累。）

活动2：创设情境

(1) 发布阅读任务：告诉大家一个好消息，今天，我们班就要评选“班级诗词小达人”，顺利完成三个任务的同学，就能获得这个光荣的称号！

(2) 出示本节课阅读任务。

【阅读育人设计意图】让孩子们在观看视频的过程中，激发对古诗词阅读、积累的兴趣，并通过创设情境出示任务的方法引出本节课的活动主题，让学生在活动、合作、探究中开展对古诗词的阅读积累实践。

阅读探究环节：运用导图巧分类

活动1：阅读方法交流

(1) 教师引导学生回顾阅读学习古诗词时所运用的方法。

(2) 学生交流记古诗词的方法。如熟读成诵法、理解记忆法、古诗词吟唱法、巧妙归类法。

(3) 重点交流归类法。

(4) 老师随机选一些古诗词。学生开展阅读积累背诵活动。

活动2：巧用导图分类

(1) 教师出示古诗词，学生根据主题在学习单上将古诗词进行分类。

(2) 师生交流，归纳古诗词分类的依据。如：山水田园诗、赠友送别诗、咏物言志诗等。

(3) 引导学生根据分类完成学习单上的思维导图。

(4) 教师小结：同学们，学古诗词就要根据它不同的题材特点来进行品读、记诵，借助思维导图，我们可以轻松将古诗词分类，便于记忆。

【阅读育人设计意图】教师引导学生对阅读古诗词的方法进行回顾和交流，让学生回忆起更多的学习方法，并开展积累背诵活动，既满足了学生表现自我的心理需求，也能激起孩子好胜之心，为接下来的“秀”做了铺垫。接着趁热打铁，用思维导图分类的方法进一步提升学生的归纳整理能力。

阅读实践环节：依据类别巧延伸

活动1：诗中有景

（1）出示一组山水田园诗。

（2）请三位同学分别读一读。其他同学想一想，三首诗中，最喜欢哪首诗，诗里有哪些景？想象到的是一幅怎样的图画？

（3）师生交流，教师引导学生阅读感知，总结想象到的画面。

（4）小结方法：想象画面，是学习山水田园诗的好方法。

活动2：诗中含情

（1）出示两首赠友送别诗。教师引导学生交流异同。

送元二使安西

［唐］王维

渭城朝雨浥轻尘，客舍青青柳色新。

劝君更尽一杯酒，西出阳关无故人。

别董大

［唐］高适

千里黄云白日曛，北风吹雁雪纷纷。

莫愁前路无知己，天下谁人不识君？

（2）师生交流。

（3）教师引导学生想象：离别之际，友人分别会说些什么呢？同桌两个人演一演。

（4）学生通过情境，感受诗中之情。

活动3：诗中言志

（1）出示一组咏物言志诗。引导学生自读，提炼阅读方法。

（2）组织学生交流。引导学生了解阅读咏物言志诗需要联系诗人写作背景和诗人生平。

（3）组织学生阅读资料，再读古诗。

（4）教师小结：咏物言志诗往往抒发了作者的志向与情怀，与诗人的生平有很大关系，联系背景可以让我们更好地读懂这一类诗。

【阅读育人设计意图】本环节旨在让学生通过对三类古诗的阅读，感受阅读不同类别古诗需要运用不同的方法，学习时，重在朗读、背诵能力的培养。教学时，教师通过同桌互相听读、上台朗读、合作交流、情景演绎、自主阅读等方式培养学生的阅读能力，提升学生的阅读素养。

阅读拓展环节：比一比、练一练

活动1：诗中有景猜诗题

出示图片，学生根据图片猜诗题。

活动2：联系背景悟志向

联系诗人生平，连一连、填一填。

连一连		填一填
诗人	诗句	表达志向
郑燮	我家洗砚池头树，朵朵花开淡墨痕。	（　　）
王冕	咬定青山不放松，立根原在破岩中。	（　　）
于谦	千锤万凿出深山，烈火焚烧若等闲。	（　　）

【阅读育人设计意图】本环节突出了学生的主体作用，促进了学生阅读能力的提升。学生通过读一读、查一查、连一连等高层次的思维活动、实践活动，开展积极主动的阅读积累学习，让学生在阅读活动中将诗词的情感体验内化为自己的情感体验。

课外延伸活动

1. 补充思维导图

结合上课学到的方法，根据诗词不同的特点进行分类，补充思维导图。

2. 古诗成果展评

看看谁积累背诵古诗最有方法。

【阅读育人设计意图】本环节主要是对学生课外延伸阅读的指导，通过“补充思维导图”“古诗成果展评”两个不同形式的延伸拓展作业，在课外阅读古诗的过程中培养学生的阅读能力，延展学生的阅读兴趣。

阅读教学反思

本节阅读课，教师在引导学生阅读古诗词的过程中，注重方法的积累，特别是在理解诗歌意象、梳理诗歌脉络、把握内容和主旨，学会联系诗歌创作的时代背景及诗人的人生经历、欣赏诗人的代表作品等方面展开教学。教学过程中，结合具体的诗歌作品进行阅读赏析指导；培养学生自主赏析与合作探究能力，使学生能对诗歌进行多元化、个性化的解读。通过对古诗词阅读的分析鉴赏，提高学生的古诗词阅读鉴赏能力。走进古典诗歌，就是走进了一个神奇的境界。这样的拓展阅读活动，让学生能够在古典诗歌的清芬中，感受古诗词的乐趣，从而提升阅读能力及自身核心素养。

二、数学思维的泛在阅读课堂

数学思维的泛在阅读课堂指向学生数学思维能力的培养，引导学生观察、比较阅读材料，大胆猜想、认真实验、综合分析、抽象概括，进而合乎逻辑地、准确地表达自己的观点，形成良好的思维品质，解决学习和生活中遇到的问题。泛在阅读育人的数学阅读教学是数学语言的阅读，包括数学符号、数学规律、数学思维、数学家精神等多方面的阅读。数学语言简洁，但内涵丰富，具有一定的抽象性和难度。教师在课堂中需有意识地引导学生把握阅读规律，选择阅读方法，转化阅读内容，充分调动学生理解、综合、分析、归纳、类比、联想等思维方式。苏苑实小积极探索数学思维的泛在阅读课堂模式，立足教材，合理拓展，推进实践，助力学生理解数学知识，感受数学之趣，把握数学之用。

数学知识阅读课例

跟随数学名家足迹　探寻“变与不变”奥秘

——《三角形的内角和》数学课外阅读教学设计

❀ **背景分析：**

1. 主题阅读内容解析

通过阅读数学名家陈省身教授的小故事，引导学生思考“到底怎样看问题”；通过学生与文本的对话，与名家的对话，让学生成为探索者，从新的视角出发，进一步理解、拓展数学知识，感受数学之趣、数学之用。

2. 学生阅读能力分析

学生在四年级下学期学习了“三角形的内角和”，对这一数学常识有了基本的知识和方法的认识。同时陈省身教授对于四年级的学生来说是熟悉的数学家，学生对其个人事迹略有耳闻。

❀ **阅读育人目标：**

1. 阅读情感培养目标

基于名家故事，引发认知冲突，引导学生提出新问题，从中感受数学“变与不变”的奥秘，激发学生对数学阅读的兴趣。

2. 阅读能力达成目标

学生在经历自主阅读、自主提问、合作研究、归纳总结、拓展应用的过程中，发现数学“变与不变”的奥秘。整个阅读活动渗透了“求变”和“一般化”的数学思想，有效提高了学生解决问题的能力。

3. 阅读育人行为目标

通过多个阅读活动，引导学生学习数学家乐于钻研、勤于探索的精神品质。

❀ **阅读准备：**

1. 教师准备

教师整理陈省身教授的事迹介绍和相关小故事，设计“多边形的内角和与外角和”阅读探究的任务主题。

2. 学生准备

学生复习“三角形内角和”的相关知识和探究方法。

通过网络搜集、阅读，初步了解陈省身教授的相关事迹故事。

阅读教学过程

阅读导入环节：阅读新故事，提出新问题

1. 回顾已学知识

提问：三角形的内角和是多少度？你是如何得出这个结论的？

学生可能想到以下方法：(1)量出来；(2)折出来，三角形的3个角都翻折过来，使3个顶点与高的垂足重合，得到一个平角；(3)拼出来，把撕下的3个角不留缝隙地拼在一起，得到一个平角。

2. 呈现阅读材料

(1) 提出问题：之前我们通过实验，用这3种方法发现了三角形内角和是180°，可有一位数学家却提出反对意见，他认为三角形内角和等于180°是不对的。这是怎么一回事，大家想知道吗？

(2) 呈现材料：陈省身，被称为“整体微分几何之父”，是20世纪最伟大的几何学家之一。1980年，陈教授在一次讲学中语惊四座，他说：“人们常说，三角形内角和等于180°。但是，这是不对的！”

3. 学生发散提问

引导：怎样看问题方法就对了呢？看来我们需要重新认识“三角形内角和”。

你有什么想问的？其他图形的内角和呢？多边形的外角和有什么规律？

【阅读育人设计意图】在阅读导入环节，先设计回顾旧知“三角形的内角和”的相关知识，一是为激活学生的阅读经验，二是为引出阅读材料做准备，三也为后面探究“多边形的内角和与外角和”打下知识技能和探究经验的基础。选择的阅读材料能够充分激发学生的好奇心和探究欲，面对有悖于数学常识的结论，学生自然而然会产生疑问，从而更好地激发学生提出新问题。

阅读探究环节：探索多边形内角和的规律

活动1：探索四边形的内角和

提问：你能想一想该怎样求出这个四边形4个内角的和？

教师课件出示一个一般的四边形。

学生交流想法，比较三种方法优缺点后，教师明确：

(1) 量一量，量出每个角的度数，再相加。这种方法可能存在误差，还需用到工具。

(2) 剪一剪，把四个角剪下来拼在一起是一个周角。这种方法直观有效，但有一定破坏性。

(3) 分一分，把四边形分成两个三角形，计算出内角和是360°。这种方法最合理、简单、方便。

活动2：探索五边形和六边形的内角和

引导：这儿有一个五边形，你想用哪种方法研究它的内角和呢？

学生的可能想法如图5-2所示：

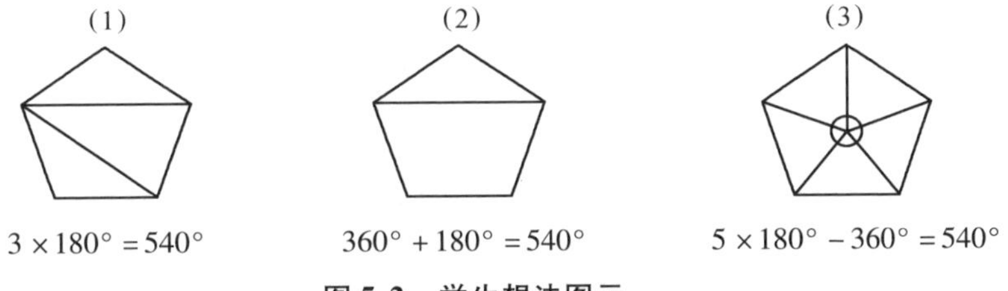

图5-2　学生想法图示

引导：自主探究六边形的内角和。

学生交流研究方法。

引导比较：回顾求五边形和六边形内角和的方法，你觉得怎么分更方便？

明确：分的时候按顺序，从一个点出发，再依次连接不同的点，做到不重复，不遗漏，而且清楚，便于计算内角和。

活动3：归纳多边形的内角和规律

引导：到现在为止，我们发现了多边形的内角和度数是多少？请把结果填写在下面的表格中。

学生回忆思考，填写数据。

引导：想要发现规律，你还想研究哪些多边形？

同桌合作，任意画出其他的多边形，分一分、算一算。交流心得后，将结果在表格补全。学生汇报数据，并通过全班交流不完全归纳出多边形的内角和规律（表5-1）。

表5-1　多边形的内角和规律

多边形边数	3	4	5	6	n
内角和	180°	180° ×2	180° ×3	180° ×4	180° ×（n－2）

活动4：解释规律

引导：老师有个疑惑，为什么多边形的内角和规律不是它有几条边，就有几个180°呢，你能结合探究的过程试着解释一下吗？

学生可能解释：

（1）如果多边形有几条边就分成几个三角形的话，中间就有2个平角要减去，所以n要减去2。

（2）用动态的眼光看多边形的变化。从三角形开始，每增加一条边，相当于多出一个顶点，即多一个180°。换而言之，假设最前面的2个顶点不动，之后每增加一个顶点，相对应就会多出一个180°。

【阅读育人设计意图】学生受到之前认识的限制，对于重新认识“三角形的内角和”这个问题很容易先从“内角和”这个关键信息入手思考。顺着学生的思路，引导学生自主探究常见多边形的内角和。经过全班交流讨论，学生对多种方法的认识从“原生态”的思考转向更全面的思考，从而优化探究方法，这为后面的高效探索奠定了经验基础。

阅读实践环节：自主探究多边形的外角和

活动1：认识外角以及图形的外角和

说明：刚刚我们都是围绕“内角”做文章，发现了多边形内角和的规律。现在老师把三角形的这条边延长，又出现了一个角，你知道这是什么角吗？

结合简单图例，教师介绍外角的定义。动画演示将三角形三条边分别延长，请学生指出对应的外角。

提问：要知道这个三角形的外角和是多少，也就是要求什么？

引发思考：如果我们由内向外思考，研究多边形外角和的规律，是否就能找到陈省身教授说的另一种看问题的方法呢？

活动 2：探索三角形的外角和

提问：三角形的内角和是多少度呢？

学生尝试解答；教师引导学生借助平角和内角和思考。

学生的可能回答：

(1) 量一量。学生量出每一个角的度数，再求出和。测量过程可能存在误差，但基本能量出接近正确的结果。

(2) 算一算。先算出内外角和：$3\times180°=540°$，接着从中减去内角和，剩下的就是外角和：$540°-180°=360°$。

活动 3：探索四边形、五边形、六边形的外角和

出示活动要求：小组合作，完成下面的表格，观察数据并在组内说说你的发现。

学生以小组为单位汇报探究结果以及运用到的探究方法。

1. 探究结果(表 5-2)

表 5-2　探究结果

图形边数	内角和	内外角之和	外角和
3	$180°$	$3\times180°$	$360°$
4	$2\times180°$	$4\times180°$	$360°$
5	$3\times180°$	$5\times180°$	$360°$
6	$4\times180°$	$6\times180°$	$360°$
n	$(n-2)\times180°$	$n\times180°$	$360°$

2. 探究方法交流

学生的可能方法：

(1) 大部分主要是基于计算的推导。

(2) 剪一剪、拼一拼的方法。

以六边形为例，在纸上画出一个六边形，然后把 6 条边按顺序分别延长，描出 6 个外角，再把 6 个外角围绕一个中心点拼起来，正好得到一个周角。其他多边形外角和的研究方法与之相同。

活动4：归纳多边形的外角和规律

提问：你能归纳出多边形的外角和有什么规律吗？

明确：多边形的外角和都是$360°$。

活动5：解释规律

引导：透过现象看本质，想想多边形的外角和是$360°$的原因是什么？

学生交流，教师引导。

学生的可能回答：通过代数式推算得到，n边形的内外角之和是$n\times180°$，内角和是$(n-2)\times180°$，因此求得外角和：$n\times180°-(n-2)\times180°=360°$。

回顾总结思考问题的方法

(1) 谈话：回顾本节课的学习，我们是如何探索和发现今天这些规律的？请把你的体会和同桌说一说。

明确：随着多边形边数的增加，内角和也在变大，外角和却保持不变。

(2) 继续阅读材料，思考前面提出的问题。

教师结合阅读材料，升华主题，深化认识：

把目光锁定内角时，我们能看到一个变化中的规律：三角形内角和为$180°$；四边形内角和为$360°$……以此类推到更加一般的情况，n边形内角和为$(n-2)\times180°$。借助字母n表示出了多边形的内角和规律，也就是计算内角和的公式。

若把目光转向外角，我们就会发现一个不变的规律：任意多边形外角和都是$360°$，也就是n边形的外角和等于$360°$。

虽然两次探究活动研究问题的角度不同，但同学们都能从多种情况中挖掘出内在规律，并用简洁的结论概括。

(3) 课堂小结。

学习数学，需要我们在不断的变化中，把握变化的规律，也要学会透过变化的规律掌握其中蕴含着不变的规律。

【阅读育人设计意图】在教师的引导下，学生突破了只思考“三角形内部”的思维模式，“由内向外”思考研究三角形的外角。利用研究三角形内角和规律积累下来的研究经验和探寻规律的方法，学生可以自主研究多边形的外角和规律。学生归纳的规律是不完全的，需要进一步通过“解释”也就是验证所得的规律，让学生感受到数学的严谨。探究结束后，课堂回归到阅读材料，揭示了陈省身教授的最后一句话，与学生探索得到的规律一致，进一步深化主题。

阅读拓展环节：从外角看内角

已知三角形的外角和是360°，请从外角看问题，推算出三角形的内角和是多少度？

【阅读育人设计意图】在学生之前的学习中，都是先学习内角和再思考外角和。通过设计这个阅读拓展环节，引导学生转换视角从外角看问题，推算出三角形的内角和，有助于帮助学生更好地理解阅读材料中陈省身教授的那句话——“看问题的方法不对”，更好地帮助学生从不同视角看待数学问题，培养学生的阅读能力与核心素养。

课外延伸活动

（1）已知多边形的外角和是360°，请从外角看问题探究多边形内角和的规律。

（2）中国古今有很多著名的数学家，他们的一生有很多有趣的数学故事，课后同学们可以搜集相关资料，继续跟随名家的足迹，探究数学世界的奥秘。

阅读教学反思

本节阅读课围绕阅读育人的三个目标展开设计。本节课通过阅读导入、阅读探究、阅读实践、阅读拓展和课外延伸这五大环节，借助数学名家陈省身教授的故事，让学生提出各种发散问题。在实践探索的过程中，教师先顺应学生思路，关注“内角和”的相关规律，接着再引导学生“由内向外”继续思考，转换视角拓展出多边形的外角和规律。学生通过回顾反思、阅读拓展和课外延伸等数学活动，加深了对“求变”“一般化”等数学思想的理解。教学效果达到了阅读育人的三个目标。

数学阅读除了关注知识本身的掌握，还要培养学生的数学思维，以本节数学阅读课为例，若教学目标仅仅是帮助学生巩固三角形内角和的相关知识，那教师只需布置相关习题，指导学生反复练习即可，这对学生数学思维的提升并没有很大帮助。而本课的设计则是让学生通过阅读相关文字材料，引发认知冲突，自然而然地提出发散问题，在教师的引导下，一步一步拓宽思考问题的角度。学生通过大量的亲身实践，探索不同图形的内角和及外角和。在一次次交流分享、头脑风暴中，学生“原生态”的思考逐步提升为清晰、有条理的数学思考，基本归纳出相应的规律。

数学名著阅读课例

寻数本质　萌发数感

——《天空100层的房子》阅读教学设计

❀ **背景分析：**

1. 主题阅读内容解析

有效的教学活动应以学生的已有认知水平和生活经验为基础，由于教学对象是一年级的学生，年龄尚小，学习材料需要富有童趣，因此选择学生相对感兴趣的绘本教材，激发学生的学习兴趣，调动学习的积极性。关于100以内数的认识，学生是很有生活经验的，因此本课的教学设计更加注重发挥学生的主体作用，在合作探究中引导学生通过阅读文字、观察图画、动手实践建立关联，充分发展学生的想象力、语言表达能力和空间思维，丰富对数概念的理解，萌发数感。

《天空100层的房子》的作者是岩井俊雄。本书讲的是一只叫阿吉的小鸟到一座天空100层的房子去寻找食物的故事。在这100层中，会观察到一些不同的天气与风景。

2. 学生阅读能力分析

数字是我们在生活中每天都会接触的，学生对此非常熟悉，甚至有很多学生已经能数出100以内的数，在学习这方面知识的时候感觉轻松，可能会出现上课走神的情况。但学生对数的概念还是比较模糊的，仅仅停留在会认、会数的层面。这一课教学就是要帮助学生建立100以内数的概念，为后续“数的认识”的学习奠定基础。通过阅读《天空100层的房子》帮助学生理解整十数的含义，从而更好地理解数的本质，会用数来表达和交流，培养学生的学习能力。

❀ **阅读育人目标：**

1. 阅读情感培养目标

通过对故事的深入阅读，进一步激发学生学习数学的兴趣，逐步形成良好的数学学习习惯。

2. 阅读能力达成目标

学生在已有知识基础上，学会数100以内的数，知道计数单位一、十、百，建立 100 以内数的概念,能够运用数进行表达和交流,初步感受十进制。

3. 阅读育人行为目标

通过对故事的深入阅读,由直观到抽象,读、写两位数,感受数学和生活的联系。

✼ **阅读准备:**

1. 教师准备

准备相关书籍,根据教学内容摘选相关段落。

2. 学生准备

学生预习 100 以内数的相关读法、写法及数的意义。

阅读教学过程

阅读导入环节:创设情境,初步感受十进制

活动 1:初步感受 100

今天老师给大家带来一些小珠子,我们一起数出 100 颗,好吗?

老师带领学生先数出 50 颗,然后估计一下,盘子里大约有几颗? 你是怎么估的? 并说明理由。

现在你能记住 100 颗珠子大约有多少了吗? 你觉得 100 这个数大不大?

活动 2:体会整十数的含义

(1) 通过数珠子,我们知道 100 颗珠子有这么多,你们知道 100 层楼有多高吗? 今天,我们就跟随一只大山雀共同来体会 100 层楼房子高度,好吗?

(2) 出示绘本《天空 100 层的房子》:请你边读边画,看看从 1 层到 20 层分别都住着谁? 用手比划比划,20 层有多高。

(3) 如果我们用小棒和计数器来表示,应该怎样写,怎样读呢?

小结:看来这个房子每十层就会住着一种天气状况。

(4) 老师手上有 5 捆小棒,你知道这个数是多少吗? 请你写一写、读一读,并在计数器上拨一拨。请你根据 20 层的高度,比划一下,50 层楼有多高。

现在请你和同桌说一说像这样的整数该怎样读。

小结:一个整十数,十位上是几就读几十,表示几个十。

【阅读育人设计意图】通过阅读绘本,丰富学生对计数单位“十”的实际含义的理解和感受。在探究过程中学生体会用不同的方式表示数,直观感受数位、数的含义、读数和写数的方法,培养学生的阅读能力。

阅读探究环节：阅读绘本，体验非整十数

活动1：体验非整十数

（1）第21层至第29层里住谁，它们在干吗？

（2）第60层至第69层里出现了什么状况？

（3）合作学习“67”的读法与写法：

学生两个人一组，小组合作：

两个人合作摆一摆小棒、拨一拨计数器、写一写、读一读。

（4）合作学习“88”的读写。

用小棒和计数器将“88”表示出来，并写一写、读一读。

思考：两个“8”的意思一样吗？

小结：这两个“8”表示的含义不一样，因为它们在不同的数位上。十位上的“8”表示8个十，个位上的“8”表示8个一。

（5）现在你能说一说像这样的非整十数应该怎样写、怎样读吗？

【阅读育人设计意图】基于整十数的探究基础，学生在探究非整十数时会有一定的经验，通过让学生两个人合作来学习67与88的读法与写法，初步建立学生的数感，建构起知识之间的关联。

阅读实践环节：基于经验，探究整百数

活动1：探究100的奥秘

（1）阿吉飞到了100层，它看到了什么？100这个数怎么写？

你是怎么数出100这个数的？我们一起来数一数：10个十是一百。

根据以前我们学习过的个位满十要向十位进一的道理，十位满十，应该向哪一位进一呢？这个数位你知道叫什么位吗？

（2）那你们也能用小棒表示出“1个百”吗？怎么表示？

（3）100层楼有多高？给你什么感觉？

【阅读育人设计意图】通过计数器的直观的操作与演示，学生进一步理解十进制计数法，体会满十进一，掌握100的读、写法与各数位上数字的含义。

阅读拓展环节：发展数感

活动1：猜一猜

出示课件：左边三排小棒，其中两排10根，另一排7根，共27根。右边乱放的小棒27根。

猜一猜:左边多还是右边多?

(反馈:如果我们用绳子把10根小棒扎在一起就更清楚了。课件演示。)

小结:27里面有2个十和7个一。

出示课件:27根由散乱变为整齐,清晰地看出2个十和9个一。

活动2:比一比

老师有一些橡皮,请你猜猜这里有几块橡皮呢?

你是怎么数的?

25块,5块5块地数;先数出了2个十,再一个一个地数出了5。

老师这儿还有一些小棒,请你看看,有什么想说的?

再继续数,点击出现一根一根小棒,一直到十,再十个十个地数。

100是怎么来的?板书:10个十是100。

【阅读育人设计意图】本活动通过不同策略数出小棒的根数,学生能体会到数位的重要性。小棒图非常形象地展示了10个一就可以用1个十来表示,加深了学生对计数单位"一"和"十"的理解。活动2让学生通过观察、比较等方法进行估数,从多种角度去学习数,在这样的过程中潜移默化地培养学生的数感。

课外延伸活动

利用计数器、小棒等自主探究整百数。

阅读教学反思

本节阅读课围绕百以内数的读法与写法进行教学,在绘本中激发学生的学习兴趣,知道数的组成,知道计数单位一、十、百,初步了解十进制计数法,建立初步的数感。在教学中主要抓住以下两点。

1. 抓住细节认真观察,培养数感

此绘本中的图画具有大量丰富的细节,它们都与所表达的故事相联系,有助于学生理解故事内容。因此,在教学过程中,多次设计让学生通过观察和想象,认识故事中的角色、了解阿吉所在的位置,帮助学生从具体的事物中,认识100以内的数,给每个数赋予丰富的内涵,让课堂不再枯燥,更有活力,更好地培养学生的数感。

2. 合作交流,培养学生表达和推理能力

在本节课中,学生是学习的主体,教师给学生创设了宽松和谐的氛围,让他们进行充分的讨论交流,他们边读绘本,边理解数的实际含义,让数学的学习不仅仅局限于教材，并学会用数学的语言进行表达和交流，学生的表达能力得以提升，推理能力也得以锻炼，为接下来数的学习打下坚实的基础。

数学名家阅读课例

点亮数学阅读　感悟名家思想

——数学名家阅读教学设计

❀ **背景分析：**

1. 主题阅读内容解析

本节课所涉及的主题人物是富有代表性的中外两位数学名家，一位是中国的华罗庚，另一位是德国的高斯。

这两位数学家都出身贫寒，但他们克服种种困难，穷尽一生都在钻研数学，如此刻苦钻研的学习态度值得我们学习。

2. 学生阅读能力分析

小学高年级的学生有一定的识字基础和阅读能力，能提炼出阅读材料的主要内容和关键信息，体会阅读内容传递的思想感情。本课旨在培养学生去了解数学家的人生历程，学习数学家在求学过程中展现的优秀品质，用数学的眼光观察现实世界。

❀ **阅读育人目标：**

1. 阅读情感培养目标

（1）学生主动了解数学家的故事，感受数学家学习、探索和创造数学的过程，建立学好数学的自信心，养成认真勤奋、独立思考、反思质疑等学习习惯。

（2）学生体会数学学科的特色，感受数学家治学的严谨，形成坚持真理、严谨求实的科学态度。

（3）学生通过对中外数学家的对比学习，增强民族自豪感、文化自信和家国情怀。

2. 阅读能力达成目标

（1）学生阅读并理解语言文字符号的内容，能评价阅读材料。

（2）学生培养口头陈述和书面表达数学家生平事迹和代表思想的能力。

3. 阅读育人行为目标

学生能用数学的眼光观察现实世界、用数学的思维思考并用数学的语言表达现实世界。

❊ **阅读准备：**

1. 教师准备

数学名家的微视频和个人简介、阅读材料。

2. 学生准备

搜集数学名家故事。

阅读教学过程

阅读导入环节：观看名家视频，感受真实情境

活动1：谈话导入

教师导入：同学们，听到“数学家”这三个字，你会想到什么？

这节课，我们就带着疑问共同走进数学名家华罗庚和高斯的故事。

活动2：创设情境

出示本节课阅读任务，学生带着阅读任务有针对性地认真观看视频，了解视频中呈现的数学家个人信息、所处时代背景、人物故事、个人成就和世人对他的评价。

出示阅读资料卡：

华罗庚(1910—1985)，“中国现代数学之父”，被列为芝加哥科学技术博物馆中当今世界88位数学伟人之一，是中国解析数论、矩阵几何学、典型群、自安函数论等多方面研究的创始人和开拓者，“中国解析数论学派”创始人。他为中国数学的发展作出了无与伦比的贡献。

高斯(1777—1855)，德国著名数学家。8岁的小高斯在德国农村的一所小学里念一年级。一天，数学老师出了一道算术题。他说：“你们算一算，1加2加3，一直加到100等于多少？谁算不出来，就不准回家吃饭。”不到一分钟，小高斯站了起来，手里举着小石板，说：“老师，我算出来了……”

【阅读育人设计意图】首先让孩子们谈谈对数学家的初印象，提出问题并带着疑问走进本节课的阅读内容，激发孩子的阅读兴趣。以微视频的形式导入，给孩子们创设身临其境的感觉，使两位数学家的形象跃然眼前，给人以深刻的印象。

阅读探究环节：分析人物形象，领略名家风采

活动1：分小组交流

学生按课前分好的小组展开交流，阐述自己的阅读方法，完成阅读任务的情况，观看阅读材料后的感想，也可对阅读材料中数学家研究的问题进行验证推理。同小组成员各抒己见，弥补信息差，并进行相关记录。

交流华罗庚少年时认真学习的故事。教师小结："家境贫寒""辍学"反映出华罗庚年幼时的学习环境和学习条件并不好，但他并没有因此放弃，怀揣着对数学的无限敬仰和一颗想要探索数学奥秘的赤诚之心，不顾家人的劝阻和父亲的责骂，在逆境中忘我地学习，甚至被人起了绰号"罗呆子"，而这一切恰恰反映出幼年时的华罗庚对于数学的热爱和执着，这也为他日后矢志不渝、献身数学埋下了伏笔。

交流高斯小时候克服各种困难读书的故事。教师小结：高斯把棉花卷做成灯芯，再把油蜡化开当作油浇在灯芯上，做成了一盏小油灯，此刻我们的脑海中便能浮现出高斯小小的身躯依偎在灯光下夜读的身影。都说"兴趣是最好的老师"，小小的高斯怀揣着对数学的热爱，自由自在地遨游在数学的海洋里，这也为他日后成为一名伟大的数学家埋下了一颗小小的种子。

活动2：比较数学家的特质

通过对中外两位数学家的生平事迹和个人成就等方面的交流探讨，对比分析两位数学家的人生历程有何异同，在探究数学的道路上存在哪些共性特征，有何优秀品质值得我们学习。

教师小结：对比华罗庚的年幼辍学和高斯的挑灯夜读，可以看到两位数学家小时候都是在艰苦的环境中成长，但他们乐于思考，不畏平凡，不惧艰苦，日复一日地坚守，成了数学界的著名学者，戴上了数学的皇冠。作为后来者，在如今学习条件大大提升的环境中，更应学习前人求真务实、刻苦钻研、孜孜不倦的学习态度，怀着对学习的热爱，在适合自己的领域闪闪发光。

【阅读育人设计意图】分小组交流的形式让学生们有自由交流的平台，共享阅读方法和阅读感想，通过对人物的剖析，这两位数学家的人物形象更加立体。高斯"求和"的故事引申出的数学求和公式也可以让学生们尝试推导公式，加以验证。对比中外两位数学家，我们会发现他们都出身贫寒，学习条件远不如如今的我们，但对于数学的钻研都穷尽一生、孜孜不倦，他们勤奋刻苦的学习态度值得每一个人学习。

阅读实践环节：完善人物形象，分享心得体会

活动1:绘制思维导图

通过对数学家信息的分类、归纳、整理,以小组为单位绘制思维导图,搭建知识框架,完善逻辑结构。组间分享交流并完善思维导图。

活动2:分享阅读心得

学生自由发言,可从对数学家的固有印象的改变、所处的时代背景、学习环境、学习条件和个人付出的努力等方面来谈。

教师小结:在华罗庚先生身上,我们还能看到他满腔的报国之志与强国之心,彼时的华罗庚早已功成名就,但他不顾美国政府的竭力阻挠,不惜谢绝各国数学大师的挽留,毅然决然地放弃在美国优渥的生活条件和科研条件,带着家人为新中国贡献自己的力量。正是有了像华罗庚先生这样励精图治的学者前赴后继地报效祖国,才有了今天我国数学界的繁荣富强。生逢盛世,我们后辈更应如此,不管身在何方,都要学会感恩祖国对我们的栽培。

【阅读育人设计意图】绘制思维导图有助于形成思维的连贯性,分条梳理使数学学习的逻辑性增强,为后续撰写读书报告铺垫。全班交流阅读心得,各抒己见,展现了数学学习的自由与包容。本课初始环节“带着疑问去学习”在这里也得到了首尾呼应的效果。

阅读拓展环节：交流名家故事，撰写阅读报告

活动1:分享数学家故事

学生分享课前自己搜集的中外数学名家故事和趣事,并在班上交流。也可对本堂课上重点展开阅读的华罗庚、高斯两位数学家的故事进行补充。

教师小结:面对老师的质疑,年幼的高斯并没有畏惧,有理有据地向老师陈述自己的解题思路,令老师刮目相看。这启示我们在面对质疑时,要坚持真理,敢于挑战权威,勇于创造。真理是能经得起实践与时间的考验的,在探索数学奥秘的路上,每个人都要敢于表达自己的见解,不因循守旧,敢于挑战,培养创造性的数学思维。

活动2:撰写阅读报告

分发纸质阅读材料,学生结合本堂课学习的多位数学家的生平事迹和探索数学的历程,任选一位数学家进行阅读报告的撰写。

【阅读育人设计意图】学生带着课前准备好的阅读材料互动分享,增加了数学阅读的丰富度,也为阅读报告的撰写提供了素材。阅读是一种获取信息和知

识的方式，它能够激发学生的想象力，撰写阅读报告是一种更深入思考和整合自己对于阅读内容的理解的方式，提升了思维能力与表达能力。

课外延伸活动

1. 名人名言

搜集数学家的名人名言，激励自主学习。

(1) 万物皆数。——毕达哥拉斯

(2) 数学是上帝用来书写宇宙的文字。——伽利略

(3) 新的数学方法和观念，常常比解决数学问题本身更重要。——华罗庚

2. 趣味数学题

挑战数学家小时候解决的难题，掌握算理并学会运用。

出示难题。

欧拉智改羊圈的故事：小欧拉的爸爸决定建造一个新的羊圈。他用尺量出了一块长 40 米、宽 15 米的长方形土地，面积正好是 600 平方米。可是，他发现材料只够围 100 米的篱笆。若要围成长 40 米、宽 15 米的羊圈，其周长将是15 + 15 + 40 + 40 = 110 米，父亲感到很为难。小欧拉却向父亲说，不用缩小羊圈，他有办法。他以一个木桩为中心，将原来的 40 米边长截短，缩短到 25 米。将原来 15 米的边长增加了 10 米，变成了 25 米。经这样一改，羊圈变成了一个边长为 25 米的正方形，100 米长的篱笆够了，面积也足够了，而且还稍稍大了一些。

引导理解。

这是一则探究长方形周长与面积变化关系的趣味故事，其中暗含的数学原理是：长方形周长相等时，长和宽越接近，面积就越大；长和宽相等时，变为正方形，此时面积最大。

【阅读育人设计意图】搜集数学家的名人名言和趣味数学题，拓展了数学阅读的渠道，丰富了对人物的认知，为文本的撰写积累了素材，提升了人文素养。挑战趣味数学题，增加学习的积极性和乐趣，获得智力上的训练和解题成功的自豪感。

阅读教学反思

本节阅读课围绕数学名家阅读这一主题展开，选取了以华罗庚和高斯为代表的中外数学名家为主题人物进行探究式阅读。教学过程中，学生带着疑问、任务去阅读和观看微视频，体会阅读材料的价值所在。探究过程中分小组交流

阅读方法和阅读感想,培养阅读技巧,感受数学家求学的勤奋刻苦、治学的严谨细致。两位中外数学家的故事对比,激发学生的民族自豪感,培养学好数学、报效祖国的爱国主义情怀。阅读实践和拓展环节,通过绘制思维导图和撰写读书报告的方式,进一步提升阅读思维与阅读技能,学会用数学的语言表达现实世界。课外延伸环节,通过搜集名人名言和挑战趣味数学题,培养学生用数学的眼光观察现实世界,用数学的思维思考现实世界的能力。

三、英语之趣的泛在阅读课堂

英语之趣的泛在阅读课堂旨在激发学生英语学习兴趣,培养英语阅读能力。阅读是学生获取英语信息,进行英语实践的重要活动,也是学生掌握英语知识、品味英语之趣的重要途径。苏苑实小英语教师在充分分析学生已有英语知识水平的基础上,根据教学要求,选择趣味性强、信息量大、难度适中的阅读材料,有计划地安排英语名著阅读教学和英语文化阅读教学,从而发挥学生主体性,激活学生阅读兴趣,提高学生阅读动力,减轻学生阅读焦虑,培养学生在真实语境中阅读英语材料,提高理解能力,品味英语学习之趣。

英语名著阅读教学课例

指向深度学习　品阅读之趣

——*Cinderella* 名著阅读教学设计

背景分析:

1. 主题阅读内容解析

灰姑娘(Cinderella)是《格林童话》中的角色。故事讲述了灰姑娘的母亲去世后,继母和姐姐们经常虐待她。善良的灰姑娘在仙女的帮助下,成功参加了王子的舞会。舞会散场后她遗落了一只水晶鞋,王子通过水晶鞋最终找到心爱的人——灰姑娘。该故事长度适中,总体易懂。

2. 学生阅读能力分析

五年级学生已具备一定的词汇量,但是运用联想、对比和观察进行深度阅读的思维能力较为欠缺。在阅读教学中,教师要重视学生思辨能力的培养。可通过设计情景化任务,以活动为导向,引导学生通过观察、预测、思考和想象等思维活动在解决问题的过程中不断内化并输出重要的语言表达。

❀ **阅读育人目标：**

1. 阅读情感培养目标

学生能够体会阅读故事的乐趣，提升阅读兴趣。

2. 阅读能力达成目标

学生能够在整体理解故事的基础上听懂、会说、会读关键词汇：prince、fairy、why、because、clothes、let、put on、before 等。

3. 阅读育人行为目标

学生能够通过学习 *Cinderella* 感悟真善美的真谛，同时体会阅读的乐趣。

❀ **阅读准备：**

1. 教师准备

设计自主学习导学单，引导学生对教学内容进行提前预习。

2. 学生准备

预习本课生词。

阅读教学过程

阅读导入环节：激活学生旧知，激发学生兴趣

活动 1：Lead-in

(1) Greetings.

(2) Free talk.

Get to know me. (Show a video)

① I am very strong and tall, because I eat a lot.

② I like singing and dancing, because I love music.

③ I like reading fairy tales, because they are funny.

Q1: Why do I like singing and dancing?

Q2: Why do I like reading fairy tales?

Q3: Do you like fairy tales too?

S: Yes.

T: Today I bring you a famous fairy tale named *Cinderella*. Can you read it?

【阅读育人设计意图】通过日常对话，介绍自己的爱好，从而进行 why 和 because 的渗透教学，进而引出故事主题。

阅读探究环节：整体感知文章，梳理整合信息

活动 1：Read and learn

Look, read and learn.（Present the title.）

Today we'll read a story.

See, the handsome man is a prince.

The pretty girl is Cinderella.（Present the title.）

Teach："Cinderella".

活动 2：Watch and order

Ask Ss to read by themselves.

Find new words and phrases.

活动 3：Read and answer

① Where's the party?

② Who helps Cinderella?

③ When does Cinderella have to come back?

Read again.

Q1：Where's the party?

There is a party at the prince's house, but Cinderella cannot go.

Q2：What do you think of the sisters?

Teach："before".

【阅读育人设计意图】通过阅读活动介绍故事的背景和主要人物的特征，学生可以更完整地了解故事，同时设置问题链及情境任务，激发他们探索故事的兴趣。

阅读实践环节：实践反思，整合知识

活动 1：Consolidation

（1）Listen and read.

（2）Listen and repeat.

（3）Read by yourself.

（4）Read together.

（5）Ask and answer.

T：Good job! Do you remember the whole story now? Please try to retell according to the pictures.

活动 2：Let's imagine

Talk about the writer.

【阅读育人设计意图】通过对故事情节问题的问答帮助学生进行复习和回忆。通过谈论作者来激发学生的想象力，锻炼学生语言能力。

阅读拓展环节：阅读产出，深层探究

活动 1：Try to act

（1）让学生任选一个场景表演故事。

（2）学生发挥想象设计一个故事的结局。

【阅读育人设计意图】发挥想象，畅想结尾，进一步激发学生思维与语言能力。

课外延伸活动

（1）Read the story three times.

（2）Copy the new words and phrases.

（3）Review the story and act it out with your friends.

【阅读育人设计意图】通过延伸拓展作业，在阅读过程中提升学生阅读能力，提高学生阅读兴趣。

阅读教学反思

本节阅读课鼓励学生在阅读作品的过程中，充分运用分析、综合和概括等逻辑思维能力探究文本；鼓励学生站在作者的角度去进行故事情节的探究，了解人物情感变化；通过情景化任务的设置，引导学生深入探究文本，在问题链的引导下，鼓励学生发表自己的想法，培养学生的表达能力。

绘本阅读教学课例

提升思维品质　品阅读之趣

——*The Village Show* 绘本阅读教学设计

背景分析：

1. 主题阅读内容解析

故事讲述了主人公农夫汤姆（Tom）在菜园里种植了西红柿、胡萝卜、卷心菜和绿豆等农作物，想要参加当地的乡村比赛。他的邻居扎拉（Zara）养了山羊，总是吃掉汤姆种的蔬菜，扎拉想了很多办法，但最后汤姆种的菜还是被吃光了。汤姆很失望，而扎拉能够积极主动地面对和解决问题，让汤姆带着被他的蔬菜养得又肥又壮的山羊获得了比赛的第一名。

2. 学生阅读能力分析

三年级学生的词汇量有限，但他们乐于、敢于表达自己的想法，有着较强的思辨能力。在绘本教学中教师要重视思维的培养，在给予学生引导和示范的前提下，启发学生通过观察图片来预测情节发展并且思考人物性格特点，提升学生的英语语言表达能力。

❀ 阅读育人目标：

1. 阅读情感培养目标

通过沉浸式阅读体验绘本人物的性格，感知文本背后传达的遇事冷静、乐于助人的育人价值。

2. 阅读能力达成目标

通过观察封面、猜测主题、观察图片、预测故事发展来引导学生自主阅读绘本内容，配合说、唱的形式引领学生掌握核心词汇：cow、goat、horse、chicken、bean、tomato、carrot。

3. 阅读育人行为目标

通过语言的针对性训练及拓展应用，学生逐步掌握目标语言，提升阅读素养。

❀ 阅读准备：

1. 教师准备

课件、导学单。

2. 学生准备

预习本课生词。

阅读教学过程

阅读导入环节：创设情境，愉快入课

活动1：Enjoy a song

播放关于动物叫声歌曲的视频。

T：These animals are very lovely and cute. Do you like animals?

S：Sure!

T：Great! These animals are in a village show. What is it?

Let's watch the video and answer my question.

Q：The themes of the show are …

S：The village show is about animals and plants.

T：It is our picture book today!

【阅读育人设计意图】在上课之前播放有关于动物叫声的视频，既调动了学生的积极性又贴合主题，为学生的学习做好铺垫。接着通过一段介绍乡村比赛的短视频引入绘本的主题，衔接自然。

阅读探究环节：开放任务，构建情境网

活动 1：Cover reading

T：This is the cover. What can you see from the book cover?

Ss：I can see …

Talk in two.（学生两个人一组操练句型。）

（I can see the title/carrots/farm/garden …）

活动 2：Read and answer

T：There is a garden and a farm in the village.

Whose garden is it? Whose farm is it? Let's watch and answer.

活动 3：Chant

T：What's in Tom's garden?

S：Cabbages, carrots, beans, tomatoes.

T：How is Tom?

S：Tom is great/clever/nice/cool …

活动 4：Sing a song

T：What's on Zara's farm?

Different animals have different sound. Let's sing a song.

【阅读育人设计意图】在教授新单词的时候运用了自然拼读以及说唱的形式，丰富了单词教学的形式，寓教于乐，使学生在说唱的同时掌握单词的发音规律。

活动 5：Read and finish

T：Does Tom win the show?

Read and finish the table.

T：Look at the goats. Why do they win?

活动 6：Read and imagine

T：Look，the door is open. What will the goats do?

S：The goats jump into Tom's Garden.

T：What will the goats say?

What will Tom do?

S：…

T：What will Zara do? Maybe she is very sorry.

S：…

【阅读育人设计意图】通过让学生阅读图片，沉浸式感受故事的发展，预测故事的走向。同时教师提出有梯度的问题，发挥绘本教学图文并茂的优势，引导学生自主学习绘本内容。

阅读实践环节：阅读产出，深层探究

活动 1：Role-play

互动合作，共同演绎。

活动 2：Think and dub

T：Do you like Zara? What do you think of Zara?

What can Tom do?

【阅读育人设计意图】通过角色扮演，学生身临其境感受文本主人公的心情。此外，"扎拉为了阻止山羊吃蔬菜做了很多的努力，那汤姆可以做什么呢？"通过提出此问题培养学生的发散性思维。

阅读拓展环节：实践反思整合知识

活动 1：Watch and read

T：Let's watch and read after the video.

活动 2：Retell the story

T：Please try to retell the story.

【阅读育人设计意图】培养学生良好的发音对于三年级的学生来说至关重要，因此教师设计了跟读环节，跟着视频朗读绘本，再一次体会绘本故事的发展。接着，根据黑板上的思维导图尝试着复述绘本内容，锻炼学生的逻辑思维能力。

课外延伸活动

(1) Retell the story.

(2) Read two more picture books.

【阅读育人设计意图】通过延伸拓展作业，学生可以在阅读过程中提升阅读能力，延伸学生阅读兴趣。

阅读教学反思

本节阅读课让学生在情感体验中探究文本的主线发展，采用沉浸式阅读、自然拼读、说唱结合等方法加强学生对文本的理解，鼓励学生主动学习、整合知识，提升高阶思维和复杂问题解决能力。让学生在探究、合作和交流等活动中，实现知识的活用和迁移。

英语文化阅读教学课例

聚焦文化意识　品阅读之趣

——“Chinese festivals”(英语文化)阅读教学设计

❀ **背景分析：**

1. 主题阅读内容解析

本课介绍了中国四个传统节日：春节、中秋节、端午节和重阳节，主要内容包括了解节日的时间和一些风俗习惯等。

2. 学生阅读能力分析

该内容来自译林出版社五年级的英语教材，该年段的学生已掌握了部分词汇与语法，他们求新求异、渴望新知的愿望比较强烈。教师设计丰富多彩的课堂活动，激发他们学习英语的兴趣，有助于这一年段的学生养成良好的学习态度，掌握有效的阅读方法和阅读策略。

❀ **阅读育人目标：**

1. 阅读情感培养目标

通过对我国传统节日的学习，了解传统文化，培养学生的民族文化自信。

2. 阅读能力达成目标

学生能够听懂、会说、会读单词：Spring Festival、Mid-Autumn Festival、Dragon

Boat Festival、Double Ninth Festival（Chongyang Festival）、rice cake、jiaozi、moon cake、rice dumpling。

3. 阅读育人行为目标

学生能够了解中国传统节日英文单词的组成与传统文化之间的渊源，积极传承中华优秀文化。

❊ **阅读准备：**

1. 教师准备

设计自主学习导学单，引导学生对教学内容进行提前预习。

2. 学生准备

预习导学单。

阅读教学过程

阅读导入环节：激活学生旧知，激发学生兴趣

活动 1：Warm-up

（1）Greetings.

（2）Watch a short vedio.（It is about Stories of China, retold in English.）

（3）Introduce an activity.

There is an activity about Chinese stories in our school. And the topic of Grade 5 is "Stories of Chinese festivals".

（4）Let's learn.

Teach：Festival, Chinese festival.

【阅读育人设计意图】观看中国传统故事，在学生喜闻乐见的活动中激发学习兴趣。通过本校阅读月活动的主题导入本课的标题"Chinese festival"，过渡自然，大大激发了学生求知欲。

阅读探究环节：整体感知文章，梳理整合信息

活动 1：Scan the story

What Chinese festivals are there in the story?

Spring Festival, Dragon Boat Festival, Mid-Autumn Festival, Double Ninth Festival（Chongyang Festival）.

活动 2：Read and answer（Talk about the Spring Festival）

（1）Read Paragraph 1 and answer the questions.

When is the Spring Festival?

T：January or February.

What do people do at this festival?

T：Get together.

What do people eat?

T：Jiaozi. People also call them dumplings.

What else do you eat at Spring Festival?

(2) Watch and know.

Know more about Spring Festival.

Let's watch a video about "Nian".

活动3：Ask and answer(Talk about the Dragon Boat Festival)

(1) Ask and answer.

What do you want to know about this festival? (PPT出示 When? What?)

Read Paragraph 2 and find the answers.

(2) Read the story about Quyuan.

活动4:Listen and find(Talk about the Mid-Autumn Festival)

(1) Listen and answer.

Now we know a lot about the Spring Festival and the Dragon Boat Festival. What about the Mid-Autumn Festival? When is it? What do people do? What do people eat? Let's listen and do the exercises.

(2) Learn a poem.

The moon was rising from the sea and all the people were sharing this moment. (海上生明月，天涯共此时。)

3. What stories do you know about the Mid-Autumn festival?

活动5:Read and report(Talk about the Double Ninth Festival)

(1) Get the information by students.

Please read and underline the key words.

(2) Present a report.

【阅读育人设计意图】首先让学生通过快速浏览整体感知文章的主要内容，然后再通过精读来获取知识，在精读过程中引导学生通过多种方式，如：品读、质疑、细读等获取问题的信息，培养学生阅读理解能力和口头表述能力。

阅读实践环节：实践反思，整合知识

活动 1：Read and complete

（1）The Mid-Autumn Festival is in September or October. (　　)

（2）People look at the moon at night with their friends at Mid-Autumn Festival. (　　)

（3）They eat cakes and fruit at Mid-Autumn Festival. (　　)

活动 2：Read and choice

（1）The Double Ninth Festival is in ________ .

A. September or October

B. October or November

C. November or December

（2）People climb mountains and eat ________ at the Double Ninth Festival.

A. rice cakes　　B. rice dumplings　　C. dumplings

（3）People visit ________ at the Double Ninth Festival.

A. friends　　B. sisters and brothers　　C. old people

【阅读育人设计意图】以小组合作形式完成任务，提高学生解决问题的能力。

阅读拓展环节：阅读产出，深层探究

活动 1：Reading time

Retell the story.

活动 2：Think and say

We know there are so many festivals. Which one do you like best? And tell us why.

【阅读育人设计意图】让学生通过尝试复述来复习巩固课文内容，介绍自己最喜爱的中国传统节日，并引导学生进一步探究为什么喜爱这个节日，激发学生传承中华优秀文化的热情。

课外延伸活动

活动：Stories of China，retell in English

In our school，the stories of China are retold in English. Everyone is making great efforts. Would you like to be the best teller? Please choose one and tell it.

【阅读育人设计意图】课后拓展延伸作业进一步锻炼了学生的表达能力，有助于学生英语阅读能力的提升。

阅读教学反思

本节阅读课的内容是贴近学生生活的中国传统节日，内容丰富且条理清晰。这节课从观看小短片入手，在活跃课堂氛围、激发学生兴趣的同时，巧妙地导入本课。在处理文本信息时，先通过 Scan the story 这一环节让学生对文本进行整体感知，然后通过 Read and answer、Ask and answer、Listen and find、Read and report 等多种形式引导学生精读文本，由易到难、由浅入深、循序渐进地教授文本内容。另外，值得一提的是本节阅读课在基于阅读文本的基础上，拓展了较多关于节日的传统文化故事，扩大了学生的阅读量。课后举办“用英语讲好中国故事”的故事大会活动，提高了学生口头表达能力，同时激励学生继承传统精神，增强民族文化自信。

四、综合延展的泛在阅读课堂

综合延展的泛在阅读育人课堂是指以全学科阅读教学为抓手，通过跨学科阅读、多学科阅读来引导学生掌握学科基本知识和基本技能，并在学科学习过程中培养学生的学科阅读能力的课堂模式。学科学习中学生既需要通过教师讲授和自身探究实践来获得知识，又需要通过阅读获得信息、分析信息，掌握知识。全学科阅读打破了学科壁垒，有效突破了以往阅读局限在语文学科的束缚，延伸了阅读的边界，拓宽了阅读的广度，加深了阅读的深度。苏苑实小基于新时代教学改革要求和科学育人理念，从学生核心素养培养的角度探索综合延展的泛在阅读课堂，将各学科符号信息都纳入阅读视野，在加强文学阅读的基础上，进一步拓展道德与法治、科学、体育、艺术和综合研究等学科阅读，全面提高学生的阅读素养和阅读能力，激发学生学科学习的好奇心和求知欲，让学生理解学科知识，发展学科思维，拓宽学科视野，培养跨学科人才。

道德与法治类阅读课堂案例

畅读绘本小故事　浸润文明公德心

——《大家的"朋友"》教学设计

❀ **背景分析：**

1. 主题阅读内容解析

本单元围绕"公共生活"这一生活主题，设计了《大家的"朋友"》《生活离不开规则》《爱心的传递者》三节课内容。本课由"认识我们的朋友""善待我们的朋友"两部分内容组成。本课时重点学习第一个部分。教材通过小叮当这一卡通形象带领学生认识身边的公共设施，了解他们的不同作用。其中，《小叮当旅行记》的绘本故事让学生进一步体会公共设施对国家发展、社会服务、人们生活的重要作用。教材还注意引导学生对公共设施的完善、发展和创新展开想象。

2. 学生阅读能力分析

三年级学生纯真善良，有朴素的爱护公共设施的意识。学生在生活中已经接触和使用到一些公共设施，但是对公共设施包括的范围以及带给人们生活的便利、为什么要爱护公共设施并没有系统的、深入的思考。学生已有的阅读水平还处于比较初级的阶段，对大量的阅读材料有时无从下手，阅读分析和概括的能力有待提高。因此，教师在教学活动中丰富阅读形式，渗透阅读方法，关注课堂生成，及时调整，正确引导学生阅读。

❀ **阅读育人目标：**

1. 阅读情感培养目标

通过课前调查、数据统计、分类归纳等阅读方法，引导学生了解和认识生活中多种多样的公共设施，懂得我们的生活离不开公共设施的帮助，从而自觉爱护公共设施。

2. 阅读能力达成目标

通过小组讨论、绘本阅读、故事续编等阅读方法，引导学生进一步了解公共设施的作用，体会它们给我们的生活带来的便利，学会使用和爱护公共设施的方法。

3. 阅读育人行为目标

通过阅读，引导学生感受公共设施与我们的生活息息相关，体会社会的进步与党和国家对人民的关怀，在形成爱护公共设施人人有责的意识的基础上，进一步激发学生的爱国情怀和民族自豪感。

❀ **阅读准备：**

1. 教师准备

设计学习单；收集有特殊作用的公共设施的相关资料；整理公共设施的相关法律法规知识；制作 PPT。

2. 学生准备

分小组进行课前调查，画一画，写一写身边的公共设施及使用现状。

阅读教学过程

阅读导入环节：我们的朋友

（1）教师介绍本课特邀嘉宾，动画形象——小叮当。

（2）播放公园里两个垃圾桶的“对话”录音，了解他们的主要作用。

（3）听了他们的“对话”，你知道了什么？

教师小结：是呀，木椅和垃圾桶每天都在为我们默默服务，给大家的生活带来了方便，他们都是我们大家的朋友。

【阅读育人设计意图】本环节巧妙设计绘本阅读，以学生喜闻乐见的方式导入新课，帮助学生理解公共设施的概念和为大家服务的特性，为深入进行本课的学习奠定认识基础。

阅读探究环节：我们的朋友知多少

（1）这样的朋友在我们生活中还有很多，课前同学们以小组为单位去校园、马路、小区、地铁站、商场、公园等地方寻找我们的朋友，你们都找到了哪些朋友？一起来和同学分享吧。

（2）学生分小组交流课前调查资料。

教师小结：小朋友们认真调查，找到了那么多好朋友，我们的朋友可真多呀，说也说不完。

（3）出示知识窗，了解公共设施的含义。

教师小结：原来，公共设施是在公共场所方便大家使用的设施，让我们再来亲切地叫一叫他们的名字。

【阅读育人设计意图】学生的生活世界是课堂教学的第一手资料，通过课前小组搜索的游戏,调动学生认识和了解公共设施的兴趣,感知“公共设施为大家”的属性,引导学生初步认识生活中多种多样的公共设施,为下一步的活动奠定良好的基础。

阅读实践环节:我们的朋友本领大

(1) 公共设施都有哪些作用呢? 教师:课前,同学们都去了解了自己感兴趣的一种公共设施的作用,老师看到有的小朋友拍了照片,有的小朋友还画了画,我们先在小组内交流,轻声地说给好朋友听。

(2) 学生代表交流。

(3) 播放小叮当的旅行故事视频。

(4) 小朋友们,在没有公共设施的国度,小叮当遇到了什么麻烦?

(5) 他还会遇到哪些困难呢? 请你把故事接着往下说。

(6) 教师小结:小朋友的故事很精彩。看来,我们的生活真是离不开公共设施。

(7) 生活中还有一些特殊的公共设施,我们来听听小叮当的介绍。(播放录音)

(8) 出示无障碍卫生间,引导学生观察里面多了什么。

(9) 交流:像这样为残疾人服务的公共设施还有哪些? 它们都有什么作用呢?

教师小结:我们的社会在发展,公共设施也在不断完善,生活越来越方便了,这体现的是城市的文明进步。

(10) 播放其他重要公共设施视频,了解其重要作用。

(11) 小朋友,我们了解了那么多的公共设施,你想对公共设施说些什么呢?

教师小结:是啊,这些公共设施的本领可真大,他们为我们默默服务,我们要正确使用他们,也要爱护他们。

(12) 师生一起读儿歌。

【阅读育人设计意图】“全班展示”和“小组汇报展示”相结合,通过生活情境再现和绘本续编,引发学生思考,从学生收集的自己喜欢的公共设施照片、模型、图画入手,鼓励他们大胆展示,加强学生对“公共设施作用大”的认识,激发学生自觉爱护公共设施的情感。

阅读拓展环节：我为朋友来设计

(1) 教师：现在科学技术越来越发达，人们对现有的公共设施加以改进，提高了它们的性能，还研究出了各种新型的公共设施，这些“新朋友”的本领超级强大，在不同的领域为我们服务，跟着小叮当来了解一下吧。

(2) 出示学校的科技节通知。

(3) 分小组设计未来的公共设施。

(4) 学生交流。

教师小结：小朋友们的创意很有意思，课后，我们也学着小叮当的样子把它画下来，展示在班级的作品墙上，和同学们一起分享。

【阅读育人设计意图】本环节的设计活动结合生活实际，引导学生积极思考，主动创新，在“做一做”中进一步关照自身和社会需要，体会公共设施为大家默默服务的特性，懂得爱护公共设施的重要性。

课外延伸活动

(1) 小朋友们，我们的朋友公共设施现在的状况怎么样？课后请同学们继续以小组为单位进行调查，完成调查表。

(2) 怎样让我们的公共设施朋友更好地发挥它的作用，更好地服务大众？你有什么金点子，我们下节课再来交流。

【阅读育人设计意图】通过搭建问题讨论的平台，引导学生结合生活实际完成公共设施现状调查表，引导学生交流，懂得我们的生活离不开公共设施的帮助，形成“爱护公共设施人人有责”的意识，从而自觉爱护公共设施。

阅读教学反思

本课阅读课教师利用文本、图片、音频、视频等拓展资源，创设情景再现法、模拟表演法、直观感受法等，引导学生综合运用检索、理解、分析、归纳等阅读方法，让学生在自主学习中合作探究，了解公共设施的作用，体会公共设施给人们带来的便利，从而有助于形成“爱护公共设施人人有责”的意识，继而能够自觉爱护公共设施。课堂源于生活，最后把课堂学习引向生活践行，培养爱护公共设施的习惯，做一个文明守法的小学生。

科学类阅读课堂案例

追寻材料之谜 探索自然奥秘

——《材料的来源和去处》教学设计

❊ **背景分析：**

1. 主题阅读内容解析

本课是二年级上册科学课本中的科学阅读部分，是对前面学习的材料单元进行的总结和延伸，为学生们对材料的认识提供了新的视角。通过这节课，学生们将深入思考身边的材料从哪里来，可能到哪里去，旨在从微观角度启发学生，让他们能够更深入地观察材料。

2. 学生阅读能力分析

本课的学习主体是小学二年级的学生。在这个学习阶段，学生们已经初步了解了“材料”的概念。他们通过之前的课程，对餐具、书籍、椅子等常见物品进行了观察和认知，已经能够辨识我们日常环境中常见的材料，并且对材料的特性有了初步的了解。他们也能基本判断物品是由哪种材料制成的。本节课旨在进行阅读的拓展，为学生们提供一些阅读材料作为参考，引导他们通过阅读探索“材料的来源和去处”这一问题。

❊ **阅读育人目标：**

1. 阅读情感培养目标

感受科普阅读的魅力，形成正确的价值观。培养对科学的兴趣和好奇心，勇于探索，敢于质疑，增强对科学实践的积极情感。通过小组讨论、合作实验等方式，培养学生的团队合作意识和分享精神。

2. 阅读能力达成目标

通过科学阅读材料，理解其中表达的科学知识和概念，能够提取关键信息，推断和解释其中的科学原理和现象。理解和运用科学文章中的常用词汇和术语，扩展科学词汇量，更好地理解和表达科学概念。通过阅读，学会提出科学问题，并运用科学知识进行推理和解决实际问题。

3. 阅读育人行为目标

培养自主学习的习惯，成为主动探索科学知识的学习者。激发学生的探索精神，鼓励他们提出问题、质疑现象，并通过阅读和实验去寻找答案，培养他们积极主动地探求真理的态度。通过趣味性的内容和方式，学生可以体验到学习科学的乐趣，增强他们对科学的学习兴趣，从而促进持续学习。

❀ **阅读准备：**

1. 教师准备

精心挑选阅读材料，选择符合学生的身心特点和认知基础，寓思想性、知识性、科学性、人文性和趣味性于一体，学生能够产生兴趣和读得懂的资料。

2. 学生准备

复习回顾材料单元，对材料有一定的了解。

阅读教学过程

阅读导入环节：身边材料知多少

活动1：说一说身边的材料

（1）谈话：环顾四周，我们可以发现无数的物品，它们都是由各种各样的材料所构成。你能够列举一些实例吗？

（2）教师引导学生说一说周围物品是由哪些材料制成的，激发学生的表达欲望和好奇心。

（3）学生交流。

活动2：探寻材料之谜

（1）出示两组图片：你能观察到每组中的三张图片之间存在着怎样的联系吗？

（2）学生回答问题。书是通过木材加工而制成，而废弃的书则能够经过回收加工变成报纸；铁盒所用的铁来自铁矿石的提炼，不再需要的铁盒也可以转化为钢材。

（3）引出聚焦问题：除了纸张和金属铁，我们周围还存在着大量的其他材料。你思考过这些材料是从何而来？又将会去向何方呢？

活动3：阅读解密

（1）创设阅读情境：为了探寻材料之谜，了解材料的前世今生，今天我们班级要举行一场阅读比赛，得分最高的同学就是我们班级的“材料大王”。

（2）出示阅读任务。

【阅读育人设计意图】由身边的物品引入，激起学生对周围物品使用的材料产生探究兴趣。一组存在联系的图片引发学生思考身边的材料是由其他材料制成的，为后面学习做铺垫。

阅读探究环节：思维导图来帮忙

活动1：明确阅读任务，交流阅读方法

(1) 以目标问题为导向，引导学生说一说本节课的阅读任务。

(2) 以阅读任务为驱动，引导学生交流阅读方法。

(3) 强调构建思维导图在科学阅读中的重要性。

活动2：材料从哪里来

(1) 教师出示纸质阅读材料，学生根据目标问题提炼关键信息。

(2) 师生交流、分享材料的来源。塑料是从原油中提取得来的；玻璃通常是通过将沙石和其他物质混合制造而成的；各种款式的服装则是利用棉花等材料进行加工而成的；各种金属是通过从不同的矿石中提炼和加工而获得的；树木能够被用来制作书本和纸张；而陶瓷则是通过对特殊黏土进行高温锻造制成的。

教师总结：这些常见的材料不是自然界中存在的，而是人造的。一些天然材料经过提炼、加工，从而得到人造材料。

活动3：材料到哪里去

(1) 教师出示纸质阅读材料，学生根据目标问题提炼关键信息。

(2) 师生交流、分享材料的去处。废弃的塑料瓶可以重新加工成新的塑料制品；不再需要的铁罐可以重新加工制成钢材；而废弃的书本不要随意丢弃，回收后可以再次加工变成报纸；碎裂的玻璃碎片经过收集后，同样可以重新加工制成玻璃制品。

教师总结：我们应该避免随意抛弃这些废旧材料，而是要以更合理的方式加以利用。这种再加工的利用方式不仅可以节约有限的资源，还能够发挥节能减排的作用。

(3) 引导学生根据阅读材料绘制“材料的来源和去处”思维导图。

【阅读育人设计意图】通过引导学生回顾阅读任务，学生进一步明确本节课要做什么；又通过引导学生交流阅读方法，学生知道可以怎样做，这样可以帮助学生树立学习信心，激发他们的探究兴趣；最后引导学生绘制“材料的来源和去处”思维导图，帮助学生更好地组织和整理知识，激发创造力和想象力，从而更加深入地理解和掌握学习内容。

阅读实践环节：各类材料本领大

活动1:饮料罐的故事

（1）出示阅读材料《饮料罐的故事》。

（2）请同学们分组合作,阅读材料,并请代表讲述饮料罐从加工到生产、再到使用,经历的复杂历程。

（3）分组交流,教师引导学生总结关键信息,绘制思维导图,提高学生的阅读理解和归纳总结能力。

活动2:塑料的前世今生

（1）播放视频:塑料的前世今生。

（2）小组交流讨论。

（3）教师引导学生绘制思维导图,了解塑料的循环使用。

（4）了解循环利用的标志,树立环保意识。

【阅读育人设计意图】通过向学生出示饮料罐和塑料的阅读材料,引导学生归纳总结、绘制思维导图,进一步让学生体会到思维导图在科学阅读中的重要性,同时巩固、提高学生绘制思维导图的能力和阅读素养。在本次教学环节最后,教师通过引导学生了解循环利用的好处,帮助学生树立良好的环保意识。

阅读拓展环节：新型材料改变生活

活动1:纳米材料

（1）出示纳米材料相关的阅读材料,让学生了解纳米材料的定义和特点。

（2）学生交流:纳米材料有哪些特点？纳米材料有哪些应用？

（3）实验观察:让学生使用显微镜观察纳米粒子的大小和形状。引导学生观察实验现象,并讨论纳米材料的特殊之处。

（4）让学生设计小创意,想象未来纳米技术的应用场景,鼓励他们发挥创造力。

活动2:吸水树脂

（1）讲述一个简单的故事,介绍吸水树脂。

（2）实验观察:提供吸水树脂和一些水,观察吸水树脂在吸水前后的变化,让学生体会吸水树脂的吸水能力。

（3）使用图片或视频素材展示吸水树脂在现实生活中的应用,让学生更直观地了解吸水树脂的实际应用场景。

【阅读育人设计意图】通过生动有趣的纳米材料和吸水树脂阅读材料,激发学生的探究兴趣，引导学生积极思考和探索，拓展他们对科技和环保的认识，并培养他们的创造力和实践能力。通过本阅读环节，学生感受科学的魅力，增强他们对科学学科的兴趣，激发他们对未来科技发展的好奇心和热爱。

课外延伸活动

1. 环保手工制作

引导学生使用可回收和可降解材料进行手工制作。例如，用废纸制作纸张，用废旧塑料瓶制作花盆等。通过这样的活动，培养学生的环保意识，让他们了解可持续材料的重要性。

2. 材料博物馆参观

组织学生参观科学博物馆或材料博物馆，让他们深入了解不同材料的来源、历史和应用。通过互动展览，加深对材料科学的认识。

阅读教学反思

本节阅读课围绕“材料的来源和去处”展开，通过有趣的阅读材料让学生更好地认识和理解材料的概念，培养他们的科学探索兴趣和能力，使他们能够理解和应用这些科学知识，为未来的学习和生活奠定坚实的基础。通过让学生主动思考和参与讨论，激发他们对材料的好奇心，学生在课堂上能够积极回答问题，互相分享自己的观点和看法。通过引导学生绘制思维导图，将复杂的信息和概念以图形化的方式呈现，让学生能够清晰地看到信息之间的关系和层次，使学生更加深入地了解不同材料的分类和应用，提高他们环保和资源利用的意识。

音乐类阅读课堂案例

聚焦古诗词　品味乐之美

——新学堂乐歌《游子吟》教学设计

✲ 背景分析：

1. 主题阅读内容解析

诗里有画也有歌，诗词与音乐相伴同璀璨，本课涉及的古诗词有《春晓》《咏鹅》《游子吟》，这三首都是流传至今的脍炙人口的唐诗。中国当代女作曲家谷建芬老师受“学堂乐歌”的启发，“以诗谱曲”创作了“新学堂乐歌”，拉近了古代圣贤与现代儿童之间的距离。

2. 学生阅读能力分析

本节课学习的主体是三年级的学生。此阶段的学生已经学习过《春晓》《咏鹅》这两首诗。在熟悉内容的基础上聆听这两首诗的古诗新唱，感受诗词美。着重学习《游子吟》，感受这首唐诗中深藏的浓浓的母爱，深情款款的旋律，吟唱出诗中的含义，诗心和歌声一起飞扬。

❀ **阅读育人目标：**

1. 阅读情感培养目标

在欣赏歌唱的过程中，感受诗词新唱的独特魅力，更好地感受古诗词语言的优美，想象诗词中的画面感。激发学生对古诗词的热爱，加强学生对中国传统文化的传承。

2. 阅读能力达成目标

在“诵一诵、唱一唱、演一演”中发掘古诗词与音乐的相关联系，尝试演唱形式的多种组合，在旋律中记忆古诗的内容，促进学生对古诗词的掌握，提高学习古诗词的教学效果。

3. 阅读育人行为目标

通过“新学堂乐歌”这个形式激发学生学习古诗词的热情，给孩子们传递爱祖国、爱父母、爱家乡的正确价值观，培养学生表达艺术的流畅性，提升学生的艺术修养。

❀ **阅读准备：**

1. 教师准备

相关“新学堂乐歌”的视频材料及图片。

2. 学生准备

查阅资料，搜集唐诗作品。

阅读教学过程

阅读导入环节：吟诗诵读

活动1：朗诵

谈话导入：同学们，我们学过很多的唐诗，你能朗诵一下你最喜欢的诗吗？

学生有感情地朗诵自己喜欢的唐诗。

活动 2：新学堂乐歌

刚刚有同学朗诵到了《咏鹅》《春晓》。这两首诗加上音乐会是怎样的感受呢？接下来请大家一起来欣赏。

介绍新学堂乐歌。

【阅读育人设计意图】通过欣赏，朗诵唐诗，结合“新学堂乐歌”，让学生感受到不一样的情绪，激发了学生对古诗新唱的热情，为下面课程的学习做好铺垫工作。

阅读探究环节：感受新歌《游子吟》

活动 1：欣赏图片

(1) 观看一组照片，看完之后说说内心的感受。

同学们，今天李老师带来了一组照片，看完之后，请你说说从照片中你感受到了什么？

(2) 是的，从照片中你们感受到了浓浓的母子之间的爱。在古代有一首诗生动的描绘了这种情感，你们知道是哪首诗吗？

活动 2：介绍诗人孟郊

(1) 出示图片。

这就是我国唐朝的著名诗人孟郊，一次，在他临行时，母亲为他赶织衣服，他为了表达对母亲深深的爱和感激之情，挥笔写下了一首流传千古的诗歌——《游子吟》。诗中热情歌颂了母爱，引起了古往今来无数读者的共鸣，千百年来一直脍炙人口。

(2) 配乐朗诵。

让我们带着诗歌中的情感在音乐声中把这首诗有感情地朗诵。

(3) 学习“穿针、引线”动作。

是啊，临行密密缝，欲恐迟迟归。同学们，在缝衣服的时候，我们会用到什么工具啊？

让我们左手拿针，右手拿线，一起来学一学“穿针和引线”的动作吧。

让我们跟着音乐也为我们最亲的人缝制一件冬日的暖衣吧。

【阅读育人设计意图】从照片中感受母子间的爱，感受亲子间亲密的情感，激发学生的内心，从而引出诗歌《游子吟》，设计“穿针、引线”主要是让学生熟悉歌曲的旋律，为接下来学唱打好基础。

阅读实践环节：学唱新歌《游子吟》

活动1:听教师范唱

(1) 谈话交流。

其实古诗不光光可以读出来,还可以唱出来,你们想听吗?

(2) 指导学唱。

今天我们就要来学唱这首《游子吟》,跟着老师的钢琴唱一唱歌谱。

(3) 用“lu”哼唱旋律。

提醒:注意气息的连贯,两小节一换气。

(4) 加入歌词唱一唱。

重点介绍附点节奏,用比较法,让学生感受有附点和没有附点的区别。附点节奏的运用更能表现出内心的情感。

再次演唱。

(5) 加入感情完整演唱。

整首歌你觉得应该用怎样的情绪演唱?

带着儿子对母亲的感激之情,母亲对儿子的不舍之情,又带着一丝淡淡的离别忧伤之情来演唱。

(6) 跟伴奏音乐完整演唱。

(7) 加入二声部。在长音的地方加入念词。分声部合作。

【阅读育人设计意图】由浅入深,循序渐进地进行歌曲的学习,同时加入念的部分,有唱有念,丰富歌曲内容。

阅读拓展环节：欣赏《读唐诗》

活动1:介绍作曲家谷建芬

这么好听的音乐你们知道是谁做的曲吗?我们一起来了解一下谷建芬老师。我们刚刚学唱的这首《游子吟》就是将古代的诗歌配上现代的音乐,它就是一首“新学堂歌”。今天老师还带来了另外一首。我们一起来欣赏一下《读唐诗》。

活动2:欣赏《读唐诗》

你能体会这里的说和唱是怎么样结合的吗?

学生交流。

【阅读育人设计意图】中国是一个文明古国,古代诗词更是我国文化宝库中璀璨的明珠。此环节主要是要激发学生从小热爱古诗词的热情,传承好先人们留下的文化瑰宝。

课外延伸活动

同学们，今天我们学唱了唐诗《游子吟》，欣赏了多首唐诗新唱的作品，谷建芬老师还创作了非常多的"新学堂乐歌"，请同学们课后去搜集一下自己感兴趣的内容，下节课我们进行讨论。

【阅读育人设计意图】让学生通过自己的查阅，主动阅读，去学习，去探究，达到温故而知新的目的。

阅读教学反思

《义务教育艺术课程标准》提倡学科综合，教学多元化。《义务教育语文课程标准》强调，语文课程还应重视提高学生的品德修养和审美情趣。古诗词教学与音乐的相互依存，相辅相成，体现了这两者的融合。本课在教学过程中，先引导学生有感情地朗读，调动学生朗读的积极性，感受诗的意境，这样加入音乐之后就能更好地把握诗的韵味，更好地体验诗词的美。整堂课以审美为核心，促进学生的情感体验，培养学生的审美情趣。

体育类阅读课堂案例

聚焦长征路线　品味诗词精彩

——发展灵敏性的多种练习教学设计

❀ **背景分析：**

1. 主题阅读内容解析

《七律·长征》是毛泽东在红军长征胜利结束时写的。全诗概述了红军二万五千里长征路上所经历的艰难历程，赞颂了中国工农红军不怕艰难险阻的革命英雄主义和革命乐观主义精神。

2. 学生阅读能力分析

《七律·长征》选自六年级课文，六年级学生阅读能力已逐步形成，但本课内容相对于现在的学生比较遥远，因此，让学生在课前能对长征有更具体的理解，是上好本课的关键所在。课前向同学们征集长征相关的画报，作为课堂预习，并以毛泽东的《七律·长征》作为课堂学习任务，激发学生的学习兴趣。

❀ **阅读育人目标：**

1. 阅读情感培养目标

通过指导学生进行不同的灵敏性练习，锻炼学生灵敏性的同时，培养学生的团队合作和爱国主义精神。

2. 阅读能力达成目标

学生通过课前预习和课堂中的渗透练习，能流利朗诵《七律·长征》。

3. 阅读育人行为目标

通过创设红军长征情境，培养学生自尊自强、克服困难、勇敢顽强、坚忍不拔的意志品质。

❀ **阅读准备：**

1. 教师准备

课前，向同学们征集长征的相关画报，作为课堂预习，并以毛泽东的《七律·长征》路线作为课堂任务，激发学生的学习兴趣。

2. 学生准备

积极准备和长征有关的画报，课前能流利地朗诵《七律·长征》。

阅读教学过程

阅读导入环节：常规教学，活动准备

活动1：播放《七律·长征》音频

(1) 播放《七律·长征》中的一段音频，引导学生说出诗的名字。

(2) 带领学生一起朗诵，提出考验要求。

活动2：准备活动播放歌曲《七律·长征》

热身环节，在学生跑动过程中播放《七律·长征》诗朗诵，帮助强化理解。

【阅读育人设计意图】在课堂导入环节吟诵《七律·长征》的第一句，从而带领学生有感情地朗诵《七律·长征》，帮助学生初步了解《七律·长征》这首诗大概含义，激发学生的阅读兴趣。在热身活动中再次播放音乐《七律·长征》，学生在完成热身、提高心肺功能的同时，更能在情境中深入感受《七律·长征》这首诗的含义。

阅读探究环节：学习技术，掌握技能

活动1：翻越"五岭"

(1) 组织学生8人一组。

(2) 讲解示范动作方法与要求：依次穿越"封锁线"（标志桶），返回后快速

翻越“五岭”（小栏架），跑动过程中触碰标志物的话，该队的“战士们”扣除勋章一个。

(3) 组织学生练习。

(4) 加强安全教育。

活动 2：翻越“乌蒙山”

(1) 组织学生快速分组。

(2) 讲解示范动作方法与要求：依次踩过“泥丸”（标志贴），后穿越“封锁线”（标志桶），继续踩“泥丸”，而后穿越“封锁线”，翻越“五岭”（小栏架）返回。练习过程中尽量不要触碰标志物。

(3) 开展练习。

(4) 邀请学生展示。

【阅读育人设计意图】在该环节将授课内容“灵敏性练习”巧妙地融入了“长征路线”，并向学生详细介绍了“长征路线”上各个关卡的历史背景以及通过本关卡的规则。通过创设长征路线的情境，学生在练习中加深对《七律·长征》的理解。

阅读实践环节：比赛激趣，灵敏提升

活动 1：穿越“大渡河”“铁索桥”

(1) 讲解示范动作方法与要求：穿越“大渡河”的时候注意躲避“敌军”的“子弹”，而后依次返回。

(2) 开展练习。

(3) 加强安全教育。

活动 2：大会师

(1) 讲解示范动作与要求：穿越“铁索桥”后，“敌人”已经被甩在后面，胜利马上就在前方。“战士们”要进行“大会师”。从排头第一个开始，快速穿越后绕回击掌后，下一名“战士”即可出发。

(2) 开展练习。

(3) 教师小结讲评。

【阅读育人设计意图】该环节采用标志杆、小栏架和绳梯，模拟真实历史事件中“大渡河”“铁索桥”“大会师”，帮助学生记忆历史事件中的具体内容。

阅读拓展环节：素质练习，体能提升

活动1："建设新中国"——俯撑爬行

(1) 教师提出练习要求：双手、双脚撑地，手臂前后移动爬行。

(2) 播放音乐，组织学生练习。

(3) 调整呼吸与小结。

活动2："建设新中国"——俯撑侧身提膝

(1) 教师提出练习要求：双手、双脚撑地，双手不动，两腿轮换提膝。

(2) 播放音乐，组织学生练习。

【阅读育人设计意图】"长征"取得胜利，"战士们"仍需继续努力坚持练习才能建设新中国，通过各项素质练习，培养学生坚持不懈和吃苦耐劳的精神。

课外延伸活动

1. 布置回家作业

(1) 布置回家作业：向爸爸妈妈描述长征路线，再次巩固强化。

(2) 搜集阅读红军途中的感人故事。

(3) 阅读毛泽东的其他诗词。

2. 强身健体

每天进行一定量的体育锻炼：

(1) 开合跳。

(2) 弓步跳。

(3) 十字跳。

阅读教学反思

本节阅读课将体育课的"灵敏性练习"与《七律·长征》这首诗进行跨学科融合。教学过程中创设"长征路线"这一情境，生动形象地设置各种练习关卡，让学生了解各个关卡的历史背景及具体内容，帮助学生深入理解该诗的含义。在练习中，将诗歌与体育器材相结合，培养学生的鉴赏和合作探究能力，让学生对该诗有更加深入的解读。生活即体育，世界即阅读。跨学科融合，让学生在体育锻炼中，感受诗词魅力，同时提升阅读能力。

美术类阅读课堂案例

聚焦阅读　让美术课堂更加诗情画意

——《认识身边的树》教学设计

❀ **背景分析：**

1. 主题阅读内容解析

本节课所涉及的古诗词是学生熟知的古诗词，分别为《咏柳》《咏芭蕉》《山行》《青松》，并精选了较有代表性的诗句。这些诗都描写出了树木鲜明的特点，在教学时，以诗句“猜谜游戏”导入展开教学，既能培养学生的阅读能力，又能扭转传统的单一化教学，为美术教学的发展与进步提供助力。

2. 学生阅读能力分析

本节课主要学习的主体是小学二年级的学生。此阶段的学生已经接触到一些描绘树木的古诗词。本课是一节美术与语文学科融合的课程，以树木为主题，通过阅读诗句、朗诵诗句、欣赏画作、绘画的形式，学生可以感受诗的意境之美和美学价值，体会阅读学习的快乐，同时培养学生的审美能力和创造力。

❀ **阅读育人目标：**

1. 阅读情感培养目标

在观察、欣赏中感受树的独特美感，以及树与人类的重要关系，透过诗中描写的景物，体会作者的思想感情。激发学生热爱自然、保护树木的美好情感。

2. 阅读能力达成目标

了解树的基本结构特征，不同种类树的外形特点，初步了解树的生长规律以及相关科学知识。观察分析树的外形及线条纹理的丰富变化，运用不同的线进行表现。结合优美的诗句作品进行阅读赏析，感受树的独特美感。

3. 阅读育人行为目标

通过图片和视频，感知大自然中树的生动姿态和优美线条，探索线条运用的表现方法。通过阅读古诗词，感受其思想和艺术魅力，获得丰富的审美感受。

❀ **阅读准备：**

1. 教师准备

整理描绘树木的古诗词及图片。

2. 学生准备

查阅资料，搜集描写树木的古诗词。

阅读教学过程

阅读导入环节：猜谜游戏

活动1：猜谜游戏导入

（1）谈话导入：小朋友们，你们喜欢我们的校园吗？今天我们先来玩一个猜谜游戏，请根据诗句，猜猜是我们校园里的哪种树。你们准备好了吗？

① 碧玉妆成一树高，万条垂下绿丝绦。（柳树）

② 芭蕉叶叶为多情，一叶才舒一叶生。（芭蕉树）

③ 停车坐爱枫林晚，霜叶红于二月花。（枫树）

④ 大雪压青松，青松挺且直。（松树）

（2）教师播放诗句和对应的图片，激发学生阅读积累古诗词的兴趣。

（3）组织交流：你还知道哪些描写树木的诗句？来交流分享一下吧！

（4）在校园里我们找到了诗中多种多样的树木。

今天让我们一起来认识身边的树。——出示课题《认识身边的树》。

【阅读育人设计意图】运用诗句导入激发了他们的好奇心，把注意力集中到这节课的学习中，同时也很自然地揭示了课题。让孩子们在阅读诗句、朗诵诗句的过程中，激发对古诗词阅读、积累的兴趣。

阅读探究环节：探究各种树的结构和特点

活动1：分析树的结构

（1）教师引导学生分析校园里操场边的那棵大树——香樟树。仔细观察，树由哪几部分组成？

（2）归纳总结：大树由树根、树干、树枝、树叶四部分组成。树枝和树叶组成了树冠。

活动2：找根、干、枝、叶的特点

（1）课件出示柏树、松树的图片。

树的种类很多，它们的姿态也不相同。你发现这两棵树的外形有什么特点？

（2）课件出示其他树的图片。

整体看，这些树的树冠部分像什么？

猴面包树的树冠像云朵，松树的树冠像雨点，银杏树的树冠像气球，榕树的树冠像一团燃烧的火焰……

(3) 课件出示两棵树的树干、树枝局部图片。

这两棵树的树干与树枝有哪些生长规律?

第一棵树:树干比较粗壮,向上生长。

第二棵树:树枝比较细长,穿插交错生长。

(4) 课件出示各种各样树叶的图片。

你看这片树叶像什么? 可以用什么几何图形概括呢?

有的是椭圆形,有的是针叶形,有的是扇子形,有的是爱心形等。

(5) 教师小结:欣赏了这么多树,有的树根奇特,有的树干与众不同,每一种树都有很突出的特征。

活动3:欣赏画家作品

(1) 欣赏库茵芝笔下的《白桦树》。

(2) 欣赏梵高的油画作品《树》。

(3) 欣赏吴冠中的国画作品。

活动4:教师示范

播放教师示范视频,重点示范如何用线条来装饰大树。

活动5:欣赏优秀学生作品

(1) 课件出示优秀学生作品。

(2) 分析学生作品,他们的作品中都用了哪些线条?

【阅读育人设计意图】用对比观察的方法让学生从树干、树枝、树叶等不同方面观察分析形形色色的树。从树的外形、树的高矮、树干的粗细、树枝的花纹、树杈的变化、树叶的不同形状等方面来进行对比,给学生充分的时间进行观察。只有认真、仔细地进行观察,学生才能了解不同的树有不同的画法。并展示大量的范作,让学生对树的画法有更加直观的认识。

阅读实践环节:以“诗”绘“美”,陶冶学生情操

活动1:布置任务

请学生抓住树的外形特点,把对树的观察和印象大胆地表现出来。做到:造型生动,特点突出;线条丰富,有疏有密。造型美观,刻画细致;大胆表现,敢于创新。

活动2:诗中含情

(1) 出示《咏柳》。教师引导学生感受诗中的意境之美。

咏　柳

[唐]贺知章

碧玉妆成一树高，万条垂下绿丝绦。

不知细叶谁裁出，二月春风似剪刀。

(2) 师生交流。

(3) 教师引导学生思考：诗人借柳树歌咏春风，想表达怎样的心情呢？

(4) 学生通过情境，感受诗中之情。

(5) 组织学生阅读资料，再读古诗。

【阅读育人设计意图】锻炼学生的学习迁移能力。

阅读拓展环节：诗画合一

活动：为自己的画作题诗

学生展示自己的作品，并为自己的画作题诗。

【阅读育人设计意图】引导学生巧妙地将自然景物与诗词意境相融合，使得画作具有更加深厚的文化底蕴。让学生大胆表达自己对艺术的高度理解和独特见解。

课外延伸活动

(1) 播放砍伐树木的视频。

师生交流：大树为我们提供了适宜的居住环境，让我们一起来爱护树木，爱护这人类最好的伙伴！

(2) 阅读《森林之歌》。

【阅读育人设计意图】从对认识身边的树的学习延伸到了环保问题，教育学生要热爱自然，增强环保意识，保护我们共同的家园。本环节还对学生课外延伸阅读做指导，让学生在课外阅读的过程中了解树的重要作用，培养学生阅读能力，延展学生的阅读兴趣。

阅读教学反思

本节课采用“诗画合一”的教学模式，在教学时将美术学科与阅读做到融会贯通，在拓展知识面的同时丰富教学方法，对学生的语文素养、语言表达能力、想象力都提出更高的要求。整合课程资源，提升学生美术素养的同时，弘扬传统文化，使美术课堂具有鲜明的人文性、综合性、创造性和愉悦性。

综合实践类阅读课堂案例

阅读以积累为基　积少成多方能书
——《创建“阅读银行”》教学设计

❀ **背景分析：**

1. 主题阅读内容解析

为丰富学生校园文化生活，激发学生阅读的兴趣，营造和谐的校园阅读氛围，我们提倡学生从小与书本为伴，养成“好读书，读好书”的终身阅读习惯，让学生在实践中领悟到阅读的真谛，常阅读、爱阅读，真正体验到：我读书，我快乐！让阅读成就“悦读”。

2. 学生阅读能力分析

通过“创建‘阅读银行’”这一活动主题和银行的“职业体验”，学生能够知道“储蓄”的概念，懂得任何事情与事物都是通过积累而积少成多的。“阅读银行”是为累计学生在阅读过程中获得的点数而成立的机构。学生可以用“悦读存折”将获得的“读书积分”存入读书“银行”，进行累计，在期末时学生可以获得相应的称号和奖励。让学生养成“积累阅读”“长期储蓄”的好习惯。同时，学生通过对一个项目的“创建—实践—修改—推广”的长期综合实践，学会探究不同方法解决实际问题，能够团结协作调整预设方案，最后进行推广实践，体验项目活动成功的喜悦。

❀ **阅读育人目标：**

1. 阅读情感培养目标

（1）通过讨论研究，对创建“阅读银行”的筹备、建立到对外“营业”能做出合理设计，做力所能及的事。

（2）提高学生阅读兴趣，扩大阅读范围，增加阅读信心，使学生主动择优阅读，从而获得广博的知识，认识更广阔的世界，塑造新时代好少年的正气形象。逐渐形成阅读源于积累、积少成多的意识。

2. 阅读能力达成目标

（1）通过搜集资料、问卷调查、交流讨论、小组合作等活动形式，培养学生自主学习、团结合作的能力，学生通过对一个项目的“创建—实践—修改—推广”的全程参与和成果展示，体验项目活动成功的喜悦。

（2）通过创建“阅读银行”项目的设计，初步了解项目设计的基本方法，培养学生遇到实际问题时，自主探究解决方案的能力，解决问题时能发挥小组合作、创新精神。

3. 阅读育人行为目标

（1）通过“阅读存折”的设计，将在阅读过程中的点滴都做好记录，体会积少成多的成就感，激发阅读兴趣，养成良好的阅读习惯。

（2）通过“阅读银行”的创建，在观察、学习、实践中，提出“银行职员”的职责问题，设计“阅读银行”的工作模式。

（3）在服务同学的过程中，形成初步的班级服务意识，逐步培育班级归属感。

❀ 阅读准备：

1. 教师准备

教师准备设计表、课件等。

2. 学生准备

（1）完成学生阅读现状调查问卷活动，并做好记录（调查对象可以是本班也可以是本年级或高年级的同学）。

（2）完成学校开展的读书活动的调查。

阅读教学过程

阅读导入环节：聚焦银行交流情况

活动 1

（1）出示微信、支付宝。孩子们，看，这是什么？

（2）支付软件给我们的生活带来了便利。希望你们当中也能出现给我们带来惊喜的人。

（3）喊出我们的口号：我自信，我发现，我研究，我展示，我精彩！

活动 2

（1）你调查知道的银行有什么功能？

（2）学生交流：存钱、取钱、转账、理财等功能。

活动 3

（1）银行里有哪些部门？银行工作人员是怎么工作的？

（2）学生交流：网点行长、理财经理 、柜员、大堂经理、个贷客户经理、营业主管等。

【阅读育人设计意图】通过咨询、查找、实地了解等方式收集资料，客观地了解银行的职能及管理。提高学生收集信息、沟通交流的能力。

阅读探究环节：聚焦阅读，了解现状

今天我们提供四个参考主题，并以《小学生课外阅读情况的调查》为题展开研究。

(1) 小学生课外阅读情况的调查。

(2) 什么是良好的阅读习惯？

(3) 小学生网上阅读的调查。

活动 1

回收调查问卷，了解调查问卷的结果：

(1) 调查时间：________________；

(2) 调查对象：________________；

(3) 发放份数：________________；

(4) 回收份数：________________。

以上按小组填好，各小组回收调查问卷记录表，总结问卷结果。

活动 2

我们学校开展的阅读活动有哪些？你喜欢哪些活动？不喜欢哪些活动？交流让你喜欢和不喜欢的原因。

活动 3

读书有什么好处？分享搜集到的读书名言，说说读书的好处。

教师小结：让我们也行动起来，创建我们自己的“阅读银行”，从小“储蓄”知识，形成爱读书的良好的习惯，做一个爱读书的好学生。

【阅读育人设计意图】客观地了解阅读现状，让学生认识到哪种阅读习惯更难坚持，什么阅读活动学生比较愿意参加。学生根据亲身体验和现实经验猜想，互相交流信息，共同合作进行信息的处理和整合，锻炼了学生的团队协作和探究创新能力。

阅读实践环节：确定主题，制定方案

活动 1：创建“阅读银行”

银行存钱，物质财富越来越多。人多读书，精神财富越积越多。

怎么样创建我们自己的“阅读银行”呢？（教师板书课题：创建我们自己的

银行——阅读银行）

活动2：布置阅读银行

你觉得“阅读银行”需要什么？（银行标识、阅读存折、阅读银行工作人员、存取制度、银行布置……）

活动3：讨论实施方案

小组讨论对策，制定实施方案（图5-3）：

（1）给自己的“阅读银行”设计一个标识。说说你们小组的标识有什么特殊的含义。

（2）同学们，这是什么？（存折）

观察银行的存折，包含哪些内容？再想一想，哪些可以用在我们的“阅读存折”中？

（3）不以规矩，不能成方圆。“阅读银行”的规则是怎样的？（简单明了，便于执行）

实施方案
业务名称：
营业时间：
存取条件：
业务员姓名：
存：
取：
存取手续：
奖励措施：

图5-3　实施方案

小组合作，共同探究，通过分工合作的方式来共同完成。

【阅读育人设计意图】教师与学生建立一种平等、和谐的师生关系，尊重他们的个性特长和思维方式，与学生零距离讨论、开放式交流，让学生感到交际是轻松自主的，使学生在学习过程中自然学会交往，学会合作，学会聆听。本环节激发“阅读源于积累”的意识，培养学生广泛的阅读兴趣，扩大阅读面，增加阅读量，从而获得知识，认识世界，塑造健康、美好的心灵。明确“阅读银行”的各要素。

阅读拓展环节：自我评价，实施方案

优化方案，在班级中推行最终确定的班级“阅读银行”。

学生分组讨论完成行动方案。

老师建议除了“储蓄阅读量”外，同学们还可以增设工作人员和监督人员，以便此方案更好地实施。

【阅读育人设计意图】纸上得来终觉浅，绝知此事要躬行。得到的方案需实践后优化调整，让学生体会每一个方案的“预设—讨论—定稿—实施—修正”，每一个环节都是大家智慧的结晶，需要团结协作方能完成。

课外延伸活动

1. 赠人玫瑰，手有余香

将通过实践后优化的“阅读银行”活动方案推广给其他班级的同学，让更多人享受阅读积累带来的快乐和收获。

2. 腹有诗书气自华

本学期的“阅读银行”第一期的活动结束后，完成以下任务：

（1）评选出班级“阅读之星”。

（2）小组交流读书心得。

（3）演绎最喜欢的书中精彩片段。

阅读教学反思

本节阅读课围绕“创建‘阅读银行’”这一活动主题，通过“银行职员”这一职业体验，让学生知道“储蓄”的概念，懂得任何事情都是通过积累而从少至多、从小变大的。学生可以携“读书存折”，将获得的“读书券”存入“读书银行”，学期末累计，学生可以获得相应的称号和奖励，让学生养成储蓄、积累的好习惯。同时，学生通过对一个项目的“创建—实践—修改—推广”的全程参与和成果展示，学会探究，发现问题，解决问题。

第六章

泛在阅读的育人案例

阅读是一切学习的基础，也是精神成长的基础。在人生的每一阶段，阅读都有着不可替代的意义与价值，小学阶段的阅读对成长更有筑基、养性、树德的作用。在深刻把握阅读重要意义的基础上，苏苑实小以泛在阅读为切入点，深入挖掘阅读的育人功能、育人路径、育人方式，打破学科壁垒，采取多种创新方式，开发各类创新课程，通过多年的不断探究和深入钻研，摸索出了一系列行之有效的泛在阅读育人模式和机制，让学生在博览群书的过程中增长见识、发挥潜能、提升素养，培植自主学习能力，养成全面发展、终身发展、可持续发展的核心素养和关键能力。

第一节　泛在阅读育人的创新案例

案例1：藏书票，撬动泛在阅读新支点

走入苏苑实小，扑面而来的是浓浓的阅读气息，是浓厚的艺术氛围。美术学科抓住这一契机，架起“藏书票”这座桥梁，让阅读与美术相融合，将阅读的记忆和历史入画。我们开展了以“阅读经典书籍，创作藏书票”为特色的版画教学活动，引导学生根据经典故事情节、人物性格特点去构思，结合形、色、肌理、空间和明暗等美术语言进行创作，激发学生读书、爱书、藏书的热情，以此探索泛在阅读下美术学科的育人模式。

藏书票，常被人们誉为“书中蝴蝶”，是指书籍主人贴在书籍上的微型版画。

小学正是培养阅读兴趣的关键时期，在小学阶段进行藏书票的设计与创作，可以激发学生阅读的激情，唤醒学生爱书的热情。苏苑实小美术团队基于小学美术教材中的版画课程部分，架起“藏书票”这座桥梁，让学生自制藏书票，激发其阅读兴趣。这种阅读与美术深入融合的教学模式，让美术学科体现了苏苑实小泛在阅读的育人理念。

一、丰富材质技法，活用创作形式，培养学生阅读习惯

在苏苑实小美术藏书票课程教学中，藏书票作为媒介，拉近了学生与书的距离。教师先通过多媒体出示风格各异、创作手法不同的藏书票，例如大画家马蒂斯画笔下的藏书票活泼抒情，大作家巴金先生的藏书票简洁朴实，引导学生欣赏藏书票的风格、特点、技法，为接下来制作藏书票奠定基础。由于不同年龄段的小学生认知能力具有高低性，动手能力存在差异性，为了提高学生制作藏书票的热情和培养阅读的习惯，该课程进行了分层、分梯级教学。

（一）基础阶段：拓印版画藏书票

低年级阶段的课程从趣味性着手，树叶、布片、废旧卡纸等都是藏书票创作的材料，学生直观地感受不同材料的印痕之美，进而感受藏书票的趣味，不仅能陶冶情操，还能提高其图像识读和美术表现能力。在这个阶段学生了解了藏书票与书的关系，结交了这两位亲密的“朋友”，他们步入了独立阅读阶段。例如：人民美术出版社的二年级上册《我们身边的痕迹》这一节课，通过学习拓印技术，选择身边的一件物品，为自己的一本爱书设计一张拓印版画藏书票（图 6-1）。这样的教学设计将美术教学与阅读联系在了一起。

图 6-1　拓印版画藏书票

（二）中级阶段：胶版版画藏书票

中年级学生对制作很感兴趣，学生结合阴阳刻的技法，使用胶版材料制作藏书票，体验刻印的乐趣。这个阶段从一定意义上来说是学生第一次接触刻印版画，感受藏书票中的刀味和印味，并与书成为挚友，他们畅游在自主阅读的世界里。例如：四年级上册《刻印的乐趣》一课，通过学习刻印技法，为自己的一本爱书设计一张胶版版画藏书票（图 6-2）。这样的教学设计也将美术教学与阅读结合在了一起。

图 6-2　胶版版画藏书票

（三）拔高阶段：木刻版画藏书票

高年级学生已经具备一定的造型能力和操作能力，这个阶段主要是挖掘版画刀法深度，拓展版画材质宽度。木刻版画让学生感受木板的肌理、画面的黑白灰关系，体会木刻版画的艺术美、刀痕印迹美。这个阶段高年级的学生已经与书成为密友，他们爱上了泛在阅读。例如：六年级上册《用各种材料来制版》一课，通过学习木刻版画的制作过程，为自己的一本爱书设计一张木刻版画藏书票（图 6-3）。这样的教学设计同样将美术教学与阅读融合在了一起。

图 6-3　木刻版画藏书票

在版画教学活动实施过程中，通过把藏书票的种类和活动形式相结合，分梯级、分阶段完成藏书票教学活动,促进了学生对藏书票文化的理解,拉近了学生与书、与阅读的距离,培养阅读习惯。

二、多元交汇融合，打破学科边界，拓宽学生阅读广度

设计藏书票提高了学生的艺术修养,也带动了学生读书、爱书、藏书的热情。莎士比亚说过:“生活里没有书籍,就好像大地没有阳光。”藏书票的设计可以与各个学科的阅读相融合,拓宽学生阅读的广度。学生一旦爱上了阅读,就开始懂得如何去爱惜、阅读自己的书籍。苏苑实小利用美术兴趣班,带领学生开展了“阅读经典书,创作藏书票”的活动,让学生从经典书籍中提取感兴趣的情节、场景或者是喜欢的某个人物形象进行藏书票设计(图 6-4)。

图 6-4　人物形象藏书票

（一）藏书票与语文学科阅读的融合

语文学科的藏书票设计,首先引导学生选择自己感兴趣的书籍,其次从构思期就开始组织学生对书籍进行深入的研读。以阅读经典故事《西游记》为例,学生从认读、理解及吸收的角度出发,对解读的人物形象有了充分的认识,以藏书票的形式将孙悟空、唐僧等人物纳入了创作内容中。通过藏书票与经典书籍的联系,学生理解在学习和生活中要保持勤奋努力的重要性。

（二）藏书票与数学学科阅读的融合

数学阅读能力的培养,需要借助图文,理清概念区别。良好的数学阅读能力是学生运用数学语言表达现实世界的重要前提。以阅读《数学故事集》为例,学生从故事情节出发,为其中的数学思维设计一张思维导图作为藏书票。通过藏书票与思维导图的连接,帮助学生树立严谨的逻辑结构。

（三）藏书票与英语学科阅读的融合

英语阅读的重要资源就是英文绘本，绘本中的文字比较简练，带有精致的图画设计，包含大量有趣的故事内容，能够激发小学生的阅读兴趣。以阅读*Brown Bear, Brown Bear, What Do You See?*为例，学生可以选择绘本中最喜欢的一幅绘画作品进行临摹或者再创造作为本书的藏书票。通过藏书票与绘本故事的交融，学生提高了想象力和创造力。

（四）藏书票与其他学科阅读的融合

小学其他课程的阅读，能拓宽学生的阅读广度，为提高学生综合素养打下了牢固的根基。以科学学科为例，科学知识可以帮助学生了解大自然，增强逻辑思维能力，培养探索世界的兴趣。以《昆虫记》为例，学生选择一款书中自己最喜欢的富有生动情趣的昆虫创作一幅藏书票。通过藏书票与大自然中昆虫的融合，学生学会了对生命和自然的热爱与尊重。

藏书票在各个学科的运用，打破了美术与其他学科的边界，拓宽了学生的阅读广度，引导学生理解知识之间的联系和迁移，进行深度的学习，对知识获得更深刻的理解。这样不但可以培养学生的美术核心素养，还能提高其综合素养。

三、激发阅读兴趣，开展阅读分享，挖掘学生阅读深度

苏苑实小美术藏书票课程还开展了“以票会友，其乐无穷”的阅读分享大会。学生以藏书票为媒介，以票会友，建立阅读分享圈。在阅读分享中，学生能够探讨与交流自己创作的藏书票，介绍和评价自己与他人的作品，达到开拓视野、互相促进的作用。同时，学生对书本的阅读更有深度，因为藏书票要提取书中的艺术形象，学生的阅读从略读过渡到精读。

以阅读经典名著《西游记》为例：

（一）初读名著，读出精彩，构思藏书票

学生结合阅读要素对书本进行总结，训练阅读后的概括能力，根据文本找出相关的人物和情节。以这样的讲述格式总结：________这一精彩情节，主要讲述了（人物）________，最终________的经过。学生经过这样的阅读总结，对整个故事情节有了大致的画面感，可以用简单的线条设计藏书票的构图，理清整个画面关系，突出故事的情节性或人物的主体性。除了对藏书票的内容进行构思以外，学生还可以考虑画面写实或写意、简约或饱满、古典或现代等风格的处理。

（二）精读名著，读出思辨，刻画藏书票

学生通过圈点批注的方法，找出与人物相关的故事情节，总结人物性格，写出自己的阅读感受。同时，这一时期对藏书票的刻画将由想象转化为初步的意象，进行艺术加工，逐步塑造艺术形象，这一阶段是藏书票创作的关键环节。以《西游记》中四位主要人物为例，对作品进行深度研读，挖掘人物的主要性格特点，方便在藏书票的创作中提取艺术表现手法（表 6-1）。精读阶段主要训练学生边读边创作的能力，学生深入刻画藏书票的过程也是检验其对名著阅读掌握的过程。

表 6-1　《西游记》与藏书票

人物	性格特点	藏书票塑形手法
唐僧	谦恭儒雅	写实
孙悟空	勇敢无畏	夸张、变形
猪八戒	知错就改	对比、夸张
沙和尚	忠心耿耿	写实

（三）立足名著，调整画面，细化藏书票

首先，前期泛读和精读阶段，学生脑海中已经提取了书本内容中的艺术形象或精彩场景，藏书票的构思、色彩、形象贴合书本内容，体现样式与内容整齐划一。其次是调整画面，细化藏书票的过程，根据画面关系设计“某某藏书”的位置和图案，表明藏书是属于谁的，代表着这张藏书票绝无仅有，进一步美化装饰书籍。最后，学生将制作完成的藏书票印制出来贴在书籍的首页或扉页上。整个藏书票的制作过程，学生经历了阅读、构思、制作、印制的过程，对藏书票的认识经过了了解、熟悉、掌握、精通的不同环节，在整个阅读和制作藏书票的过程充分挖掘了阅读的深度，提高了美术基本技能。

在藏书票课程教学的最后，教师还融入了阅读分享的环节，让学生展示自己的藏书票，联系书本内容，分享藏书票的设计思路和创作风格。教师在课程中多方位、多视角地思考，运用灵活多变的教学方式，充分调动学生的视觉、听觉、触觉等来感受藏书票的魅力，引导学生通过制作藏书票，与书交友，爱上阅读。

四、总结

综上所述，苏苑实小美术藏书票课程教学极大地丰富了美术课堂的教学内容，增强了学生对美术知识学习的兴趣，丰富了学生的形象和感性认知。同时，藏书票作为桥梁，与阅读相融合，以其纯正的书香气息，吸引学生走入阅读，爱上阅读，享受阅读，促进阅读习惯的养成。

案例2：说明书，搭起泛在阅读的桥梁

苏苑实小劳技泛在阅读课程丰富了劳技课堂的教学内容，增强了学生对劳技操作理论性基础的认识，丰富了学生的形象和感性认知。同时，阅读说明书作为桥梁，与阅读相融合，吸引学生通过阅读掌握方法、掌握技能，促进学生阅读习惯的养成。

一、低年段：说明书中有乾坤

说起拼搭积木，相信很多学生头脑里的第一反应就是乐高，它不仅可以帮助学生提高创造力和手脑协调能力，还可以帮助提高问题解决能力和合作能力。那为什么看似不起眼的一个个颜色各异的小积木，能拼搭出那么复杂又逼真的造型呢？这就不得不提乐高的说明书了。

买来的乐高积木盒子里都会带有固定组装的说明书，但是这个说明书怎么看呢？我们以"悟空小侠 80016"为例。

乐高每个套装会采取分袋制，每个袋子上标注的数字表示了拼装顺序。

按步骤分包是工厂为简化拼装难度的一种零件分包方法。例如1 000颗粒的零件分成5个大步骤，平均每个大步骤200颗粒，那么每次挑零件就只要从200个零件中挑选，这样就大大降低了找零件的难度。

同时，说明书上也会显示每包零件拼出的成品，一般来说，2号袋是在1号袋的基础上完成的。所以第一步就只要拆开1号袋，无需将后面步骤的零件袋拆开。等我们把第一大步骤拼完，再去拆第二大步骤的零件，接着拼装。我们一步一步地找，一步一步地拼，就能正确拼搭，对照前一步找出此零件安装位置。一些需要拼在一起的零件会标出拼搭方式，按箭头方向拼，拼的数量是它相应的倍数。

乐高说明书中还有些符号要注意：

(1)"+"，这个符号通常会出现在拼搭过程当中。之所以会出现在说明书中，通常是为了强调在当前编号零件包里，这个零件是没有的，需要在没有编号的附加零件包中才能找到。这样的说明书，目前只出现在已经使用纸质零件包的套装里，毕竟纸质零件包是不透明的，看不到里面都有什么样的零件。当乐

高迷们找不到相关零件的时候，直接就在没有编号的纸质零件包里寻找。

（2）警示符号：这个图标是指该套装中包含可以发射子弹的零件，注意不要直接面对人体发射，要注意安全。

（3）常见的符号：此符号出现的时候，表示我们需要将正在拼搭的模型进行翻转，换一个角度就可以安装下一个零件了。

综上所述，学生在仔细阅读说明书后，通过观察将积木按照功能、形状、颜色等进行分类，并对照说明书逐步拼装，最终完成积木搭建。这一过程不仅可以培养学生认真专注的态度、独立思考的能力，更能激发学生无限的潜能和创造力，养成自主阅读、自主学习、自主探究的习惯。

二、中年段：说明书中的种植乐

当下，城市里的学生对自然界的感知认识越来越少，家长为此提供的渠道也远远不足。在种植收获过程中，学生们能够自主探索自然世界，掌握植物知识，了解农作物从种子到食物的发展演变过程，体验农耕文化；认识了解农作物发展变化以及规律；以食物为纽带，将人与人、人与自然、城市和农村有机连接在一起。对于他们而言，参加农业劳动不仅可以简单地认识几种植物，更重要的是从劳动中获得全面发展，养成尊重劳动、珍惜粮食、热爱自然的良好习惯。

在种植之前，老师们先让学生阅读各种种子的培育和生长说明书，阅读如何使用工具以及种植的安全小知识，并示范如何种植，学生们仔细地观察着手中小小的种子，开启播种之旅！

以种植玉米为例：

（1）了解种植知识：活动前期，让学生观看课件《玉米的种植》，培养搜集处理信息的能力。

（2）确定种植时间：学生通过查资料知道玉米喜欢在温暖、湿润且肥沃的环境中生长，需要在适宜的时间进行种植。根据春玉米的习性来看，江苏省一般在3—4月份种植。

（3）认识劳动工具：在劳动实践活动开始前，让学生阅读不同劳动工具的正确用法说明书，强调使用劳动工具时需要注意的安全问题。

（4）松土、施肥、整地：腐殖质丰富的土壤适宜玉米的生长，种植前需翻耕整地，去除土壤中的杂质，增加透气性，再施入学生带来的草木灰和适量复合肥作为底肥，为玉米的生长提供养分。这一环节让学生明白，植物的生长需要有良好的基础条件。在整个过程中，学生们非常兴奋，也遇到了诸如硬土块的处理、播种量的多少、田沟之间的合适距离等问题，这些问题也随着教师的讲解和反复的实践而得到解决，同学们也深刻地体会到了“纸上得来终觉浅，绝知此事要躬行”的道理。同时，教师还借助这一活动丰富学生的阅读能力，强化他们对农作物生长过程的了解，并借此掌握不同植物的成长规律以及它们各自的特点，为以后的学习和生活打下良好的基础。

种植活动开始时，老师先指导学生从众多种子说明书中选取一些易于发芽和生长的蔬菜种子或根茎，然后告诉学生如何科学地将它们种植在土壤中，并提醒他们要养成定期浇水和施肥的好习惯。接着，老师需要培养学生的观察能力，让他们在定时定期的观察活动中逐渐加深对不同蔬菜生长过程的了解，知道种子在成长过程中经历发芽、生长、开花、结果等各个阶段，以此来探究植物的生长规律和必要条件，从而有效拓展学生的认知层面，提升认知水平，在掌握劳动理论知识的同时，对生物学也有一个初步的认识。

除此之外，教师还可以通过布置图画书日志的方式提高学生对活动的体验感，加深他们对劳动行为的记忆，并借此延伸到日常生活中，进而提高他们的生活自理能力。在记录植物的生长过程中，可以融合自己对世界的认识和对活动的感悟，这种方式能够让学生、教师和家长更加直观地看到学生的成长变化，并以此为基础，形成更有针对性的教育方法。

综上所述，种植趣味性劳动活动，既能提高学生自发阅读种子生长说明书的兴趣，又能更好地锻炼他们的劳动技能，掌握正确的劳动方法，形成良好的劳动意识，从而培养他们优秀的劳动品格、科学的劳动素质，并为今后学习和生活打下良好的基础。

三、高年段：说明书中的大智慧

如今，电视机、电冰箱、吹风机、洗衣机等家用电器已成为现代家庭生活的必需品。家用电器不仅提高了家务劳动的效率，而且使我们的生活更加轻松愉快，环境更加舒适优美。

高年级学生也在老师们的带领下，自主了解各类家用电器的品牌、型号和功能，学习家用电器的使用方法，探究家用电器的发展趋势……

（1）梳理家用电器的使用说明书。

（2）学习家用电器的规范使用。

（3）探究家用电器的发展趋势。

通过专题阅读学习活动，同学们了解到许多新型的家用电器，学会了很多使用小技巧。学生无不感叹：家电发展日新月异，科技助力生活奇迹。

综上所述，说明书是一种非常重要的常见文献资料，它可以为我们提供产品的详细信息和使用方法。无论是玩具、家用电器、植物种植还是医疗器械，都需要有相应的说明书帮助我们正确使用产品。学生在阅读说明书的过程中提升技能和实践操作能力，养成科学、规范地使用产品的良好习惯，体会到发明家们不畏艰辛、勇于创造的精神。

案例3：泛在阅读，读取生命，读取属于我们的 Lifeology

微雨过，小荷翻，榴花开欲燃。六月的苏苑实小，紫藤花下朗读亭间，常常错落坐着几名正在翻阅书籍的学生，书卷微卷，有人启问："老师，季羡林先生笔下紫藤萝瀑布真的好美，可是紫藤花只开了短短七天，植物的生命为什么这么短暂？"也有同学问："校园里这么多植物，我都看不过来，而林奈当初是怎么把它们细细分类的？"

在一双双求知的目光中，科学组的老师们常常借助学校泛在阅读的环境，引导学生自主发现问题，在真实的情境中，在纯净的自然里，感知生命科学中蕴含着的伟大力量。科学的学习以动手与探索为主，但其中一个领域——生命科学领域，却是无论如何都绕不开阅读的。

生命科学（Life Sciences/Lifeology），是研究生命活动规律、生命的本质、生命的发育规律，以及各种生物之间和生物与环境之间相互关系的科学。在小学科学教材中，低、中、高年级分别有适应学生不同发展阶段的生命科学学习内容。学生在学习这一领域内容时，需要观察自然、观察自身，同时广泛阅读，在脑海中将自然与自己、自然与过去、人类与文明等内容建立初步的联系。

苏苑实小科学团队基于对教材与课标的解读，挖掘泛在阅读场域下生命科学探索的新方式，致力于在科学与阅读间创造出充满活力的学习世界。

一、创新形式，横向拓展，借助阅读激发学生学习兴趣

（一）基于科学知识的阅读与认知方式

在低、中、高年级的科学教材中都有涉及生命科学知识，例如教育科学出版

社教材四上第二单元《呼吸与消化》中，除传统授课、模型授课的方式外，我们更需要借助一些阅读资料辅助学生学习。学生在了解食物在口腔中的变化，食物在身体中旅行的同时，教师分发事先搜集好的一些拓展资料，具体如幽门螺杆菌对于人体胃部的影响，手部清洁对于身体健康的必要性等。在阅读的同时，学生不仅巩固了课堂教学内容，而且进一步将课堂上所学知识消化吸收，真正转化成生活中可以应用的知识。

（二）基于科学家与科学史内容的阅读学习模式

1. 科学家相关阅读

教育科学出版社的科学教材每册书首页都会向学生介绍一位著名的科学家。这些科学家来自世界各地，有着不一样的经历、不一样的成就，但相同的是他们都为人类科学事业的发展做出了杰出的贡献，值得我们所有人铭记。然而由于书本的排版以及字数略多，学生阅读时往往会感到枯燥，因此我们将生命科学领域相关的科学家甄选出来，设计了以下的阅读模式，帮助学生学习（表 6-2）。

表 6-2　生命科学领域科学家相关阅读

学段	科学家	阅读模式	阅读内容	评价方式
低年级	珍妮·古道尔	绘本阅读为主	珍妮·古道尔对于黑猩猩的研究以及生物学家的执着精神	以讲故事的方式转述阅读内容
中年级	童第周	百科全书、课外资料、课堂 PPT 展示阅读	“童鱼”的相关内容、植物学研究	能够简单绘制“童鱼”的胚胎形成过程
	钟扬			
高年级	孟德尔	课堂分发资料阅读、电子阅览室阅读	孟德尔豌豆研究的过程、达尔文写出《物种起源》的背景	以手抄报和 PPT 的形式向班级同学分享阅读心得
	达尔文			

2. 科学史相关内容阅读

以六年级下册第二单元《生物的多样性》为例，这是非常典型的生命科学单元，而其中涉及很多科学史的内容，需要教师给学生普及。然而课堂上仅仅四十分钟的时间是相当有限的，因此关于科学史的阅读就需要教师重点关注。我们以达尔文提出进化论的观点为例，书本上只介绍了达尔文，但显然，我们需要学生了解达尔文，必须先做拉马克以及中世纪科学观的一些铺垫。

苏苑实小的阅读氛围以及学生养成的阅读习惯为学生提供了学好科学史的必要条件，因此在本单元科学史学习的过程中，我们横向拓展了一些内容。

学生先通过阅读百科全书提出“为什么生命呈现出纷繁复杂多样性”的问题，然后经过教师的引导以及书本的阅读，去感受中世纪原本对于生物多样性的理解，明白“神创论”的荒诞与无知的可怕，继而去认识拉马克，在“用进废退”的理论里品悟进化的相关形式。接着，我们带领学生观察一些同族动植物的差异，再次细微感知，引导学生继续提出问题：“拉马克的观点是否适用于所有生物？猩猩的学习行为又凸显着什么样的进化方式？”基于这类问题，最终通过阅读发现达尔文进化论的先进性，同时感受到达尔文在那样的时代背景与科学背景下，能够提出全新的进化论而与当时主流“神创论”相抗衡是多么的伟大。

在这一系列的学习过程中，阅读起到了重要作用。这里的阅读不是狭义上的阅读书本、阅读课本，我们更主张走出教室，阅读大自然，或者观察树木、动物，或者听父母、同学讲讲故事，泛在阅读的意义在这个环节中凸显出其灵活的一面。

二、把握教材，纵向挖深，设计与生命科学配适的阅读模式

在拓展科学知识、了解科学史背景的同时，我们也设计了纵向挖深的一些适配科学阅读模式。立足于教材，在把握教材的同时，科学组老师们常常将内容再深化。以六年级下册教材《形形色色的植物》为例，教材内容中涉及遗传与变异的知识点，在最后还添加了孟德尔通过豌豆杂交实验最终得出“孟德尔遗传定律”的内容。在这节课中，我们遵循维果茨基的“最近发展区”理论，设计了三个阶段的阅读形式。

第一阶段，按照课本内容，将遗传与变异以及孟德尔定律以最简单的语言描述给学生听，并配以丰富的图片，激发学生的阅读兴趣。在这种最简单的阅读过程中，尽可能让所有学生掌握所学习的内容。

第二阶段，在第一阶段的阅读过后，部分学生会产生强烈的好奇心，于是进入第二阶段的阅读。第二阶段我们在形式上增加了网络电子阅读、图书馆百科全书搜索、课外读物阅读以及手抄报总结等方式。在内容上则做出了以下调整：

（1）用简单的语言描述遗传与变异的本质——基因的分离与自由组合；

（2）孟德尔用了八年的时间才总结出遗传定律，且遗传定律的内容正是分离定律与自由组合定律。

第三阶段，是针对少部分学生专门设计的，作为课后阅读。“跳一跳，摘桃子”是维果茨基“最近发展区”的核心内容，我们发现有些学生已经完全能够掌握前面所学的内容，因此对相关内容进行了拓展，以供学生进一步阅读了解。

具体为：

（1）用图文并茂的形式总结遗传和变异对于生物的普适性；

（2）将单种生物的遗传和变异向高位推进，联系达尔文，揭示进化的本质是生物的可遗传变异；

（3）通过阅读，感知遗传与变异促进全球生物多样性的形成。

三个阶段安排如表6-3所示：

表6-3 《形形色色的植物》配套阶段阅读

阶段	阅读目标	相关学生	内容安排	阅读时长
第一阶段	掌握教材内容 激发阅读兴趣	整班学生	1. 各种各样的植物科普 2. 观察遗传与变异的现象 3. 了解孟德尔的故事	课堂[5分钟]
第二阶段	深度解释知识 了解现象本质	科学社团学生	1. 解释遗传因子 2. 联系孟德尔豌豆实验解释遗传和变异的本质	社团活动[40分钟]
第三阶段	联系前文内容 整体统筹汇总	部分接受能力强的学生	1. 总结遗传和变异对生物的普适性 2. 联系前文达尔文的故事，感知遗传和变异促进生物多样性的形成	课后[30分钟]

三、情感联结，多维感悟，提升学生阅读学习体验

在生命科学与泛在阅读之间搭建桥梁，除了培养学生的阅读习惯，强化学生对于生命科学的理解，更为重要的是为学生树立更健康、更积极的价值观与生命观。

（一）共情共感，沉浸阅读新体验

在引导学生进行生命科学相关阅读的时候，常常给学生创设一个沉浸式的体验。阅读本身需要学生静心感悟，而科学的学习也需要学生自发进行。奥苏泊尔提出有意义的学习理论，无论是有意义的发现学习还是有意义的接受学习，都需要学生从自身出发，主动掌握。因此创设情境引导学生走进阅读场域，是生命科学泛在阅读十分重要的环节。

（二）多维思辨，建构正确生命观

教材三年级上册第二单元《动物的一生》、四年级下册第一单元《植物的生长与变化》、五年级上册第四单元《健康生活》、六年级上册第一单元《微小世

界》、六年级下册第二单元《生物的多样性》等大量的内容以生命科学为主。在这些内容里，三年级上册选择以蚕宝宝的一生来诠释生命的周期，四年级上册和五年级上册将人体的结构展开讲解，六年级下册则更宏观地从遗传和变异的角度阐释生命的进化以及繁衍。教材本身体现出逐渐深化、螺旋上升的特点。在这些内容的学习过程中，阅读不仅让学生看到生命的痕迹，还让学生在脑海里慢慢建构出正确的生命观。

在学习蚕宝宝知识的同时，阅读《昆虫记》与法布尔的故事；学习人体知识的时候，配以《心脏简史》《细胞的秘密语言》等书籍；在学习遗传变异知识的时候，探索《物种起源》的秘密。读万卷书，行万里路，生命科学的学习就是这样的过程。站在巨人的肩膀上，学习、阅读、探索新知。学生在生命科学的领域里，感受到生命的神奇与伟大，也真正珍视生命，敬畏生命，意识到即使渺小如蚂蚁，甚至单细胞生物，也有属于该物种存在的意义，存在本身就是意义。

四、学科融合，交互阅读，培养学生核心素养

（一）利用 PISA 来评价学生的阅读素养

国际学生评估项目 PISA 阅读素养内涵表达了文本处理过程所需的系列技能以及对数字化阅读环境的关注，强调了阅读对个人发展的重要性及其社会功能。PISA 视角的阅读教学希望能把学生培养为“一个独特的、自主的、有知识的人，并逐渐获得参与社会的能力”。PISA 阅读检测是一个长期评估的过程，义务教育阶段我们需要有意识地关注和引导学生，以提升学生的阅读素养。[①] PISA2018 在阅读中需要理解、运用、评价、反思和参与，因此在生命科学阅读以及科学探究项目的过程研学中，教师可以有意识地利用 PISA 导向，定点强化学生的阅读能力。

（二）利用 STEM 项目来检测学生的科学素养

STEM（Science，Technology，Engineering，Mathematics）教育是一种围绕真实情境问题的解决来促进学生高阶思维发展的教育活动，更多的是整合科学、技术、工程与数学的知识，以科技或现实问题为核心，根据解决问题的需要，让学生通过活动，组织所需要的科学、技术、工程与数学的知识，形成连贯、有组织的课程结构。

---

① 张艳艳，王兆璟. 新时代全学科阅读育人的逻辑理路与体系建构[J]. 课程·教材·教法，2022，42(10)：114－121.

在生命科学领域，我们设计了如下STEM融合项目，在项目中学生需要自己发现问题，搜集资料，认真阅读，仔细探索，甚至运用头脑风暴去解决现实生活中遇到的实际问题。以表6-4的项目学习任务单为例：

表6-4　STEM项目学习任务单

项目环节	项目任务	学习活动
创设情境 选定项目	任务1：入夏蚊虫渐多，如何最简单高效地防蚊虫叮咬	活动：校园生物大搜索，将学校里发现的昆虫全部记录下来
初步探究 提出猜想	任务2：搜寻资料，自主阅读	活动1：分组讨论，选择查找资料以及阅读的方式； 活动2：在阅读的过程中提出猜想
深入探究 探寻原理	任务3：基于已经获得的科学知识进行实验设计	活动1：设计实验方案，制作实验结果对比图； 活动2：基于证据推理，探究得出最高效的防蚊虫方式
原理再探 创新设计	任务4：反复思考，这种防蚊虫叮咬方式的原理是什么，引出对昆虫生理结构的兴趣，再阅读	活动1：再次查阅资料，并通过阅读百科全书的过程了解昆虫的生理结构； 活动2：绘制常见昆虫的身体结构图，总结主要特征，根据特征推导昆虫的生活习性

综上可见，苏苑实小的泛在阅读情境，在与生命科学结合的教育过程中，作为一个浸润式场域，将学生与自然相联系，与历史相联系，与广义的生命相联系。真正追求人与自然的协调统一，建构了学生对于生命的深层理解。

第二节　泛在阅读育人的管理案例

案例1：阅以养正，“育”“践”成长

——“悦”读班级管理方略

苏苑实验小学　张王明秀

一、育人理念

苏霍姆林斯基指出，阅读应当成为孩子掌握知识极为巧妙的工具，同时又是丰富的精神生活的源泉。儿童阅读的意义，并不只是增长知识，开发智力，更

表现在净化思想、陶冶情操、培养品德等方面。阅读是品格形成的基础和载体之一，阅读即德育！

当前，我国基础教育处于内涵式发展的关键阶段，要满足人民群众对公平而有质量的基础教育的需求，必须加强政府、家庭、学校、社会等各方协同，构建起“全员育人、全程育人、全方位育人”的大教育格局，发展更加公平更高质量的教育。

习近平总书记曾指出读书可以让人保持思想活力，让人得到智慧启发，让人滋养浩然之气。因此，基于以学生为中心的教育理念及班级管理实际，我提出了完善小学班级管理的对策，即确立“阅”以养正，“育”“践”成长的教育方式，从而三位一体培养全面发展的社会主义建设者和接班人。

二、班情分析

建班初期，这个班级学生十分活跃，但每当我让他们自己阅读的时候，学生瞬间能安静下来，阅读对这个集体有着特别的吸引力。我准备借助阅读文化，开展班级建设。班级中有 51 名学生，个性鲜明，还有 1 名精神发育迟滞的学生，很容易带来集体的不和谐，也容易引发矛盾，所以更需要加强集体建设，弘扬正能量。

因此，通过各项事件调查，对本班学生学情分析如下（表 6-5）：

表 6-5　班情分析

班级	五(6)	分析时间	2022－04－10	分析方式	问卷、考查
班级人数		51 人（男生 27 人，女生 24 人）			
目前学生情况及存在的问题					
年龄特征：五年级学生的自我意识、接受能力得到了一定发展，初步形成了个人的性格和人生观。但是他们对于事物的分析能力还在发展中，对于理想信念的意识还不强烈，遇到困难和挫折容易灰心。这就要求我们三位一体，密切关注学生的成长动态，加强对他们的理想教育，从而形成正确的世界观、人生观和价值观。					
学习方面：70%的孩子学习态度端正，他们各有所长。班级学生有阅读兴趣，但阅读注意力不能长时间集中，随着高年级阅读难度提高，阅读的热情受到了打击，部分学生缺乏对阅读的深度思考。					
班级纪律：班级纪律整体较好，大部分学生有集体荣誉感；部分学生比较关注自我，对班集体和其他同学关注较少，班级凝聚力不强。					

三、班级发展目标

学校、家庭、社会三位一体，培养学生完整的人格。

（1）治心养性，润养个体内驱力：引导学生在阅读过程中以读增情、以读建制、以读创境，涵养品格，形成个体成长内驱力。

（2）浩然正气，润养班级凝聚力：通过班级活动、家校活动等，在活动中增强班级凝聚力和集体荣誉感，三位一体，培养全面发展的人。

（3）书香致远，润养社会续航力：在社区联动育人过程中，教育学生热爱家乡，心系家园，聚焦国际，胸怀天下，让学生懂得中国少年的使命担当，为培养优秀的社会主义接班人、建立书香型社会夯实基础。

四、实践做法

（一）治心养性，润养个体内驱力

治心养性，一个直接、有效的方法就是读书。少年时代是培养学生能力、品格的时机，而阅读正是能润物无声地培养学生的品格和能力。

1. 以书为媒，激发阅读热情

（1）尊重个性，赠书增情。

为了拉近与学生的距离，我根据每个孩子的性格特点，精心挑选书目。胆小畏缩的小 H，送给他《鲁滨逊漂流记》，教会他智慧果敢，有勇气去克服困难。缺乏自信的小 X，送给她《特别的女生萨哈拉》，让她学会认同自我，善于展示自我，发扬正能量……当我看到孩子们收到书本后那兴奋的样子时，我知道这不仅让师生关系更融洽，也让阅读走进了学生的心里。

（2）生日祝福，名言励志。

每逢孩子生日，我都会精心准备一本摘抄本。扉页上，我根据不同孩子的特点，亲笔写下一句励志名言，送给孩子摘抄好词佳句。孩子们每天精读一篇美文，摘录开头结尾，中间部分写提纲；每天精积累一个成语、泛积累 8 个成语，精积累的成语要查它的典故、解释、例句。我从孩子们泛积累的成语中选一个，作为明天全班孩子精积累的成语，并由这个成语的摘抄主人亲自写到黑板上。孩子们在你追我赶的氛围中，激发了自主阅读的兴趣。我还让孩子们每天在摘抄本上积累一首古诗，利用课前三分钟循环诵读。日积月累，文学素养在摘抄中生根发芽。

（3）文字互赠，传情达意。

在我的影响下，学生、家长也会用文字来互相馈赠，传情达意。比如，教师节的时候，学生用“山高水长有尽时，唯我师恩日月长”做成书签送我做纪念。“悦”读声声，生生阅读，师生感情日益浓厚。

2. 以读建制，塑造品行

班主任，是班级发展的首要领导者，有效做好班级的管理工作，有助于培育学生的道德素养。以读怡情的基础上，我们借助阅读进行班级制度建设，凝聚心力。我在班上征集“悦”意班徽，还和学生一起创作了“悦”意班歌。

我们每天坚持“三读”：晨间诵读、餐前悦读、餐后选读。晨间我们进行经典诵读，有《三字经》《笠翁对韵》《千字文》等，我们从这些经典中提炼出德育绘本特色教材《五(6)班一日常规德育绘本教材》：从到校、课间、午餐、放学路队等十二个方面提出具体明确的要求，教材图文并茂，每一条都编成顺口溜，并选编了一个故事，易理解易记忆，增强了可操作性与趣味性。学生在阅读中明辨是非，规范言行，养成了良好品行。

3. 以读创境，营造场域

(1) 项目招标，共建六个“一”。

我们用心布置教室，创建“悦”意环境，在潜移默化中育人。班级布置让学生参与六个“一”设计，即“一柜、一廊、一亭、一厅、一堂、一屋”的阅读环境设计，让阅读随处发生。利用学校“书苑学堂”诵读场所，在固定时间带学生前往，让学生在不同环境中学会弘扬德善，博言雅行。

(2) 提档升级，创新融媒体。

我班将阅读场域提档升级，为班级阅读的纵深发展提供新的形式。

① 融合阅读云平台。利用班级一体机，建设了渗透类融合阅读库、拓展类融合阅读库和主题类融合阅读库。

② 融合阅读卡。设计了融合多媒体功能的阅读卡，引领和评价学生阅读。

③ 融合式电子阅读教材。开发了语、数、英等融合阅读电子教材，丰富了电子资源。

立体的“悦”意环境渐渐形成，班级发展的文化底蕴得以构建，学生在阅读中弘扬德善，博言雅行，形成个体成长内驱力。

(二) 浩然正气，润养班级凝聚力

读书可以让人思想保持活力，智慧得到启发，滋养浩然正气。我们班通过唱、诵、演、画、评、辩等学生喜闻乐见的“阅读精加工”活动，将经典作品以物化的形态呈现，以知引人、以情感人、以志树人、以行导人，达到提升学生品格的目的。

1. 校园活动，展现风采

(1) 班会活动，厚植情怀。

开展班会课，是团结班级力量，提高班级管理质量，培养学生判别能力的有效途径。如在党的二十大来临之际，我组织学生举行了“翰墨飘香，积厚流光”的主题班会活动，引导学生在党史阅读中厚植爱国爱党精神。

同时，我定期开展班级安全教育、感恩教育、立志教育等主题班会，让学生在丰富多样的班会活动中树立正确的三观，提高鉴别是非美丑的能力。

(2) “采薇”文学，笔尖聚力。

班级成立“采薇文学社”，文学社活动五彩斑斓：“童眼绘春天”诗配画的主题活动，“走进春天里”诗词朗诵大会，“漂流书香，漂流美德”图书漂流活动，“阅读空间站”读书推广活动等。“小采薇”们原创诗歌100多篇，“悦”意作文200多篇，大家都争做作文小老师，互相修改，互赠评语。心灵交流，在这里起航；班级凝聚力，在笔尖聚集。

(3) 全科阅读，生命成长。

“全学科阅读”关注人的生命成长，在主题目标指引下，多学科联动。如在组织学生开展《鲁滨逊漂流记》阅读时，我根据特点，设计跨学科阅读活动，进行不同主题的探究：①跟鲁滨逊学战胜困难：精读书中鲁滨逊战胜困难的精彩片段，品读人物精神品质。②跟鲁滨逊学数学：探究行程问题，获得新的发现。③跟笛福学写作：从写作的角度精读《鲁滨逊漂流记》，学习写作技巧，进行仿写。④跟鲁滨逊学科学：了解鲁滨逊所到之处的气候特点，探究当地风土人情，了解生存奥秘等。

2. 家校活动，相得益彰

著名作家肖复兴曾经说过，在家庭中，家长在促进孩子阅读能力发展方面承担着很重要的任务。因此，在校外，我们还提倡亲子阅读。

(1) “故事爸妈”，亲情交融。

“故事爸妈进课堂”旨在鼓励和推广亲子阅读活动。在选题材、挑故事方面，“故事爸妈”跳出小学语文必读和选读书目，在适合孩子们阅读的优秀书目中遴选和讲解。同时，我每学期针对性地进行一场“故事爸妈”微沙龙，引进绘本图书讲读技巧、经验及相关知识的培训，让“故事爸妈”更专业。每学期我们班都会开展“书香家庭”评比、召开亲子阅读分享会、“故事爸妈”微沙龙，让阅读唤醒美好家庭氛围。

(2)“云上”班会,学会感恩。

升入五年级后,很多家长反馈说孩子叛逆,我及时召开线上“悠悠父母心,殷殷儿女情”主题班会,推荐亲子共同阅读梁晓声《母亲》这本书,引导学生懂得感恩、懂得回报。

伴随着“亲子阅读活动”的开展和逐步深入,多元化的形式,多样态的故事,让阅读的种子在每个孩子的心田生根发芽。家校合作让孩子们的阅读宽度和深度,达到了新的高度,家长与学生实现了共生共长。

(三) 书香致远,润养社会续航力

习近平总书记说:“要提倡多读书,建设书香社会,不断提升人民思想境界、增强人民精神力量。”通过阅读让学生树立高远理想,懂得中国少年使命担当,为培养优秀的社会主义建设者和接班人夯实基础。

1. 热爱家乡,自信自强

我引导孩子们带着发现美的眼睛走进苏州博物馆、苏州革命博物馆、苏州御窑金砖博物馆,走访张继笔下的寒山寺,开满红枫的天平山,感受苏州文化的魅力,激发学生热爱家乡的自豪感。

2. 心系家园,责任担当

在班级“养正”文化浸润下,学生们走进社区,开展垃圾分类研究:学生利用假期观察、对比本小区与周边小区垃圾分类的实施情况,对社区居民进行采访,撰写调查小报告,并向管理处提出切实可行的建议。编创童谣诗歌,宣传垃圾分类,共建惬意栖居。引导学生树立大局意识,增强社会责任感。

3. 聚焦国际,胸怀天下

引导学生聚焦当下国际内外热点,立足国情,放眼全球。例如“中国为什么能实现脱贫致富”“如何看待中美对话”等,邀请指导老师、家长,共同完成调查研究,通过 PPT 或手抄报等形式进行展示汇报。在聚焦国内外热点时事中,进一步激发学生的爱国意识。

从学校、家庭到社会,阅读像一条美丽而灵动的纽带,在校内外的活动中,展现了班级积极进取的精神面貌,使得孩子们的浩然之气也日渐高昂。

特色:

(1) 班本阅读增底气。多形式、多场域、多媒介的阅读,在充分挖掘文本的内在价值和外在价值的过程中,涵养学生品格。

(2) 全科阅读助才气。在主题目标指引下,多学科联动,让阅读渗透到各门学科，让各有所长的学生都爱上阅读，学生才情满怀，自信满满。

（3）家校共阅育正气。多元化、多样态的校园阅读活动，提高班级凝聚力。多主题的家庭阅读活动，唤醒美好家庭氛围，家长和学生实现了共生共长。

（4）书香社会长志气。行走研学促进实践力，树立高远理想，懂得使命担当。成为有底气、有才气、有志气的社会主义接班人。

成效：

1. “悦”读创作，梦想领航

班级“悦”读文化的构建和“悦”读活动的开展，让孩子们有了变化，渐渐地，他们也能用文字记录自己的生活和思考了。

他们用“梦想接力棒”绘制自己的梦想蓝图；用“最美天使，与爱同行”来颂赞白衣天使；用“百年大党，风华正茂”来倾诉对祖国的热爱和自豪；用“中国为什么要向外国提供新冠疫苗”来记录自己对国际形势的思考……看着学生们用心、用情的作品，感受着他们品行的逐渐塑造，内心真为这些浩然正气的孩子们感到欣慰又自豪。

2. 阅润童心，“育”“践”成长

在“悦”读的浸润下，充满活力、积极向上的“悦”读班级逐渐形成。在很多区级、校级评比中，班级也屡获佳绩。我们班每学期均获校级“文明素质示范班”，我们班的“养浩然正气，树高远志向”班队活动进行全校展演，我们中队被吴中团区委、吴中区教育局、吴中区少工委评为“2019 年度吴中区优秀少先队集体”，班级中队角被评为“吴中区优秀中队角”。我也被评为“2018 年度吴中区优秀少先队辅导员”“2019 年度吴中区最美少先队辅导员”……

在班级文化的浸润下，班级学生在省市区各类作文竞赛中均有获一、二、三等奖，如翁梦菲在“全国鲁迅青少年文学竞赛”中获优秀奖，贯卓弋在全国“中国故事大会”中获银奖，徐昕菱、张涵烁、李逸轩等 14 人在苏州市蒲公英美文大赛中获一、二、三等奖，田未希、潘蔼凌家长在吴中区“亲子共成长”家庭教育征文评比中获奖。有些作品还登上了报刊媒体，展示出了班级独特的“悦”读特征，展现出了班级独特的阅读树人。

五、结语

作为一名年轻的班主任，我也与我的学生们共同成长着，我和我的学生们为 6 班而骄傲，为传承阅读文化而振奋，更为生在中国而自豪，我们将继续以读为马，恣意年华，常怀青云之志，不忘正义情怀，阅以养正，“育”“践”成长！

案例2:智慧“四导”:让学生行走在班级中央

——“以生为本”,基于学生多向发展的班级管理方略

苏苑实验小学　管静

一、育人理念

小学是素质教育改革的起点,班级的科学化管理是实现教育改革的关键因素之一,班级的管理模式直接影响着学生的发展状况。

中共中央、国务院印发的《关于深化教育教学改革全面提高义务教育质量的意见》中提出:“坚持‘五育’并举,全面发展素质教育”“深化课程育人、文化育人、活动育人、实践育人、管理育人、协同育人”“培养德智体美劳全面发展的社会主义建设者和接班人”。

因此,基于“五育”并举、以学生为中心的教育理念,及班级管理实际,我提出了完善小学班级管理的对策,即确立智慧“四导”的教育方式——导德为基、导智为本、导能为径、导美为核,从而构建德智体美劳全面发展的育人体系,培养全面发展的社会主义建设者和接班人。

二、班情分析

小学阶段的学生心智发育还未健全,知识能力薄弱,因此,小学教育是学生人生教育阶段中最需要鼓励、扶持的教育阶段。小学班级管理的好坏直接影响到学校教育目标能否实现。管理方法是否科学合理直接决定着班级管理的效益和高效育人的效果。

三、班级发展目标

在日常的学习生活中,培养学生完整的人格。

(1) 导德为基:引导学生根植文化底蕴,在涵养品格的过程中,提升素养,培养学生健康个性,形成好品行。

(2) 导智为本:培养学生获取知识、积极思维的能力,激发学生兴趣,提升学生智能技能。

(3) 导能为径:通过自我管理、规范管理、集体活动等,学生有健康的体魄,同时具备各种劳动能力。

(4) 导美为核:提升学生的审美情趣,同时也塑造自己美的心灵。

四、实践做法

（一）导德为基，让品格出彩

班主任是班级发展的首要引导者，有效做好班级的德育管理工作，有助于培育学生的道德素养，促进学生的全面发展，从而更好地落实“以生为本”的教育管理理念。同时，也能够促进和谐、友爱班级的形成。

1.“三会”课程，培根铸魂（图6-5）

（1）晨会，聚焦日常优班风。

晨会是学校对学生进行思想品德教育的主阵地，是学校德育教育不可或缺的组成部分。成功的晨会，用孩子们喜闻乐见的方式，以小见大，如润物细无声的春雨般不经意间滋润了他们的心灵，启迪了他们的情操，开拓了学生通向光明的大道。

我班的晨会，着力关注学生的日常行为。例如，我通过晨间一个学生捡起地上纸屑的行为，及时进行了“捡起身边的纸屑，创造美丽的班级”文明习惯教育；抓住课间学生在走廊奔跑的现象，进行“课间十分钟，有规也有度”的安全教育的晨会，让晨会大放异彩。

（2）班会，立足班情塑品行。

开展班会课，是团结班级力量，提高班级管理质量，培养学生判别能力的有效途径。在日常的班主任工作教学中，我注重主题班会的开展，如在建党100周年来临之际，我组织学生举行了“循着足迹向前进，共建红色精神树”的主题班会活动，引导学生在党史学习中厚植爱国爱党精神。组织“树文明校风，做文明学子”演讲比赛，号召队员们争做文明小卫士。

同时，我定期在班级开展安全教育、感恩教育、立志教育等主题班会，让学生在丰富多样的班会活动中树立正确的三观，提高明辨是非、鉴别美丑的能力。

（3）“云”会，着眼当下立远志。

线上云平台交流会是基于足不出户就能对学生进行各方各面教育的一种新型教育方式，在信息快速发展的当下，打破了传统的教育模式，能够激发学生的学习兴趣，积极推动良好班集体的形成。

我利用丰富的线上资源，定期组织学生开展网络“云”会，注重鼓励、引导学生们开展主题丰富、形式多样的活动，如在网络上进行“云平台”浏览中国非物质文化遗产作品，开展“童心向党”作品展等，引领队员们以网络形式学习、交流、分享。

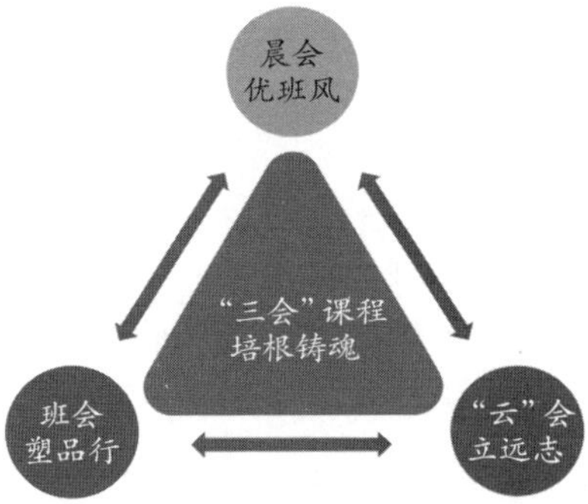

图 6-5　“三会”课程培根铸魂

2. 阅读课程，修德增信

(1) 多时段阅读样单

多时段阅读样单通过多角度、多层面、多形式的阅读达到各学科知识间的整合。班主任作为整合阅读的统筹人，每个月寻找一本经典读本，围绕一个主题，开展阅读延伸活动，在充分发掘文本的内在价值和外在价值的过程中，促进学生全方位的素养成长。表 6-6 以一学期为例：

表 6-6　多时段阅读课程样单（秋季）

月份	阅读主题	教学（活动）内容
9 月份	《最美的科普·四季时钟系列》：激发热爱科学的情感	语文课：阅读《最美的科普》，开展系列活动
		晨会课：了解冬奥项目，学习滑雪姿势
		班会课：了解四季奥秘，探究自然景观
		品社课：走进美丽世界，学唱《四季歌》
10 月份	《示儿》：根植红色爱国情怀	语文课：吟诵《示儿》，开展诵读比赛
		晨会课：古诗新唱《示儿》，体验古诗新魅力
		班会课：在“思维导图”绘制中，重走长征路线图
		品社课：畅想美妙爱国画，小小少年绘真心
11 月份	《西游记》：明辨是非，树立正确的三观	语文课：认识各类妖怪，编写新妖怪
		晨会课：阅读《西游记》，开展西游之道
		班会课：讲演西游故事，发现西游秘密
		品社课：翻唱片尾插曲，感悟西游力量

续表

月份	阅读主题	教学(活动)内容
12 月份	《中国国家地理精华》:引领学生热爱祖国的情感	语文课:阅读《中国国家地理精华》,开展系列活动
		晨会课:认识祖国名胜古迹名字,编写简短介绍
		班会课:了解祖国名胜古迹起源,探究人文历史
		品社课:品鉴祖国风景名胜佳作,创作书画作品
1 月份	《鲁滨逊漂流记》:培养学生坚持不懈、果敢无畏的品质	语文课:阅读《鲁滨逊漂流记》,开展系列活动
		晨会课:了解生存奥秘,掌握生存法则
		班会课:认识生存工具,续写生存故事
		品社课:找寻励志故事,感知坚强品质

(2) 多视域读物类型

在有限的班级环境中,作为班主任,我将最大限度地开发出学生们读书的天地,即六个"一"(一柜、一墙、一板、一桌、一廊、一屋)的阅读环境(图 6-6)。

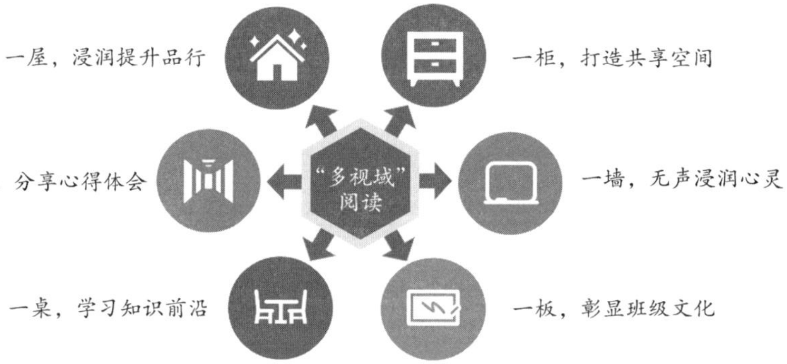

图 6-6　多视域阅读课程样单

一柜,打造共享空间:班级的书柜,各类书籍按文学类、探秘类、科学类等不同类别放置,以便学生能够很快地寻到自己需要的书籍。

一墙,无声浸润心灵:班级北面的文化墙上,学生自发布置成了阅读天地。各类伟大人物的心路历程被布置在上面,读一读,思一思,议一议,精神品质润心灵。

一板,彰显班级文化:班级后面的软板,贴满了学生的各类文字作品。从《节约点滴,爱护地球》到《坚持才能看到彩虹》,每一篇文章,都让学生们心灵得到洗涤。

一桌,学习知识前沿:班级内的读书桌上,每隔一月会定期更新杂志,《中国少年儿童》《知心姐姐》《心理与健康》等。

一廊，分享心得体会：班级外面的走廊上，是学生每周书写的阅读心得。将品行的培养根植在文字和心中，无形中润化了每一个来往经过的学生。

一屋，浸润提升品行：利用学校“书苑学堂”诵读场所，在固定时间带学生前往，让学生在不同环境中弘扬德善，博言雅行。

（3）“多层级”阅读主题

围绕六大品格关键词，以主打读物为核心，以学生身心发展特点为原则，精选有品的读物，以知引人、以情感人、以志树人、以行导人，达到学生品格提升的目的。

① 热爱生活。即心怀梦想，学会生活，永葆阳光心境，拥有一颗自强不息之心。

主打读物：散文《假如给我三天光明》。

形象代言：海伦·凯勒。

② 勇于担当。即记住自己承担的爱与责任，具有一定的社会责任感。

主打读物：法国小说《小王子》。

形象代言：小王子。

③ 果敢无畏。即智慧果敢，有勇气去克服困难。

主打读物：英国小说《鲁滨逊漂流记》。

形象代言：鲁滨逊。

④ 启智思辨。即学会学习，学会思考，具有一定的哲学思辨能力。

主打读物：哲学经典《苏菲的世界》。

形象代言：苏菲。

⑤ 诚挚友谊。即真诚地对待生命中的每一个人，诚实守信，会合作，会交往。

主打读物：童话《夏洛的网》。

形象代言：夏洛。

⑥ 亮出自我。即拥有自己的梦想舞台，学会认同自我，善于展示自我。

主打读物：经典读物《特别的女生萨哈拉》。

形象代言：萨哈拉。

（二）导智为本，让学习出彩

1.“‘E’生一案”，学习有行力

学生成长档案就是保存一个学生成长状况的各种文字和材料，记录学生成长过程中的，具有动态、立体、直观、形象化的特点的纪实档案。可分为个人简历（学生的家庭情况、奋斗目标）、荣誉（学习成绩纪实、点滴成功表）、作品（学习随笔、读书收获）、寄语（老师的寄语、好朋友的知心话）、反思（自省表格、进步记录）；也可以分类记载，如“请你认识我”（我的优缺点、我的理想、我的座右铭）、“双周自省”、“成功足迹”、“成长反思”和“成长记录”5个部分，内容涉及学生在德、智、体、美、劳，特别是在思想品德的养成方面的得与失。档案可分两个方面：一是无声档案，如文字、照片等书面材料及纪念物等。如学生成绩单、奖状等。学生感到开心和不开心的一些特别事件，也可记载下来，在这期间的照片、奖状、奖品等都应精心保管好。二是有声档案，用录音磁带或用摄录机把学生成长过程中的一些珍贵的片段拍下来存档。

以某学生E档案的目录为例（图6-7）：

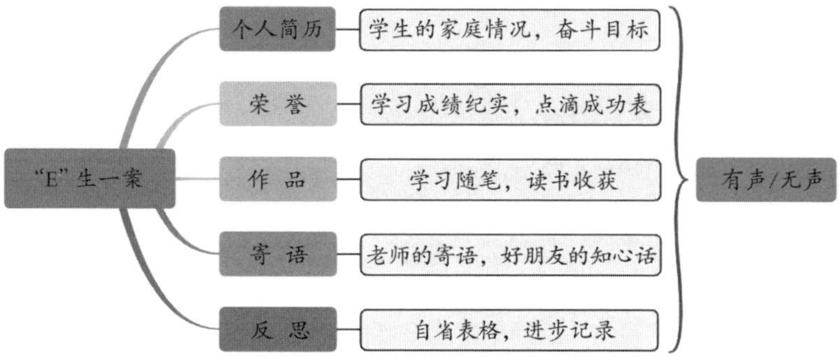

图6-7 “E”生一案

2.“师者联盟”，学习有助力

作为班级的第一责任人，班主任积极主动地与学科教师沟通，密切配合，形成“师者联盟”，统一任课老师的教育思想，明确共同遵循的教育原则，构成一致的教育目标、教育期望，形成统一的教育合力，步调一致，相互配合，团结一致，共同育人，形成一个良好的有影响力与感召力的集体，加强对学生的学习的助力。

作为一名班主任，我强化学科教师的主导地位，在实施班级评比制度时，让他们共同了解监督学生的参与情况。在班级学期末的“三好生”评比活动中，主动征求学科教师的意见,并将他们的意见及时反馈给学生。在教师们的共同关心帮助下,学生们各方面的知识与能力都得到全面的提高,自律意识得到加强。

3. “家校微营”,学习有合力

著名教育家陶西平先生说过:“学校教育如果不与家庭教育相结合,学校教育就显得苍白无力。”所以,良好的家校合作能使我们的教育事半功倍,能促进孩子更幸福健康地成长。因此,我组建了“家校微营”,让学生们的学习有合力,能形成 1 +1 >2 的效果。

班级特有的网络论坛“转角屋”,是一个大家畅所欲言的平台,通过这个平台可以发表自己的观点和看法。比如班主任可以就年级月主题的活动,征询家长们的意见,家长们积极响应,献计献策,由家长们推荐相关曲目,挑选班级的比赛歌曲。在这个自由开放的平台,家长们更方便发表自己的意见。同时班级开设家庭教育课程,围绕习惯养成、亲子沟通等内容开展研究,使得学习有合力。

(三) 导能为径,让管理出彩

1. 设岗定位,提升责任力

班级生活是群体生活,每个个体在其中承担责任、实现价值。“人人有事做、事事有人管”能促使学生真正走进自己的生活,主动地承担各种不同的生活角色,不仅锻炼学生体魄,还能引导学生在不同岗位的履职中提升自己的人格。学生经历工作的“适应与不适应”“适合与不适合”“付出与收获”“反思与成长”的活动经验,以此引领学生的成长。表 6-7 是班级管理岗位分工表。

表 6-7　班级管理岗位分工表

岗位	姓名	岗位职责
班级口令员		负责上下课口令、班级誓言等口令领起
好人好事登记员		记录班级好人好事,并及时上报学校德育处表彰
班级矛盾调解员		处理同学们之间发生的纠纷,依据班规公开、公正解决
走廊安检员		巡视有无同学奔跑或做危险动作,进行友情提示
桌凳摆放监督员		桌凳摆放整齐,监督离位凳放桌下
课间行为纠察员		检查、纠正课间同学们的不文明言行
课前提醒小螺号		负责课前提醒同学们做好每节课的课前准备

2. 创设班本,增强凝聚力

班本课程是在班主任指导下,有目的、有计划地为实现班级教育目标而举行的各种教育、教学实践活动，是集体形成的基础，发展的催化剂。班本课程的目的与学校的教育目标是一致的，都是为了促进学生德智体美劳等方面的全面发展，是实现学校教育目标的重要途径。与课堂教学相比，班本课程内容更多样，形式更活泼，同时也是良好的班集体形成的重要手段。

“自然微观科技”是我班的特色班本课程，同学们将“微景观”放置在班级，大家以高科技的方式来感触大自然，感受大自然的美好温度。除此之外，我班还有全面发展的多种方式，如社会调查、参观访问、社会服务及社会交往等，能增强学生的道德情感，增强班级凝聚力。

3. 行走研学，促发实践力

教育部等11部门《关于推进中小学生研学旅行的意见》中指出，中小学生研学对于促进中小学生全面发展，推动基础教育改革，促进经济社会发展有重要意义。

通过研学加强对学生的社会主义核心价值观教育。在重要的纪念日中，我依托自然和文化遗产资源、红色教育资源和综合实践基地等，让班中学生在研学旅行中实地感受中华民族传统美德，感受革命光荣历史，感受改革开放伟大成就，激发学生对党、对国家、对人民的热爱之情，增强对坚定“四个自信”的理解与认同，加强中小学德育，践行社会主义核心价值观。

（四）导美为核，让个性出彩

蔡元培先生说：“纯粹之美育，所以陶养吾人之感情，使有高尚纯洁之习惯，而使人我之见，利己损人之思念，以渐消沮者也。”教育者应以此为契机，深入引导学生认识美、感知美、寻求美的真谛，满足学生对美的渴求，帮助学生树立正确的审美观和健康的审美情趣。

1. 一图一墙，熏染美韵

苏霍姆林斯基曾经说：“无论是种植花草树木，还是悬挂图片标语，或是利用墙报，我们都将从审美的高度深入规划，以便挖掘其潜移默化的育人功能，并最终连学校的墙壁也在说话。”

学生手绘图和亲自布置的文化墙，反映着我们的班级精神。学生利用空余时间，发挥自己的优势，设计图报以及墙画，师生共同努力，为建设班级环境添砖加瓦。

2. 一徽一歌，激发美趣

班徽、班歌是班级的“软文化”建设，作为班级特色的标志，它们的设计活动有助于学生对班级产生认同感和自豪感，更为重要的是有助于挖掘学生的创造力、审美力，加强班级的凝聚力，增进学生间的了解和信任。

班徽设计中要注意图形的造型美，要在细小范围中反映具体的艺术特征，给人以美好、动人的形象，也要具有和谐、悦目的形象，还要注意意和形的综合美。班歌的歌词是班歌育人的保障，是体现育人效果的重要因素。在设计过程中，融入对学生的美育指导，是润物无声的育人方法。

我们的班徽图案是一本翻开的书（图 6-8），上面写着"敏学""善思"4 个字，书上还有一棵萌芽的小绿苗，寓意着"阅读伴我成长，让我们将爱国情、报国志、践国行落实于行动"，也象征着我们勤学善思，充满活力的集体风貌。

图 6-8　班徽图案

3. 一导一评，架构体系

所谓"一导一评"，就是"导美"以及对学生学习过程中表现的及时评价反馈。对学生的导美行为要尊重主体，保护学生的个性色彩，同时，教师要善于运用学生之间的即时评价，运用评价对学生学习实行有效微观调控。

我班实行每日"小而美"小组评价活动，以小组内发现成员当天的"小而美"行为进行表扬，达到激励评价的目的。

理念特色（图 6-9）：

1. 阅读课程班本化。多角度、多层面、多形式地阅读，在充分发掘文本的内在价值和外在价值的过程中，促进学生全方位的素养成长。

2. 校内校外巧链接。班本课程提升集体凝聚力，行走研学促进实践力。

3. 师生家长形合力。凝聚产生力量。家校齐心，能实现教育的最优化，形成教育合力，提升教育成效。

4. 物型精神同打造。通过物型文化建设，强化学生体验，改变学生认知，引导学生建构自我，提升审美。

5. 以生为本德为先。学生是行走在教室中央的主体，所以以生为本创课程，以德为先育人才。

图 6-9　理念特色

成效：

智慧“四导”的育人理念正在我校推广，成为一条可操作、可实行的方针。在智慧“四导”理念下，我班学生站在了班级的中央，成为班级的主体。在德智体美劳各个方面都得到了提升。

德：多次被评为校级“文明素质班”。2020 年，被评为区级“优秀少先队集体”。

智：在各项竞赛活动中收获颇丰，例如在江苏省金钥匙科技竞赛、数学竞赛、各种作文竞赛中均获一、二等奖。

体：两位体育特长生作为学校代表参加了区级运动会，获得区级荣誉。

美：2021 年新学期，我班被评为“最美教室”，我班成长日记被公开展览。小学校园文化艺术节获绘画类特等奖。

劳：2020 年的“志愿者行动”中，我班十位同学的志愿行为获校级表彰。

导智为径，以“智”的写作为例，我班学生获奖情况如下（表 6-8）：

表 6-8　2020—2021 年五(2)班学生获奖情况

获奖项目名称	组织部门	个人获奖
“《七彩语文》杯”全国小学生作文大赛	《七彩语文》杂志社	特等奖 1 人 一等奖 2 人
苏州市蒲公英作文比赛	苏州市教育局等	一等奖 3 人 二等奖 3 人

续表

获奖项目名称	组织部门	个人获奖
吴中区中小学生“悦读苏州 文明大家”阅读征文大赛	吴中区教育局	一等奖1人
吴中区第二届古诗文比赛	吴中区教育局	一等奖2人
2019年度吴中区小学生学科十佳	吴中区教育局	(语文学科)“十佳”
2020年市美文大赛	苏州市教育局等	一等奖1人 二等奖2人

当然,智慧“四导”理念的开发与实施需要一个较长的时间周期。因此,以上成果仅代表理念实施以来外在的研究成果与收获,而学生内在的德、智、能、美的提升,还将在无形中继续涵养与升华。

智慧“四导”课程,立德树人的推进,成就了孩子们和我的成长!

五、 结语

让学生行走在班级中央,发散最耀眼的光芒。我将继续以这样的方式,带领着班级乘风破浪,披荆斩棘,向着未来的星辰大海继续奔赴而去!

第三节　泛在阅读育人的活动案例

案例1:苑小点播台

苏苑实小公众号特设“苑小点播台”栏目,譬如:跟着语文老师读经典、跟着英语老师读绘本等,已先后推出多期主题阅读,引领苑小学子浸润书香。“苑小点播台”微课程栏目,通过图文并茂的内容和视频演示,力求为苑小学子搭建多元的阅读平台,提供优质的微课程,让他们感受、体验多彩的阅读活动。

(一) 跟着徐老师读经典之《城南旧事》

【小编寄语】

老屋的瓦片,店门上的老门牌,围墙边摆放的破酒坛……那个齐耳短发、眼神炯炯的小英子连同停留在她记忆里的人、事、物,一起停驻在我们的心间。今天,让我们一起走进英子的世界,跟着徐老师读《城南旧事》,去触摸20世纪20

年代北平城的悲欢人生……

【作家简介】

林海音(1918—2001)：原名林含英，小名英子，籍贯台湾苗栗，中国现代著名女作家，被称为台湾文学“祖母级的人物”。1918年出生于日本大阪，三岁返回台湾，五岁随父母到北京，在北京居住了二十五年。返回台湾后，她展开了自己的文学创作，写出了四十余部令人难忘的文学作品，并被译为多种文字，她的一生荣获众多文学奖项，1998年，获得第三届世界华文作家大会终身成就奖。

【作品简介】

《城南旧事》是林海音写的一部自传体小说，故事中的主人公——聪明伶俐的小英子，用她童稚、天真、纯善的目光，“见证”了发生在20世纪20年代北京城南的一幕幕悲欢离合。作者用满怀童稚的笔触，写就童年时代的悲欢离合，同时亦用孩童的视角，去观察，去体会社会中小人物的卑微，以及他们在时代浪潮的蒸腾中，是如何被动地接受人生的轨迹的。

【微课导读】

“童年”佳作：童年，是记忆的开始，也是一个梦的符号。童年如画，把点点滴滴收藏，变成一幅一生都值得珍惜的画卷。回忆童年，有许多梦一样的故事。我们的童年呢？一起来走进苏苑实小孩子们的童年趣事——

【读写创意】

★读完书后你有没有被小英子的纯真乐观所打动呢？在你的眼中，有没有这样一个朋友？请你以《我眼中的________》为题，像林海音奶奶那样，用充满童心的笔触，向我们介绍那位不一样的他(她或者它)吧！

★自传体小说其实都是作者自己的缩影，读完《城南旧事》后，小英子的形象有没有久久地停留在你的脑海中呢？有没有什么想对她说的话？提笔写信，最能传情，用信倾吐你的心声吧！

★ 如果读完《城南旧事》，你还意犹未尽，可以看看由这部小说改编成的电影，边看边想一想同样的情节，不同的呈现形式为你带来了哪些不同的感受？请你将这些感受用笔记录下来，完成一篇观后感吧！

链接：《城南旧事》(1982年)节选

【本课结语】

花儿谢了会再开，一曲终了还可以再从头，但是童年一去再也回不来了。所以，请珍惜属于我们的童年吧。静品书香，祝愿每一个孩子都能在阅读和表达中享受自然的美好、体悟生命的可贵和收获成长的喜悦！

（二）跟着徐老师读经典之《繁星》

【小编寄语】

谈到冰心，小编不自觉打出了“冰心奶奶”四个字，时光恍若回到了年少，想起了小时候第一次接触她的文字，一篇《小桔灯》在脑中萦绕，暖暖的文字开启了儿时对文学的向往和对知识的渴望。

今天，让我们一起走进繁星的世界，跟着徐老师读一读《繁星》这本书，随书中动情的笔调，静谧，沉思，追忆……

【作家简介】

冰心(1900—1999)，原名谢婉莹，福建长乐人，被称为“世纪老人”。她的创作生涯长达八十年，是我国现代著名的诗人、作家、翻译家、社会活动家，被誉为“中国儿童文学奠基人”。著有诗集《繁星》《春水》，散文集《寄小读者》《再寄小读者》《三寄小读者》。其作品文字柔和，清新淡雅。翻译作品有泰戈尔的《园丁集》《吉檀迦利》《泰戈尔剧作集》和纪伯伦的《先知》《沙与沫》等。《繁星》《春水》是其代表作。

【作品简介】

《繁星·春水》是人们公认的小诗最高成就，被茅盾称为“繁星格”“春水体”。诗歌形式短小而意味深长，语言清新而情韵悠长。其中包含三个内容：一是对母爱与童真的歌颂，二是对大自然的崇拜和赞颂，三是对人生的思考和感悟，构筑了冰心的思想内核“爱的哲学”。

【经典赏读】

《繁星》(选段)

1

繁星闪烁着——
深蓝的太空
何曾听得见它们对话？
沉默中
微光里
它们深深的互相颂赞了。

2

黑暗
怎么的描写呢？
心灵的深深处
宇宙的深深处
灿烂光中的休息处。

3

童年呵！
是梦中的真，
是真中的梦，
是回忆时含泪的微笑。

【名人评价】

有你在，灯亮着。

一代代的青年读到冰心的书，懂得了爱：爱星星、爱大海、爱祖国，爱一切美好的事物。我希望年轻人都读一点冰心的书，都有一颗真诚的爱心。

——巴金

【阅读建议】

摘录：积累诗歌清新淡雅、灵动悠长的语言。

写诗：展开丰富的想象，仿照现代诗的形式，记下自己生活中的真、善、美。

【本课结语】

轻轻合上书页，芬芳仍在，萦绕心间。《繁星·春水》，灿若星辰，让我们一同去亲近自然，感恩母亲，追忆童真……

（三）跟着纪老师读《小王子》

【小编寄语】

园丁在花园里劳作，松土，播种，施肥，浇灌，守候一朵花的绽放；

更夫在长夜里行走，提灯，摇铃，为每一户人家播送“晚安”，然后躺在阳光洒照的床上。

我想做一个园丁，在孩子们心中种下文学的种子，种下阅读的热情和习惯；

我还想做一个更夫，提着灯，摇着铃，为每一个孩子播送经典，然后，我们一起躺在经典的光芒里。

我想，那一定，诗意又芬芳。

【作家简介】

安托万·德·圣-埃克苏佩里，法国最早一代的飞行员之一，也是法国最伟大的作家之一，代表作有小说《夜航》，散文集《人的大地》《空军飞行员》，童话《小王子》等。因为经常飞行于高空，宽广的眼界让他的语言独树一帜又深刻绵长。他的作品里有高山、海洋、峡谷，有星辰、沙漠和风暴。在盛产大文豪的法国，他的作品获得过法国所有最高荣誉的文学大奖。

【作品简介】

《小王子》是法国作家安托万·德·圣-埃克苏佩里所写的著名儿童文学短篇小说。本书的主人公是来自外星球的小王子。书中以一位飞行员作为故事叙述者，讲述了小王子从自己星球出发前往地球的过程中，所经历的各种历险。作者以小王子的孩子式的眼光，透视出生活中的美丑、善恶、好坏，揭示了生命的本真，交往的真谛，表达了对世间真情的讴歌和赞美。

【语段欣赏】

看东西只有用心才能看得清楚。最本质和最重要的东西，眼睛是看不见的。

审判自己要比审判别人难得多。如果你能准确地审判自己，那你就是真正的智者。

正因为你在你的玫瑰身上花费了时间，这才使她变得如此名贵。

沙漠真迷人。让沙漠变得美丽的，是某个角落里深藏着的一口井。

当你抬头看着夜空时，因为我住在某颗星星上面，因为我会在某颗星星上面笑，所以对你来说，就好像所有的星星都在笑。你，只有你，才会拥有会笑的星星！

【精彩感悟】

读完这本书，我对“爱与责任”有了更深的体会与感悟。如果你喜欢一个事物，就要给予相应的呵护与照顾，是你的爱与责任使得它与众不同，成为世间的独一无二。不管是人对物的驯服，还是人与人之间的交往，爱与责任是我们相处的不二法则。在我心里，小王子就是我们每一个人，让我们都像小王子一样，学会爱，学会担当，在人生的漫漫旅行中，不懈地追求至真、至善、至美！

——2022 届毕业生　张小涵

第 326 号星球上，住着一个爱慕虚荣的人，他认为其他人都是他的崇拜者，而且他只听得见别人的赞美之词。其实，在生活中，我们经常会发现，不论是大人还是小朋友，都喜欢听别人的赞扬。一旦听见别人的批评建议，总是有抵触的情绪，不愿面对自己的不足。“人非圣贤，孰能无过，过而能改，善莫大焉！”我们首先要承认我们的缺点，才有可能改正。改正缺点，才能不断成长与进步。要充分发扬自己的优点，也要不断地完善自我。人就应该活得真实一点。

——2022 届毕业生　杨宜凡

【本课结语】

且把这本小书当作一朵玫瑰，在她身上花费你的时间；且把它当作一片沙漠，在它里面寻找你的井吧。我相信，只要你把它翻开来，读下去，它一定会让你也变得名贵而美丽。

（四）跟着贝老师读绘本

绘本故事对于孩子们来说，是他们成长的伙伴，是心灵的雨露，更是精神的家园。今天让我们跟着贝老师来一起学习英语绘本 *The Dragon Boat Festival*。

【小编寄语】

绘本选自“翼渡英语分级阅读”系列，该系列聚焦中华优秀传统文化最精华的文化现象、文化人物和文化内涵，采用“剧本台词”的方式进行编写，深受广大英语教师和孩子的喜爱，能够帮助孩子在自己熟悉的场景下，通过绘本的方式掌握教材词汇、句型，培养阅读能力。

【精彩感悟】

通过这次的绘本学习，我了解了更多关于端午节的知识，也明白了作为一名小学生，我们应该去了解更多的中华优秀传统文化并传承下去。

——五(4)班　史晟可

绘本故事插图十分精美，让我看到了秭归人过端午节的不同传统习俗。绘本的语言很生动，让我学到了很多有关端午节活动的英文。

——五(6)班　田诚

【本课结语】

阅读是最浪漫的教养。让我们一起放慢节奏，伴着初夏的气息，为孩子们播下阅读的种子，和孩子一同走进精彩的绘本世界，共度美好时光，让书声充盈孩子记忆的天空。

案例2:《我的整本书阅读报告手册》

淡淡花香,浓浓书香,阅读是一颗有生命的种子,在金色的童年种下阅读的种子,就种下了爱,种下了诗,种下了梦想。苏苑实小师生徜徉书海,采撷书香,每月一期的阅读特色作业之《我的整本书阅读报告手册》汇集了学生们阅读中的奇思妙想。阅读,我们在路上;树人,我们正进行。让阅读积淀树人的能量,是我们永远不变的追求。一路欣赏,一路采撷。一路吐蕊,一路芬芳。

泛在阅读:儿童精神成长的乐园

——《我的整本书阅读报告手册》(2022年第1期)

"腹有诗书气自华,唯有书香能致远。"为了激发孩子们的读书热情,培养良好的阅读习惯,让孩子们从优秀的书籍中汲取营养,苏苑实小开展了"我的整本书阅读"活动,班班共读,人人参与,并留下了丰富的阅读记录。瞧,《我的整本书阅读报告手册》第1期诞生啦!

一、一章阅读记录

书籍是最令人愉快的伙伴。瞧,一年级小朋友认真记录下自己与书籍交友的时间,激励自己每天阅读内容,养成读好书、好读书的学习习惯。

二、一封读者来信

当我们读完一个好的故事,并深深爱上这个故事时,是多么期待可以和作者交流呀!二年级的小朋友们将自己的喜爱、崇拜一一用文字传递给了作者。

三、一则故事记录

三年级的小朋友们共读《安徒生童话》,拿起画笔记录下自己故事的"三步走"。一个有趣的故事,凝缩成了三段简洁明了的文字,三幅丰富多彩的图画。

四、一幅人物图像

"一千个读者心中有一千个哈姆雷特。"四年级的同学们结合文字,展开了丰富的想象,绘就了自己心中的故事人物肖像。

五、一篇阅读汇报

不动笔墨不读书,留下阅读的痕迹,不仅能够积累语言素材,还能提高读与写的能力。五年级的同学们认真阅读,细心记录,在故事中收获知识,学习道理,品悟生命,将阅读感受诉诸笔端。

六、一种阅读发现

阅读给予人的生命底色是永恒的，能开启孩子的智慧之窗，打开孩子的心灵之门。六年级的同学们通过阅读故事，发现探究，总结经验，吸取教训，不断丰盈自己的精神世界。

一章，一封，一则，一幅，一篇，一种，六个“一”串联起了我们本期的《整本书阅读报告手册》。

让书香吹起远航的帆，让知识充盈稚嫩的心，苑小阅读之路行而不辍，苑小书香少年与光同行！

泛在阅读：儿童精神成长的乐园

——《我的整本书阅读报告手册》(2022 年第 2 期)

秋天的风带着桂花味，花香散在苏苑实小的每个角落；秋天的风带着果香，硕果挂满苏苑实小的枝头；秋天的风带着书香，一缕一缕地，渗透进每个苑小娃的心田。在这样一个深秋时节，苏苑实验小学开展的“我的整本书阅读”活动，精彩正在继续着……

一、推测一种结果

“咦？这本书里会有什么好玩的故事呢？”刚开始阅读的时候，小朋友对手里的书充满了好奇。看看封面、读读书名、观察图画，猜一猜书里会藏着什么有趣的内容呢？一年级的小朋友带着自己的思考，边阅读边推测，学着主动阅读。

二、分析一个主角

每个故事的主人公都有不同的个性、外貌、朋友、敌人。你最喜欢哪个人物呢？孙悟空、白雪公主、刘胡兰……二年级的小朋友将一个个人物形象分析得明白透彻。

三、描绘一幅场景

故事读完了，总有令你印象深刻的场景，拿起彩色的画笔画一画，再为图画配上解说，这是三年级的小朋友留下的阅读痕迹。

四、了解一个人物

四年级的孩子用心阅读着字里行间，那些文字的河流幻化成鲜明的形象流到他们心底。孩子们对故事人物的外在典型细节和内在个性特征都了然于胸。拿起笔记录，一个个鲜活的人物跃然纸上。

五、进行一次颁奖

总有什么,会在不经意间打动我们。也许是一种力量,也许是一份坚守,也或许仅仅是一个让人印象深刻的细节。合上书本,五年级的孩子纷纷给书中的人物颁奖。瞧,他们的颁奖词有理有据,获奖"选手"真是实至名归!

六、评论一段文字

苏轼说:"旧书不厌百回读,熟读精思子自知。"六年级的孩子已然学会了在阅读中思考,他们评论着喜欢的角色、内容,交流着有趣的地方、学到的新东西,探索着作者背后想表达的情感内涵。那自主阅读的模样,令人忍不住啧啧赞叹!

看窗外秋色漫卷,品书中人事悲欢。无论是清晨、午后还是黄昏,苑小的孩子都会自然地捧起一本书,伴随着这浓浓的秋意,沉浸在阅读的海洋中,怡然自得。

泛在阅读:儿童精神成长的乐园

——《我的整本书阅读报告手册》(2023 年第 1 期)

书香盈满人生路,不忘初心读好书。莎士比亚说:"生活里没有书籍,就好像大地没有阳光;智慧里没有书籍,就好像鸟儿没有翅膀。"读书足以怡情,足以博采,足以成长。

一、美文小作家

一年级的孩子们一拿到这本《谁和谁好》,就满怀欣喜地读起来。刚读罢,富有创造力的孩子们纷纷拿起手中的笔,为这些趣味十足的语句绘制了贴切的图示,创造出一幅幅鲜明的插图,丰富阅读体验。

二、童话小达人

"没有一艘船,能像一本书,也没有一匹骏马,能像一页跳跃着的诗那样,把人带往远方。"老师们节选了童话《七色花》,将阅读的种子轻轻播撒,在二年级的孩子的心间生根发芽,开出最绚丽的花。

三、故事探索家

成长的泥土,需要阅读的种子;孩子的进步,需要书籍的滋养。摸清故事的发展顺序,是孩子们探索故事情节的最好的打开方式。结合精美的插图和细致的描述,孩子们精确概括了文章的发展顺序。愿你们在书海探索,向美远航。

四、人物剖析家

阅读总会收获,而收获总会以各种形式记录着我们的点点滴滴,四年级的孩子们从“想法、感受、行动、关系”全方面多角度地推论书籍中人物的性格。在阅故事的过程中，做了丰富多彩的读书笔记，情绪高涨地分享着自己的收获。

五、阅读小画家

书中的画面让人念念不忘，书里的文字温暖澄澈，如同阳光流泻，点亮孩子们的童心。的确，书籍陪伴的童年是鲜活的、灵动的、美好的。五年级的孩子们不禁拿起笔，画出那些让自己印象深刻的情节，一幅幅精美的画作替孩子们收藏起那份溢满快乐的时光。

六、故事评论家

对比两个故事的相似之处和不同之处，摘录生动的语句，概括故事的内容，谈谈阅读的感受……一张张色彩丰富、创意无限的阅读单承载着孩子们满腔的读书热忱，留下了他们趣读、沉思的痕迹，更提高了孩子们的审美能力和辩证思维。

一缕书香，温润时光！生活还有诗和远方。苑小学生们确立一种信仰：让终身学习、毕生阅读成为一种习惯和风尚。书海寻访，遇见最美的自己！

案例3：每周好书推荐

“自是书香恒久远，唯有书香最醉人。”苏苑实小高度重视书香校园建设，深入挖掘阅读育人的价值，依托营造书香校园，让师生灵动的心自由地翱翔于“学海”“书山”之间，让读书成为习惯，让学习成为乐趣，形成一种促使师生主动学习、自由发展的人文环境。

通过“升旗仪式之好书推荐”活动，让每一位学生都能与好书交朋友，与智慧牵手，让书籍为学生开启一扇心灵之窗，在读书中感受学习的快乐，不断提高自我阅读品味，体验成长的乐趣。

【好书推荐1】

推荐人：六(1)中队　常扬

《尼尔斯骑鹅旅行记》这本书的主人公尼尔斯原本是一个不爱学习，经常捉弄小动物的调皮男孩。有一天，他受到小狐仙的惩罚，变成了一个拇指大的小人。还没等他弄明白是怎么回事，他已经骑在家鹅马丁的脖子上，和一群大雁飞上了天空。旅途中，尼尔斯和大雁群一起主持正义，扶危济困，结交了很多好朋友。正是这些经历使尼尔斯变成了一个具有正义感且智慧勇敢、心地善良的小英雄。最终他变回原形，回到家生活在父母身边，从此也变成了一名热爱学习的好学生。《尼尔斯骑鹅旅行记》是世界文学史上第一部，也是目前唯一一部获得诺贝尔文学奖的童话作品。让我们一起去读读这部优秀的作品吧！

【好书推荐2】

推荐人：六(2)中队　徐诗一

《童年》这本书让我们看到了一个别样的童年。在大众眼中，童年本应是人生中最受宠爱、最受呵护、最值得回忆的美好时光。可是，书中的阿廖沙却从来没有经历过这样的童年。作者以主人公阿廖沙的视角，描写了充满苦难的生活以及充满挑战的人世间。即便如此，阿廖沙也从来没有选择放弃与逃避，而是坚定了心中的信念，展现了主人公阿廖沙勇往直前与不惧艰险的精神，从侧面透露出人的韧性与坚强。在他的影响之下，许许多多生活在苦难中的人们重新看到了光明，找到了希望。我们要向他学习！

【好书推荐3】

推荐人：六(3)中队　林欣玥

《一只狗和他的城市》是一部励志动物小说，主要讲了一只再普通不过的狗，生活在城市的下水道里。它自己也没有想到有一天会变成一个人，来到偌大的城市里开启自己奇妙的生活。这本书故事情节精彩、跌宕起伏，语言幽默诙谐，充满着爱与善良、勇敢与担当，是一部正能量的作品，能让读者感受到这个世界的善良和美好。我们要做一个积极、阳光和乐观的少年！

【好书推荐4】

推荐人：六(4)中队　蒋奕茜

《套中人》这本书主要讲述了别里科夫害怕现实生活中一切新鲜的事物，顽固守旧，为了不受到外界的影响，他总想给自己包上一层外壳，给自己制造一个所谓安全的套子。当今时代，社会发展日新月异，各种新技术、新产品层出不穷，如果用别里科夫的眼光来看待当今社会发展那简直是不可思议。但是，正是变化的生活才给了我们多样的人生体验，让我们的生活更加丰富多彩。作为新时代的社会主义接班人，我们一定不要做思想上的套中人，要以广阔的胸怀、从容的心态，拥抱新时代，迎接新变化，开创未来更加美好的生活！

【好书推荐5】

推荐人：六(5)中队　滕马莉

《鲁滨逊漂流记》这本书主要讲了一个叫鲁滨逊的英国人，他十分喜爱航海和冒险，到过世界上许许多多的地方。有一次，鲁滨逊乘坐的船在途中遇到了大风，同伴们无一幸免，只有他活了下来，他在孤岛上生活了28年，克服了许许多多的困难，成功生存了下来，最终回到了自己的国家。这本书告诉我们：遇到困难和危险，不要放弃希望，用自己的双手去创造，乐观面对现实，就能成功克服困难，创造一个超乎自己想象的奇迹！

【好书推荐6】

推荐人：六(6)中队　宋晨轩

《钢铁是怎样炼成的》这本书的主人公是保尔·柯察金，他家庭贫困、年幼丧父，全靠母亲一人维持生计。他12岁就开始打工，受尽了磨难和侮辱。后来在朱赫莱的带领下，保尔逐渐成为一名坚强的共产主义战士。他还克服了战斗带来的失明与残疾。这本书告诉我们：人的生命只有一次，我们要珍惜时光，不懈努力，发挥出它的最大的价值！

【好书推荐7】

推荐人：六(8)中队　任浩源

《在人间》这本书主要讲述了外祖父破产以后，高尔基外出谋生的经历，这期间他饱尝了人间的痛苦。他在鞋店、圣像作坊中当过学徒，在绘图师家里当过杂工，在船上当过洗碗工。他在船上遇到了好心的厨师斯穆雷，并在厨师的帮助下开始读书，寻找真理，这时候他才领悟到读书是唯一能改变命运的途径。在生活中，大多数人应对崎岖的道路会选择望而止步，高尔基却告诉我们：只有勇往直前，才能收获成功的喜悦。在学习中，没有常胜将军，但只要有足够的拼劲，在逆境中我们就能够坦然地面对困难，成功之路，近在咫尺。

【好书推荐8】

推荐人：六(9)中队　王玥颖

《雾都孤儿》这本书讲述了小男孩奥利佛·特维斯特，自幼被父母抛弃，在孤儿院里长大，后来被迫进入苛刻的巴姆鲍经营的棺材店里做学徒，由于不能承受繁重的劳动和老板的打骂，他逃到伦敦街上，成为一名雾都孤儿。恶劣的环境、重重的误会、人性的黑暗包围着奥利佛，但奥利佛始终保持纯真的心，对生命抱有希望。

【好书推荐9】

推荐人：四(1)中队　夏依涵

《小王子》这本书讲述了小王子在自己的小行星上与他最喜爱的玫瑰花闹别扭后，独自一人开始宇宙旅行的经历。途中他遇见了形形色色的大人，最后到达地球时，与一只狐狸成了好朋友，这让他明白了爱就是责任。于是，小王子回到了自己的星球，与玫瑰花团聚。故事看似简单纯净，却富于诗情与哲理，表达了对真善美的赞美，也让我感受到了小王子的童真、好奇、友爱和责任心。

【好书推荐10】　　推荐人：四(2)中队　钟佳妮

《我要做好孩子》这本书主要讲述了金铃始终能够保持心中的那份天真、纯洁，并通过种种努力，最后和同学们一起充满自信地走进了升学考试的考场，以优异的成绩升入了理想的中学。通过阅读，我懂得了好孩子的内涵很丰富：学习优秀的是好孩子，勇敢正直、宽容善良的也是好孩子，就如同春天的花朵一样，有红色的、黄色的、粉色的……虽然形态、颜色各不相同，却有着各自吸引人的地方。课堂有限，阅读无限，一本好书，受益一生！

附　录

泛在阅读育人课题的研究论文

泛在阅读背景下，小学道法教学的“活”与“透”①

【摘要】通过“校内外结合”“线上线下融通”“家庭、学校、社会三位一体”的随处可见、随时发生的阅读方式，打造泛在阅读环境，构建泛在阅读课程，拓宽泛在阅读渠道，打破学科壁垒，利用丰富的阅读资源，将阅读和德育有机地统一起来，使学生从中感知、体验和接受各种美德，培养法制意识，将道法课上“活”、上“透”。

【关键词】泛在阅读；小学道德与法治；教学策略；“活”与“透”

一、泛在阅读的基本含义

泛在阅读就是指学生随时、随地、随心进行的阅读。学校精心打造全方位覆盖的阅读环境，浓厚书香的阅读氛围和阅读文化，实现学生即时阅读的可能，在泛在学习环境下，让阅读成为一种自然或自发的行为。因媒介不同，它可以指一些碎片化的、信息化的、非连续性的阅读，也可指生活阅读以及跨界的融合阅读。泛在阅读是继电子化阅读（E-reading）和移动学习（M-reading）之后，人类阅读方式的重大变革。

从语文阅读走向跨学科的阅读，从学校阅读走向生活阅读，从纸质阅读走

---

① 本文为江苏省教育科学“十四五”规划课题“指向立德树人的小学泛在阅读课程的开发与实施研究”子课题成果。作者为苏州市吴中区苏苑实验小学黄雅萍。收入本书时有改动。

向融媒体体验性阅读，即通过革新阅读方式和手段，扩大阅读场域和范围，开创综合、立体、创新、前瞻的阅读课程体系，唤醒学生的阅读力、思维力，提升学生的核心素养。

二、泛在阅读的德育价值

泛在阅读让阅读无时不在、无处不在。在阅读的过程中，学生提高了思辨的能力。同时阅读的效果也体现在对人的价值、人文精神和理想人格的建立上。学生在广泛阅读和学习的过程中，不断从书籍的各方面感受到德育的教化。泛在阅读可以帮助学生树立正确的世界观、人生观和价值观，有独特的育人优势。指向立德树人的小学泛在阅读课程，着眼核心素养，培养全面发展的学生。

阅读是一种精神品格的涵养，一种对生命姿态的塑造。阅读本身就是利用语言文字构建人的精神世界，塑造人的生命本质。将人文精神灌注其中，这也是社会的要求。文因道存，道以文显。丰富语言特色和深厚内涵的阅读材料完美地实现了文学性和思想性的统一。许多历史名人和革命志士的典范事迹、文学思想、警句名言，如岳飞的“以身许国，何时不可为”的英雄气节；范公“先天下之忧而忧，后天下之乐而乐”的为民奉献；于谦“粉身碎骨浑不怕，要留清白在人间”的人格尊严，这些都是教师对学生进行正面教育的好素材。可以说，阅读中蕴含的人伦、道德、情操的深厚底色为我们育人提供了得天独厚的丰富内容和有利条件。

因此，通过“校内外结合”“线上线下融通”“家庭、学校、社会三位一体”的随处可见、随时发生的阅读方式，打造泛在阅读环境，构建泛在阅读课程，拓宽泛在阅读渠道，在“纸读 + 屏读”的双媒介推动下，力求形成多维度、立体化、全领域的泛在阅读课程实施路径。

三、小学道法教学的“活”与“透”

上好道法课本身就要求形式活、方法活、资源活、思维活。形式多样、方法巧妙、资源盘活、思维灵活，是道法课教学的专业要求。在这种“活”中，阅读能有何作用呢？尊重学生探索的天性，释放学生思考的潜能，激活学生的生活经验，只有在这种过程中道法课教学才能真正“活”起来。

上好道法课也要求扎根学生生活的各个方面，将内容讲“深”，讲“透”。道法课教学必须是属于学生的道德与法治教学，源于生命的道法才能够为美好生活提供具体可认识的规则理解和道德自律。某种意义上，深深根植于生活的道法教学才能将社会主义核心价值观渗透至学生的日常行为和思想认识，入脑入心。教师一定要本着“教之道，德为先”的道理，在教学中打破学科壁垒，搜索和利用丰富的阅读资源，将阅读活动和育人目标有机统一起来，深度发掘和运用德育资源，引导学生主动感知、认真体验和积极学习各种美德，内化成为自身的个性化思想意识及自觉行为，将道法课上“透”，真正实现“立德树人”的根本任务。

四、依托泛在阅读，实施小学道法教学的策略

（一）构建融合阅读的道法教学课程

1. 设计教学，优化道法教学内容

“文章”“文学”“文化”，相辅相成。教学设计时必须巧妙勾连阅读材料，确定阅读主题，优化教学内容。新时代对小学思想教育工作提出了明确要求，小学思想品德教学的目的是通过加强小学生思想道德品质的教学工作，全面提升学生的综合素质，学生有着正确的道德价值观念，为我国建设精神文明的社会主义出一份力，共同实现我国的经济发展与社会稳定的新局面。教师的教学方式、目的、知识培养、能力培养都要进行改变。因此，小学道德与法治教学设计中须按照年级特点和单元主题，教师在备教材、备学情、备设计时有效穿插绘本、补充材料等阅读资源，打造灵活的教学环节，夯实教学。

2. 落实教学，打造道法趣味课堂

小学阶段的学生正处于人生观、价值观形成的初级阶段，这一时期的学生缺乏对社会的了解与认知。教师通过建设趣味课堂，让学生成为课堂的主人，道法趣味课堂不仅能有效提高道法教学的深度和广度，并且能全面提升学生的主观能动性。打造富有特色的趣味课堂的设计中，教师还可将具体知识以生动、贴近学生生活的阅读方式展现出来，这样学生也能积极、自主地学习道德与法治知识技能。道法教学创设形式多样的课堂活动，打造“兴趣”和“思维”共频的体验式、活动式、参与式课堂，引导学生在真实的阅读情境和阅读体验中收获知识，培养好习惯，树立正确价值观。

3. 拓展教学，开发道法特色微课

微课的知识点小而精，针对道法相关内容选择阅读重点，总结归类，结合具体阅读内容，录制特色微课，从而指导学生拥有更加广阔的视野和多元的视角，了解道德与法治课程中所涉及的思想认识、传统文化、道德标准、法律知识等，

更好地攻克难点。例如，五年级上册第三单元第六课《我们神圣的国土》这一微课以学生已有知识经验为基础，以阅读活动贯穿课堂始终，在老师清晰的教学思路下，从不同方面引导学生一步步感受祖国疆域的辽阔。让学生在活动中快乐地学习，也对我们祖国疆域的辽阔有了更进一步的认识，增强了对伟大祖国的热爱之情。

4. 延伸教学，实现道法多元评价

道德与法治是学校德育工作的主阵地，基于对学生的学习基础、学习进度、行为转变情况做出确认，以促进学生的道德认识和道德行为的形成。教师基于“双减”要求，有意识地设计趣味性浓、知识性强的阅读作业，进一步激发学生的学习主观能动性。同时，教师围绕道德与法治教学要求，整合教材资源，创新作业形式，有目的地引导学生积极参与阅读体验类、阅读实践类作业，以此为着力点将学校德育活动有机结合起来，进一步优化学生的沉浸式体验。

（二）开展立足阅读的道法实践活动

1. 开展校园道德与法治阅读专题活动

创设道德与法治课外阅读专栏。文学作品中蕴含了深刻的道理，蕴藏着中华优秀传统文化的精华，是中华民族先辈智慧的结晶，在教师的带领下，组织全体学生轮流分批次参与，利用教室文化墙、楼道特色走廊、校园文创位置布置按周和月更新的“道德与法治阅读专栏”，结合相关主题，开展学生圆桌分享会，鼓励他们各抒己见，激发学生参与本项活动的主动性和实效性，明确学生的主体地位，将一味讲授的道德与法治课堂变成学生亲身体验、贴合真实生活、符合社会大课堂的学校大课堂。

2. 推进道德与法治劳动教育

在小学道德法治教学中，学校开辟“劳动教育实践基地”，针对不同年段的学生布置任务活动，帮助他们形成岗位负责的意识和态度，培养学生有始有终地完成劳动任务的习惯和意识。在此基础上，教师适当借助“阅读节环创”“红领巾进社区”等主题活动拓展劳动教育，增强学生的劳动意识，提高学生劳动能力，使其无论在学校还是在社会都能养成良好的受益一生的劳动习惯。一系列的学校劳动实践拓展活动，有效增强了学生的责任意识、劳动意识，使学生懂得主动爱护校园环境，珍惜他人劳动成果，真正落实小学道德与法治教学内容和实施目标。

3. 组织社会道德与法治阅读体验活动

定期组织学生到所在社区或街道开展道德与法治阅读相关宣讲活动，把课堂知识变成可见可触摸可记录的社会实践的活动。社会是真实的、宏大的课堂，生活是贴近学生的课程资源和补充，实践是最好的学习内化方式和有效途径。社会生活与社会实践是学生成长和进步最重要的纽带。有计划地组织班级学生参与社区和街道道德与法治阅读宣讲，走进社会生活，不仅可以增长很多在课堂上学不到的知识，也能把课堂学到的道德与法治理论知识同社会实践紧密联系，加深对学习内容的理解，培养学生为建设社会主义现代化强国而努力奋斗的社会责任和伟大理想。

综上所述，借助课堂教学，挖掘教材中的阅读要素，利用多种平台，创设多项活动，寻求有效策略，打通道德与法治教学与阅读之间的渠道，以此探究学科教学实施策略，才能真正发挥道德与法治的育人价值、育人优势，着力培养学生的核心素养。

让童年邂逅阅读

——苏苑实验小学阅读课程建设的思考与实践①

【摘要】本文把学生阅读放在学校课程大系统中审视和研究，以“让童年邂逅阅读”为出发点，多维度、立体化地构建了苏苑实验小学七大阅读举措，分别为：一个理念、两者先行、三位一体、四“一”读法、五重评价、六年一贯、七彩童年，形成了以学生阅读为主渠道的苏苑实小阅读课程体系。

【关键词】一个理念；两者先行；三位一体；四“一”读法；五重评价；六年一贯；七彩童年

苏苑实验小学秉持“阅读树人”的办学理念和办学追求，以“让童年邂逅阅读”为出发点，多维度、立体化地构建了七大阅读举措，分别为：一个理念、两者

① 本文发表于2017年11月《语文知识（小学版）》，2018年4月被人大复印资料全文转载。作者为苏州市吴中区苏苑实验小学唐晓芳。收入本书时有改动。

先行、三位一体、四“一”读法、五重评价、六年一贯、七彩童年，形成了苏苑实小阅读课程体系。

一、一个理念——课程目标

一个理念就是指“阅读树人”，其内涵为：培养阅读习惯、熟练阅读技能、扩展智力背景、提高人文素养。

为了让理念落地生根，我们将其物化为极具特色的校本阅读环境和阅读抓手。譬如：“打造一所图书馆中的学校”——绿荫下、转角处、走廊边，到处都有图书的身影。只要你放慢脚步，随手就能拿过一本书来，静静地读上一读，沉浸在悠悠的墨香之中。又如，班班设立“图书角”，让阅读成为一种习惯——班级是孩子又一个家。在课间，孩子们随时随性就可以拿起“图书角”中的书读读，阅读就像风一样自然；周周升旗仪式有“好书推荐”环节，让阅读引领成长——利用每周升旗仪式进行“好书推荐”，激发学生的阅读期待，让孩子们与经典为伴，让阅读伴随孩子成长；课课（语文课）有诵读训练，让阅读成为一种常态——课前 3 分钟，由各班领诵员带领全班同学吟诵古诗词、好词佳句或名人警句，感悟意境、理解意蕴。虽然只有短短 3 分钟，但学生积累了语言，分享了文化，可谓“小舞台、大能量”；年年增添优质图书，让阅读环抱童年——学校每年都增添适合学生阅读的经典书籍，不断完善借阅机制和升级机制，达到开启心智、丰富知识、助推成长的目的。

二、两者先行——课程实施者

在“一个理念”的引领下，我们倡导“两者先行”。即：智慧教师，阅读先行；聪明家长，阅读同行。

苏苑实小是如何倡导“智慧教师，阅读先行”的呢？

1. 苑小教师读书社——点燃阅读的火苗

打造“苑小教师读书社”，旨在让教师成为阅读的种子，让阅读成为教师的文化自觉。读书社成立之初，成员均为校中层以上管理人员和各学科带头人。他们肩负起培养教师“读书火苗”的使命，成为推动全校教师阅读的生力军。

2. 苑小幸福读书吧——推动阅读的热情

在原有教师阅览室的基础上，苏苑实小设立了苑小幸福读书吧。教师可以在课余时间泡一杯绿茶，享受静谧的阅读时光。

苏苑实小又是怎样引导“聪明家长，阅读同行”的呢？

1. 最爱读书的家长——树立家长阅读的榜样

每学期，我们都会在班中组织“最爱读书的家长”评选活动。在家长会上、年级月主题活动中，这些家长将通过丰富多彩的形式交流、分享、展示自己的阅读经验，为孩子们树立阅读的好榜样。

2. 我与孩子共成长——记录每天阅读的点滴

为了能帮助家长做好自我阅读，修炼内功，与孩子共成长，苏苑实小特地设计了一本别出心裁的《家校苑地》。它的功能不再局限于记录作业，而是成为家长和孩子阅读的见证。

三、三位一体——课程主体

实践证明，教师与家长的阅读行为直接影响着孩子的阅读行为。爱阅读的教师才能培养爱阅读的学生，爱阅读的家长才能塑造爱阅读的子女。通过教师、家长的阅读推动孩子的阅读，把孩子从语文课堂的“一方水池”引向浩瀚无边的阅读海洋。为此，我们打造了学生—家长—教师“三位一体”的阅读共同圈。譬如，我们在做“2017 暑期推荐阅读书单”时，就增加了“家长阅读推荐书单”和“教师阅读推荐书单”。我们认为，推进亲“生”阅读、亲“子”阅读，是成人顺利介入孩子当下生活的最佳路径，通过师与长的阅读，真正实现对学生的呵护和关爱！

我们希望教师、父母能用自己的言传身教、以身作则去唤醒一颗幼小的阅读种子，用自己的真实行动来慢慢影响它，让它生根发芽、枝繁叶茂。

四、四“一”读法——课程结构

苏苑实小创设四“一”读法，即：每一天，享受“苑小三读”；每一周，落实经典阅读；每一月，开展年级共读；每一学期，举行书香活动。

1. 每一天，享受“苑小三读”

设置每天早晨、餐前、午间各 20 分钟的“晨诵陪读、餐前选读、午间悦读”自由阅读时间。在学生的阅读时段，教师进教室陪同读书，巡视指导，做到专时专用。

2. 每一周，落实经典阅读

学校课表中设立阅读课，一至六年级每一周都有一节专门的阅读课，强调专时专用，并依据年级段不同开设师生共同读书课、好书推荐课、阅读交流课、读书方法指导课、亲子阅读课等。

3. 每一月，开展年级共读

针对不同年级的学生，阅读的侧重点也不同。譬如，在阅读内容上，低年级老师向学生推荐的书目以绘本、童谣、童话、故事为主；中高年级老师则结合教材的单元主题或名家名篇向学生推荐课外阅读书目，实现班级、年级共读。

4. 每一学期，举行书香活动

本学期苏苑实小的阅读节以"书香浸润校园，阅读滋润童年"为主题，每个年级开展了不同的主题活动，其中一年级开展了"童眼绘春天"诗配画的主题活动，二年级举行了"唱童谣"比赛，三年级举办了"走进春天里"诗词朗诵大会，四年级开展"漂流书香，漂流美德"图书漂流活动，五年级唱响了"我爱记诗词"主题活动，六年级进行了"阅读空间站"读书推广活动等。

我们的目的就是课内拓展读，课外海量读，打下学生人生的底色。

五、五重评价——课程评价

评价制约课程发展，为此我们构建了五重评价，即：

1. 个人自评

通过个人自评，达到自省的目的，激发其阅读的内驱力，以记录学生成长路上的点点滴滴。

2. 伙伴互评

我们把伙伴互评的方式简化，尽量避免文字性描述，通过打星的方式使评价结果的呈现显得一目了然，清楚明白。

3. 家校共评

我们借助"家校苑地"这方阵地，专门辟出"孩子阅读，家校共评"专栏，家长先评老师后评，通过客观描述把教师无法观察到的学生阅读现象展示出来，把对孩子的阅读期待表达出来。这样，将更有利于形成一种评价的合力。

4. 活动促评

寓阅读于活动之中。本学期，我们低、中、高年级的阅读活动也是精彩纷呈，分别开展了苑小亲子故事会、苑小朗读者、苑小诗词大会等，从而进一步激发了学生的读书热情。

5. 成果展评

成果是检验结果的重要标准之一。如，低年级通过开展《读书画报》《我的绘本》等展评活动，激发孩子的阅读兴趣；中年级通过举行《好书分享》《读后有感》等成果展，高年级则通过《读书成长册》等形式，使他们体会到分享与成功的快乐，增强阅读兴趣。

六、六年一贯——课程内容

课程是需要顶层设计的，我们按照不同年级、读书目标、阅读内容、时间安排等方面规划了课外阅读进程。其中既有六年一贯的课外阅读的课程设置，又有每个星期、每个月、每学期的课外阅读规划。学校低、中、高年段根据年段目标和学生情况制订年段读书计划，每个班级结合班级实际情况，制订出相应的班级读书计划。学生结合个人实际，每学期制订出读书成长计划和读书目标，按照读书目标、内容、时间安排等方面来规划自己的课外阅读进程。

各年段还各有侧重。如低年段通过“读、写、绘”的主题，创设亲子课堂及用图像化方法提炼故事情节，催化学生的“读”；中、高年段探究有效的课外阅读研讨课模式，优化学生的读。

七、七彩童年——课程成效

一个理念，两者先行，三位一体，四“一”读法，五重评价，六年一贯，铸就了学生的七彩童年。我们的学生在阅读的滋润下，彬彬有礼，落落大方；在书香的浸润下，自信乐观，睿智儒雅。学生们在各种活动中大放异彩，在各类比赛中屡屡获奖，就拿这个学期为例：

（1）我们的学生、老师、家长积极参加“‘书香吴中’全民阅读节线上活动”，不断播下“读书”的种子。

（2）在第十一届苏州市小学生蒲公英图文大赛中，苏苑实小学生总计获奖人次 112 人。其中 10 人获特等奖，25 人获一等奖，43 人获二等奖，59 人获三等奖，组委会专门发来贺电，说苏苑实小获奖人数、获奖档次名列苏州市小学之首，学校因此获评“优秀组织奖”。

（3）在“苏州市第八届苏报杯英语现场作文比赛”中，苏苑实小有 3 名同学获十佳作文奖，5 名同学获优秀作文奖，获奖比例名列苏州市中小学第一。

（4）六(2)班沈翛然荣获苏州市“阅读之星”称号。

（5）六（1）班获得苏州市“书香班级”称号。五（2）班、五（4）班获得吴中区“书香班级”称号。

……

此外，2017 年 4 月，苏苑实小被江苏省教育厅、江苏省全民阅读办认定为“江苏省首批书香校园建设示范点”学校。

综上所述，七大阅读抓手指向的是课程架构与课程实施。“一个理念”突出的是“课程目标”；“两者先行”指向了“课程实施者、组织者、开发者、支持者”；“三位一体”彰显了“课程主体”；“四‘一’读法”是“课程结构”；“五重评价”是“课程评价”；“六年一贯”是“课程内容”；“七彩童年”是“课程成效”。

让学生的童年邂逅一次次美好的阅读，从而让阅读成为学生的一种生活方式，走上愉快的读书之旅！

融媒体阅读：新时代下校园传统阅读文化建设的转型与升级①

【摘要】现代社会，以阅读纸质书籍为主的学校传统阅读文化建设已逐渐无法满足学生日益发展的现代化思维需要。“融媒体阅读”因其自身特点，有一定的前瞻性，若从确定适切、有梯度的文化建设目标，打造有深度的研发团队，营造分布式阅读场域，构建多元化评价体系四方面进行学校阅读文化建设，能更大限度激发学生阅读兴趣，培养学生核心素养，提升学生语文能力，达成传统阅读文化建设的转型升级。

【关键词】融媒体阅读；阅读文化建设；转型升级；实践路径

阅读是获取知识的主要途径，是提升学生语文素养的有效手段。2019 年 3 月 16 日，新华社受权播发李克强总理代表国务院在十三届全国人大二次会议

① 本文发表于 2020 年 11 月的《江苏教育研究》，2021 年 5 月人大复印资料全文转载。作者为苏州市吴中区苏苑实验小学周超。收入本书时有改动。

上所作的政府工作报告，报告强调："倡导全民阅读，推进学习型社会建设。"自2014年"全民阅读"首次写入政府工作报告之后，2019年政府工作报告已是连续第六次对全民阅读进行"倡导"。①

阅读，无论从国家层面还是教学层面，都处于举足轻重的地位，阅读文化的建设更是多数学校为培养学生核心素养，提升学生语文能力而重点打造的主要阵地。但随着科技发展和现代信息技术的融入，学生学习、生活方式也正日益更新，以阅读纸质书籍为主要方式的传统阅读文化建设已逐渐无法满足学生日益发展的现代化思维需要。时代的发展与进步，呼吁现阶段阅读文化建设顺应信息化发展脚步。如何改革传统阅读方式，改变传统阅读环境，将传统阅读文化建设转型升级，达成更为有效的阅读成效？融媒体阅读视域下的传统阅读文化建设的转型与升级的探索和实践由此产生。

一、融媒体的概念及内涵

"融媒体"是由美国麻省理工学院教授伊契尔·索勒·普尔提出的概念"媒体融合"(media convergence)演化而来的②，主要是指融合传统媒体与新型媒体的各自优势，将纸质读物、电视、广播、电台、手机、电脑、智能终端设备等媒体有效结合的多种媒体互融的新型信息传播方式。在当前通讯、网络、移动终端技术高速发展的时代浪潮中，"融媒体"这一一体化传媒形式，能够对新、老媒体进行整合、互补，实现媒体资源有机融合、传播内容有效融汇、宣传方式有序融通和传媒效果有力达成。

二、融媒体阅读的前瞻性剖析

融媒体阅读是区别于以阅读纸质文本为主的传统阅读方式的新型阅读方式，是以"融媒体"为主要阅读载体与阅读手段，融合利用书刊、电视、电台、广播、电脑、移动终端设备等不同媒介的优势，科学合理地介入或影响学生的阅读活动的阅读方法。因阅读载体的丰富性，较传统阅读方式而言，融媒体阅读能从多方面促使阅读资源通融、阅读内容兼融、阅读人员互融、阅读效果共融，有效提升学生阅读素养，有很强的前瞻意义。

---

① "全民阅读"第六次写入政府工作报告[J]. 出版与印刷. 2019(1):31.

② 杨溟. 媒介融合导论[M]. 北京:北京大学出版社,2013:18.

（一）满足多方面阅读需求

在互联网＋的大时代背景下，数字技术、信息技术高速发展，社会大众的阅读模式也已随之步入数字化，学生的阅读需求正发生着日新月异的变化，以纸质书籍为主的传统阅读文化建设，由于阅读资源的有限性、场域的局限性，只能满足传统单一目的性阅读需求，在很多方面都不能满足学生的阅读成长需求。笔者对吴中区义务教育阶段中50所学校的20 000名学生进行了为时三年的追踪调查，数据显示，2020年该市义务教育阶段学生采用数字化阅读为主要闲暇阅读方式的为45.5%，较之2018年的28.1%上升了19.4个百分点，可见电子阅读方式已逐步走入学生生活，在未来有着不容小觑的发展前景（附图1）。此外，大部分学生对媒体阅读的方式更为喜欢（附图2）。因此，学校阅读文化的建设当首当其冲地跟随时代的改变而革新、重构。“融媒体”阅读因其阅读载体的丰富性，可与传统阅读方式产生优势互补，满足学生更多方面阅读需求。

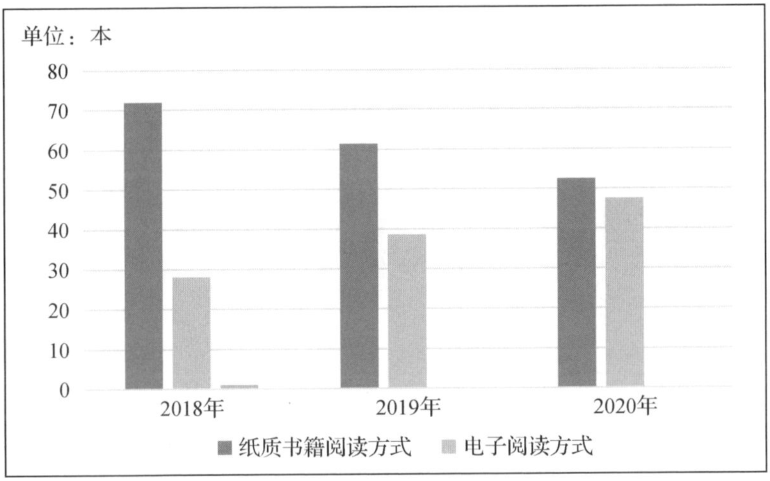

附图1　2018—2020年吴中区义务教育阶段学生阅读方式统计图

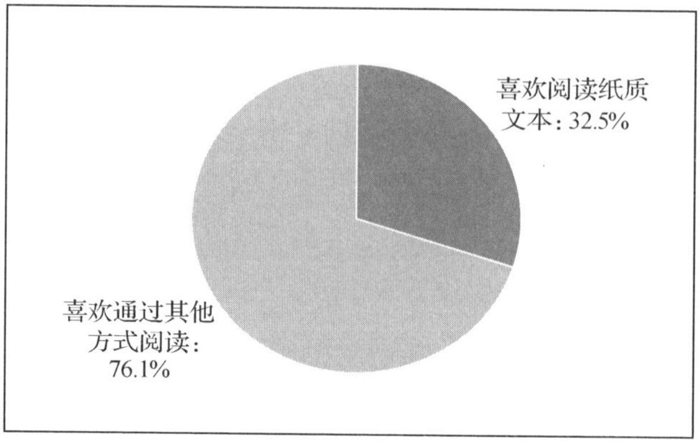

附图2　2020年吴中区义务教育阶段学生喜欢的阅读方式调查图

一方面，融媒体阅读融合丰富的声、像、影、音元素，符合学生身心发展特点，更能满足学生阅读需求。学生阅读时，可根据自己喜好，跳出传统纸质阅读的文字以外，对文本内容深入理解。如，阅读科普类读物时，可利用图像媒体，通过真实生动的图像来满足学生对科普类知识进一步了解的需求；阅读诗歌、散文等文本时，可利用音频媒体，通过优美动听的有声朗读来满足学生情感与朗读审美的需求；阅读情节跌宕的故事类文本时，可利用视频媒体，通过贴近真实的影音效果来满足学生对故事内容情节及人物品质的进一步整理、感知、欣赏、归纳、思索需求。

另一方面，融媒体阅读较之传统阅读方式，在阅读资源上更为丰厚。丰富多彩的阅读资源，可打破纸质书籍在资源上的局限，一定程度上充实纸质书籍的文本内容，拓宽学习渠道，拓展知识面，让学生随心阅读。在网络阅读资源便利、多元、广泛、个性化的今天，融媒体阅读可极大程度满足学生阅读需求，是一种能“予取予求”的阅读方式。这一阅读方式的革新，可让阅读与时代无缝接轨，最大限度增强阅读的便捷性、体验性和获得感，更好地实现阅读价值。

（二）更大限度延展阅读时空

新媒体阅读的优势和特点体现在阅读方便，信息量大，有很强的共享性。融媒体阅读也是如此，其可打破传统纸质阅读在时空方面的限制，达到随时随地阅读、解惑的效果。

1. 拓宽读者阅读视野

融媒体发展以来，涌现出了一系列有利于读者阅读的网络平台。区别于传统的纸质阅读，这些阅读网络平台的信息量更大，更全面，诸如豆瓣阅读、起点中文、中国作家网等网络文学平台;喜马拉雅、懒人听书等线上听书平台;文学类、知识类网络博客、微信公众号等。这些平台包含着丰富的阅读内容,涉及读者阅读兴趣的各个方面,更能延展读者阅读时空。如,阅读活动时,传统阅读方式只能从文字中进行推敲想象,而“融媒体阅读”可从多方面展开:或可在课间以听书的方式进行阅读,延展阅读时间;或可在读到不理解之处时,通过网络平台对相关知识进行纵向查阅,延展阅读深度;或可在读到某些感兴趣的环节或知识时,通过线上图书馆进行横向阅读,增加阅读面,有效拓宽读者阅读宽度。

2. 丰富读者沉浸式阅读体验

融媒体阅读丰富的阅读形式可极大限度丰富读者阅读体验。阅读时学生可借助图片、声音、影视、裸眼3D、动感体验等新型全息化手段,从多方面获得丰富、美好的体验。特别是各媒体融合后,各种媒体的优点有效整合,将形成更为高效、多彩的阅读方式,极大程度增强阅读趣味性,丰富读者阅读体验。如,阅读活动时,既可纸质阅读与电子阅读相结合,又可有声听读与影像阅读相融合,以此更好地提升阅读趣味,还可通过网络平台进行阅读互动、问答、评价,构成新型阅读期待,丰富读者沉浸式阅读体验。

3. 构建读者阅读场域新生态

融媒体时代,各种媒体、数字化、信息化网络媒体、平台的多项融合,创生了一系列优化资源共享阅读场域。这些阅读场域的构建创新了传统阅读活动相对单一的生态环境,能很大程度上扩展阅读资源、提升阅读实效:读者和读者的即时连接,将突破时空限制,形成更为聚焦性、主体性、互动性、多元性、便捷性的阅读生态。可把传统面对面交流的阅读分享方式,通过阅读平台形成网络互评、留言、在线交流等新型互动方式;可把传统的图书阅览环境打造为融媒体主题阅读场——既有固定的阅读场域,又有可随身携带的小型融媒体阅读设备,最大可能地激发学生阅读兴趣,形成适应时代发展的新型阅读生态。

三、融媒体阅读校园文化建设实践路径

学校应结合融媒体的独特优势,综合学校能力,聚焦学校发展愿景,构建融媒体阅读文化建设目标;组建融媒体阅读文化建设研发团队,确定融媒体阅读文化建设主要内容;利用融媒体环境下的新型阅读资源,营造新时代阅读环境;打造健全的现代化评价模式,实现融媒体阅读新型校园文化建设(附图3)。

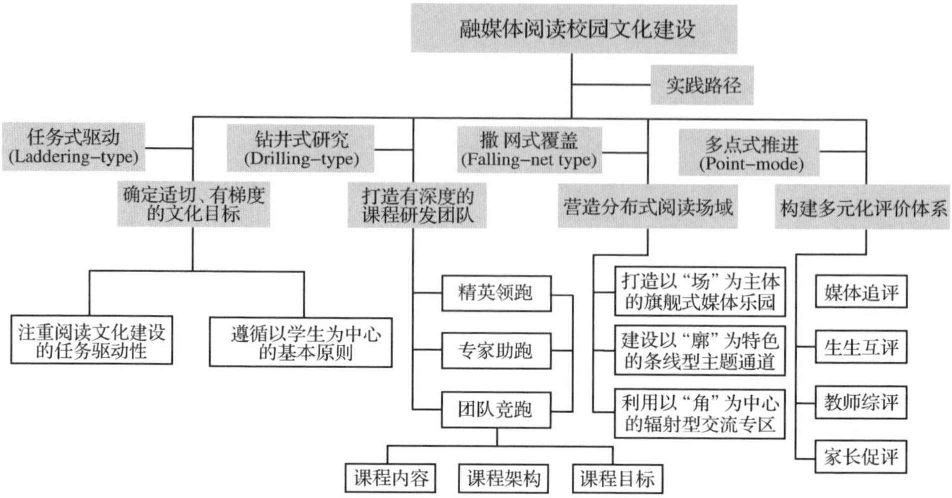

附图3　融媒体阅读校园文化建设实践路径示意图

（一）任务式驱动（Laddering-type）——确定适切、有梯度的文化目标

现代文化理论之父泰勒（R. Tyler）指出，如果要设计一种教育计划并不断加以改进，那就有必要拥有关于所指向的目标的观念。针对这些教育目标，应该怎样选择材料、规划内容、开发教学程序、编制测验的标准。教育计划的所有这些方面实际上是达到基本教育目标的手段。所以，进行融媒体阅读校园文化建设首先是确立目标：根据融媒体的信息化特点，在关注学情与学生具体需求的基础上，整合融媒体阅读的现代化实践优势，确定适切性文化建设目标。

一要注重阅读文化建设的任务驱动性。把融媒体阅读的校园文化建设目标构建为以促进学生核心素养形成、自学能力达成、阅读习惯养成为主要目的的学校阅读文化构建体系；有针对性地通过相关建设目标的达成，培养学生获取、分析、总结、概括、提炼、组合信息的能力；提升学生自学、合作、探索、解决问题的能力。

二要遵循以学生为中心的基本原则。以学生为中心是人本主义和建构主义教育理论的主要论断，因此，融媒体阅读的能级框架构建首先要重视学生在阅读过程中的主体性和多样性，客观分析学情，统筹考虑其独有特点，兼顾各方面因素，在文化建设开发前期，对相关教师教学情况、学生自学情况、家长关注情况、阅读环境现状、阅读课程情况、文化渗透情况等多方面进行问卷调查，了解每个学段的特点及相关阅读需求，以此分别对低、中、高年级学生规划有梯度的文化建构能级框架。

（二）钻井式研究（Drilling-type）——打造有深度的课程研发团队

构建校本课程是校园文化建设的重要方式之一。融媒体视域下的校园阅读文化建设重点在于融媒体阅读课程的合理研发与利用。学校需打造一支研究力强、技术性高的专业研发团队，以国家课程为基本出发点，综合学校实际，从声、像、文、影等多方面确定资源开发方向，开发多样化的课程资源，以建设阅读课程的方式保障阅读文化建设的高质量运行。

1. 精英领跑，深入钻研课程内容

选择文化素养好，知识储备丰，钻研能力强，完成效率高的师资精英，引领相关课程内容研发，保证课程建设实施。应摒弃传统阅读文化建设的“拿来主义”，结合融媒体阅读的新型特点，对阅读内容的确定要经过甄选—比较—精选—加工—提升—再造，形成新型校本课程的过程。要注重领跑精英的专业发展，在阅读内容及融媒体专业方面进行培训提升，把精英力辐射到其他教师资源中，构造精英领跑的阅读文化建设新风尚。

2. 专家助跑，精准把握课程架构

融媒体阅读自身特点的现代性与技术性要求研发团队具有较高的专业素质。学校应以教师精英群体为主，校外专业团队为辅，借助业内专家的力量，在阅读导向、内容安排、规划设计、软件研发、设施保障、分析统计等方面精准把握课程架构。如，邀请课程内容甄别专家，辅助校级研究团队确定并精加工阅读内容，形成更可行、有效的校本教材；邀请音频朗读专家，指导学校教师团队进行音频制作，开发课程趣味性资源等。

3. 团队竞跑，多维达成课程目标

组建多个各有方向的课程研发团队，确保融媒体阅读课程的实施与完成。可建立“课程整合”“课程加工”“数字编辑”“技术支持”等多方面的研发团队。同时，不仅要注重团队内的合作进步，还要注重团队间的相互影响，形成多种团队的有效融合。建立项目负责制，由团队负责人牵头引领团队发展，促进团队间研发竞争，激励团队研发效率，达成课程开发有机合力。

（三）撒网式覆盖（Falling-net type）——营造分布式阅读场域

学校对融媒体阅读场域进行多点布控的撒网式打造，将阅读媒介覆盖到学

校各场所、角落。打造平面与立体相结合，静态与动态相融汇，想象与参与相交互，横向与纵向相穿插的多元化、多维式阅读场域，实现传统与现代、时间与空间、深度与广度、有形与无形、物化与电子相交织的阅读效果，提升学生阅读趣味感、体验感、获得感、效益感。

一是打造以“场”为主体的旗舰式媒体乐园。一般需要较大的场室进行融媒体阅读设备布置，包括传统纸质书刊的书架、互联网信息交互设备、朗读音响设备、3D视听设备、体感操作体验设备、多媒体终端设备等。学生可在这一媒体乐园内自由享受阅读乐趣，从多种维度感知阅读奥秘，其乐无穷。

二是建设以“廊”为特色的条线型主题通道。合理利用教学楼长廊，赋予各种主题，进行阅读廊建设。可精选部分名著为主题，打造“名著特色廊”，建设有关此名著的声、影、光、音、文等方面阅读廊，如“《海底两万里》阅读廊”“《西游记》阅读廊”“《中国传统故事》阅读廊”等；也可以媒体方式为切入口，分类打造不同媒体主题的阅读廊，如“光影阅读廊”“互联网E+阅读廊”“有声听读阅读廊”“动感体验阅读廊”等。

三是利用以“角”为中心的辐射型交流专区。在班级、专用教室、中心花园、楼道转角等地方打造以“角”为中心的融媒体阅读微型场域，放置书籍及以平板电脑、音响、小型多功能机为主的简单融媒体设备，吸引学生在课间闲暇时光进行阅读学习、收获分享，形成以“点”带“面”，以“角”变“片”的具有较高阅读效能辐射作用的阅读交流专区。

（四）多点式推进(Point-mode)——构建多元化评价体系

很多阅读媒体都带有记录、追踪、计算功能。融媒体阅读文化建设在实施过程中，可利用这一特点，关注学生阅读过程，用电子数据的形式，形成更为科学、多元的评价体系。如：

媒体追评：利用多样化现代信息记录、分析技术，提取学生阅读数据，追踪学生阅读时间、阅读轨迹、阅读数量、阅读速度，分析学生阅读效果、阅读习惯、阅读偏向、阅读状态，精准定位、时时分析学生阅读情况，从而形成较为全面、科学、客观的评价。

生生互评：学生可通过媒体端口看到同学的学习状态，通过互相点赞、留言、提问、探讨、评价、打分等方式，提升学生阅读过程趣味性，形成融洽、生动的阅读氛围，促进同伴间阅读能力提升。

教师综评：教师借助相关记录，精准掌握学生阅读情况，关注学生阅读倾向、阅读兴趣、阅读方式、阅读效果，调整相应阅读指导策略，并综合媒体数字报告，结合学生阅读情况进行评价、激励。

家长促评：家长通过 APP、客户端等方式随时跟踪学习状态，根据电子阅读记录及时评价，既方便，又能通过评价对学生阅读行为起到一定激励与鞭策作用。

四、新时代背景下融媒体阅读的未来格局

新时代背景下，以学生为中心的教育理念呼吁更为广泛、便利、交互、多元、个性的阅读方式。科技的发展，人类的进步，决定了融媒体之路是学校阅读文化建设的必经之路，是传统纸质阅读向现代化阅读发展转型的必由之路，也是阅读观念、阅读方式、阅读生活转变的必行之路。当然，这并不是绝对抛弃传统纸质阅读方式，而应是传统阅读与融媒体阅读有效融合，以两者互为补充、互为融合、互为延展为主要特点的，相辅相成，互相促进的新型阅读模式。当然，在时代的发展洪流中，基于融媒体阅读的校园文化建设还会向更深、更远、更宽、更广处发展，必将对学生阅读能力的形成、语文能力的培养、综合素养的提高等多方面产生更为深远的影响。

泛在阅读：创生有效智能阅读时代的密码①

【摘要】人工智能技术在阅读教学方面的推广，大大提升了阅读教学的高效性。因此，苏苑实小开发了泛在阅读。用泛在阅读这个密码，来开启智能新时代的阅读教学新模式。从有效智能时代的创生、泛在阅读教学促进有效教学变革和教师自我革新，以及泛在阅读的阶段性实施成果这三方面，充分体现了人工智能提升有效教学。

【关键词】人工智能；有效教学；泛在阅读

① 本文于 2021 年 12 月获苏州市教育局“有效教学研究”论文一等奖。作者为苏州市吴中区苏苑实验小学管静。收入本书时有改动。

所谓“有效”，主要是指通过教师在一段时间的教学后，学生所获得的具体进步或发展。有效教学，就是在符合时代和个体积极价值建构的前提下，其效率在一定时空内不低于平均水准的教学。有效教学的核心就是教学的效益是高效的。

当前人工智能技术发展迅猛，人工智能技术也将成为未来社会发展新的发动机。人工智能技术将在未来的医疗、物流和交通等多方面发挥关键作用，当然，也包括教育。人工智能赋能教学变革，是如今的大趋势。

现以有效教学中的阅读教学为方向，简析人工智能赋能有效阅读教学的必要性、实施的措施，以及近期的研究成果。

一、有效智能阅读时代的创生

（一）人工智能赋能教育的必要性

利用人工智能对教育赋权增能是人工智能教育的本质。我们的宗旨是通过人工智能的广泛应用，使教育的工具、媒体、资源、环境等智能化，进而促进教育的方法、模式、测评、治理等智能化，实现智能化教育。人工智能一方面对教育提出了结构性的变革需求，另一个方面是它赋能教育，让教育能够发展得更好。

2019 年，联合国教科文组织和布罗孚图卢在移动学习周期间发布了《教育中的人工智能：可持续发展的机遇和挑战》，报告中指出：人工智能将在未来教育领域，为教与学提供更新的问题解决方案，并在全球范围内接受检验。

2021 年 9 月，中华人民共和国教育部发布了《教育部关于实施第二批人工智能助推教师队伍建设行动试点工作的通知》，由此看来，近年来，国家大力推进教育信息化建设，并且也做出了积极支持各级学校建设智慧校园，综合利用互联网、大数据、人工智能技术探索未来教育新模式的战略性部署。

人工智能在教育领域中一定会带来系统性的变革，不仅使教育的形态焕然一新，而且，通过为教育赋能，在促进教育理念、教育模式、教育内容的结构和教学方法等方面的重大变革的同时，最终能在培养创新精神、促进教育均衡发展、提高有效教育质量等方面发挥巨大的驱动作用。

（二）智能阅读 vs 普通阅读

人工智能赋能教育教学改革体现在方方面面，人工智能使学习环境生态化、由人际协同作用扩展到人机协同作用、使学习的个性化与教学的规模化统一、使教学努力“全息化”。以教学中的阅读教学来比较，从中发现，人工智能赋能有效阅读教学的改革是创新的。从阅读载体、阅读范围、阅读方便性、喜爱度和发展趋势看，人工智能阅读都比普通阅读受欢迎度高。

（三）融媒体平台推进有效教学的实行

苏苑实小推行的泛在阅读通过建设融媒体平台，旨在将智能阅读与普通阅读结合起来，有效提升学生的阅读素养和文化素养，为学生的终身发展奠基。

建设赏心悦目的融媒体阅读平台，是指开发线上与线下融合共生的课程资源，利用融媒体阅读平台，形成具有空间泛在和手段融合的阅读课程体系，包括学科阅读课程、拓展阅读课程，改变教与学的方式，创新评价的方式，增强课程的生活化、体验性和互动性。

泛在式融合阅读平台建设包括建设融合阅读云、融合阅读场、融合阅读卡等。教室区域融媒体阅读场建设包括在所有教室装配 CW 一体机，在教室建设移动平板融媒体阅读平台，校园融媒体阅读场建设包括在每个年级走廊上建设虚拟互动的 VR 眼镜、神笔马良、指尖地球、耳机森林等指尖书屋融媒体阅读场，让阅读触手可得。

二、泛在阅读教学促进有效教学变革

随着科技的发展，我们逐渐步入了智能时代，智能化的泛在阅读教学从阅读时间、阅读素养、阅读方式等方面都有助于学生的阅读能力生长。

（一）智能阅读提升学生有效阅读时间

传统的纸质阅读是学生可以在有空闲时随意继续进行的，而苏苑实小将阅读点与学生的经常性学习场所和校园生活场所进行无缝衔接后，形成校园泛在阅读场域，这样的阅读空间对学生来说，是有一定使用的时间规定的。

比如每两周一节的电子阅读课，能将多种阅读媒体融合而成的阅读平台提供给学生，提高他们的阅读广度和深度。无形中学生对阅读时间的概念会增强，其效率在一定时空内不低于平时的阅读效率，这就达到了有效阅读的高效性。

（二）智能阅读增强学生有效阅读素养

融合各种媒体功能的泛在阅读平台，也是增强学生有效阅读素养的管理平台。

1. **指导提升阅读品味**

学生因为各自兴趣，往往也会特别偏爱某种类型的书籍，长此以往，不利于学生的阅读水平提高和综合素养的发展。例如，某个学生的阅读智能分析图显示：百科类书籍占比 90% 以上。教师就会在第一时间得知，该生几乎只读科学百科类书籍，对其他书毫无兴趣。那教师就能用其他教学手段，让学生明白遍览群书的必要性，比如让系统推荐一些科学家的名人传记类书单，让学生感受名人风采，也可以引导该生阅读散文类抒情文章，感受其细腻的写法，从而过渡到其他类型的读物。

2. **提高有效阅读指导**

学生的阅读是一种自主、个性的实践活动，但是往往也会出现一些不正确、不适合、不科学的行为，背离了有效教学的高效性，这时，就需要教师及时地进行科学合理的指导。而在传统的阅读教学指导中，因为读与教在时间、空间上的分离，教师是难以及时掌握情况并做到适时干预的，久而久之，学生的阅读也就形成了一些不良习惯。而通过泛在阅读提供的一些智能化平台，教师就可以通过大数据报表（周报表、月报表、年度报表）及时掌握学生的阅读动态，从而有针对性地给予阅读的干预纠偏，帮助学生更高效地开展阅读活动。

3. **有效分享阅读乐趣**

我们平时的校内分享一般通过“读后感赏析”“好书交流会”等活动形式来进行，看到的也都是经过反复筛选过后的文字，现今高速发展的社会中，学生对这些已经司空见惯，兴趣点不高。但是，当学生能在智能平台上的“读后留言”板块进行阅读和评价时，他们互相分享的乐趣得到了体现，这极大地突破了时空的限制，打破了家庭和校园的学习围墙，使许多交流可以更快捷、便捷地进行。

线上的好词好句分享，与同伴的读后感分享，自己积累的习作素材，都可以进行网络展现。学生学习借鉴他人的阅读成果，有些学生还创造性地续编了阅读的故事，画出了故事后续发展的思维导图、人物关系图……种种创造性的读书实践，在班级反响极好。

（三）智能阅读扩展学生有效阅读方式

1. **融媒体阅读单**

融媒体阅读单的开发满足了新时代小学生自主性、个性化、多样化阅读的需求，从而让这种综合、立体、创新、前瞻的阅读模式成为提升师生文化素养的新颖而有效的途径。

2. 私人订制

学生通过智能平台阅读过的书籍，平台会自行进行分析和处理，实行关键要素自动化，自我组成一种柔性结构并以最佳的方式进行组织，更新学生的个人基本数据，包括阅读时长、阅读偏好等行为数据。然后，资源库则进行整理，搜索，输出个性化的阅读方案，甚至可以是亲自阅读，以供选择，真可谓是“私人订制”。

3. 阅读测评

苏苑实小尝试采用“互联网 + 阅读”的新型模式开启有效阅读教学，采用“定期线上阅读，并线上测评”系统，来提高学生智能化阅读素养的培养。结合信息技术，不断更新有效阅读教学的计划。通过开展丰富有趣的智能化读书活动，提供科学性的大数据智能测评，及时掌握学生的阅读动向，智慧地扩展有效阅读方式。

三、泛在阅读促进教师自我革新

2021 年 5 月 13 日，教育部、财政部印发《教育部、财政部关于实施中小学幼儿园教师国家级培训计划（2021—2025 年）的通知》，要求支持有条件的地方、高校和机构探索“智能 + 教师培训”，建立基于大数据的教师专业发展测量与评估机制，对教师精准测评、指导，实施智能化、个性化、交互性、伴随性培训，形成人工智能支持教师终身学习、持续发展的机制。可见，智能化的泛在阅读能促进教师进行自我革新。

（一）打造阅读云平台名师

打造一支专业素养好、知识储备丰、钻研能力强、完成效率高的融媒体阅读课程教师团队，可以引领相关课程内容研发，保证课程建设实施。在阅读导向、内容安排、规划设计、软件研发、设施保障、分析统计等方面调控泛在阅读体系，形成更可行、高效、有趣味的全息阅读课程。在此过程中，高要求、高标准、高质量的老师自然而然形成了强而有力的阅读云平台名师，提升自我效能感。

（二）增加教师阅读教学手段

依托苏苑实小开发的泛在阅读课程，通过多种线上途径扩宽小学生阅读教学平台，增加教师阅读教学手段。教师可采用线上 + 线下的方式，通过信息技术的应用，创新教与学的方式和测试、评价方法，全面提高学生阅读素养，从而提高阅读质量。

综上所述，我们期待着人工智能赋能有效阅读教学，经过深入的理论研究和广泛的实践探索，在教育改革中不断创造出新的理论、新的经验、新的成果，成为新时代国家实现教育现代化的重要标志！

STEM 教育：泛在阅读视域下，小数“综合与实践”课程高质发展新方向①

【摘要】STEM 教育以其适应新时代人才培养要求的教育理念，被越来越多国家纳入教育发展战略。因其和小学数学“综合与实践”课程的理念和培养目标具有诸多关联性，因此，本文以“蒜叶的生长”为例，在泛在阅读视域下，尝试跨学科融合，以驱动性问题、实验探究为桥梁、小组合作为中心开展教学活动，尝试建构小数“综合与实践”课程新模式，促进学生综合素质的发展。

【关键词】STEM 教育；综合与实践；跨学科融合；泛在阅读；小学数学

STEM 教育，即科学（Science）、技术（Technology）、工程（Engineering）和数学（Mathematics）英文首字母的缩写，最早起源于美国，它不仅是一种教学模式，也是一种新型的教学理念。其核心是通过跨学科融合，以小组合作的形式，在解决实际问题的过程中，发展学生核心素养、培养其应用性、创新性等综合素质。

近年来，由于 STEM 教育在培养综合型、应用型、创新型人才方面卓有成效，美、德、英、日等发达国家陆续将其纳入国家教育战略。2016 年教育部《教育信息化“十三五”规划》和 2017 年《中国 STEM 教育发展报告》等显示我国也已迈入 STEM 教育的课程改革国际行列。②

我国小学数学“综合与实践”课程就是一类以问题为载体、以学生自主参与为主的学习活动，具有综合性和实践性两大特点，其核心理念与 STEM 教育不

---

① 本文于 2021 年 12 月获江苏省中小学“师陶杯”论文一等奖。作者为苏州市吴中区苏苑实验小学王翎。收入本书时有改动。

② 宋乃庆，蒋秋，高鑫. STEAM 教育理念在我国小学数学教科书中的渗透探析[J]. 课程. 教材. 教法，2020，40(6)：81－88.

谋而合。[1] 然而现阶段该课程由于其不具备“应试性”以及教师重知识传授而轻动手实践等，其往往只是照本宣读，甚至是直接略过。

泛在阅读是指学生能够随时、随地、随心地进行阅读学习活动，即打破学习的时空和学科壁垒，使不同层次的学生，在课堂、校园、家庭、社会中都能展开阅读学习活动的方式，其情境的真实性、学习的主体性、学习内容的跨学科性等特征正是解决传统教学模式弊端的“良药”。

本研究在泛在阅读视域下，基于 STEM 教育理念对小数“综合与实践”课程进行教学模式建构，以“蒜叶的生长”为例，帮助学生利用跨学科知识和科学研究方法对旧知进行内化和应用，提高学生学习兴趣，培养其数学核心素养和综合能力。

一、泛在阅读视域下，“综合与实践”课程和 STEM 教育的整合基础

1. 基于问题导向培养学生解决问题能力

STEM 教育的特点是让学习者在最感兴趣的项目中完成最需要解决的问题，而跨学科的项目学习可以在多元学科维度刺激下激发学生对综合性问题解决的研究热情。“综合与实践”课程同样是通过问题引领的学习活动，其“综合性”体现在：活动中注重数学与实际生活、数学与其他学科、数学内部知识的联系和综合应用。两者都重视课程知识和生活情境的联系，基于问题导向，让学生在“做中学”中探究解决一个个具有生活性、趣味性、开放性、综合性的问题。

2. 基于理念核心转化学生参与学习方式

STEM 教育通常以小组合作的形式，按照既定的项目目标，组员之间明确分工、相互配合、共同参与完成探究学习任务。“综合与实践”课程在设计和实施过程中，同样需要教育者关注学生参与学习活动的方式，强调学生的合作交流。如以小组为单位探究蒜叶生长情况，学生大多采用明确任务分工和组内协作的形式解决资料收集、材料准备、蒜叶培育、方案调整、数据记录、统计分析等项目问题。学生从中合作探究中训练了实践操作的能力，增强了团队合作的意识。

---

① 高意博. 基于 STEM 理念的小学数学“综合与实践”活动设计[D]. 海南：海南师范大学，2020.

二、泛在阅读视域下，构建新型“综合与实践”课程模式

STEM 教育教学模式包括教学目标、教学项目、工具与资源、教学活动以及教学评价，并且多利用项目式学习模式开展教学活动。因此为融合多元学科内容，整合教材中关于“综合与实践”课程的编排特点、内容及培养目标等，架构以下课程模式①，如附图 4 所示：

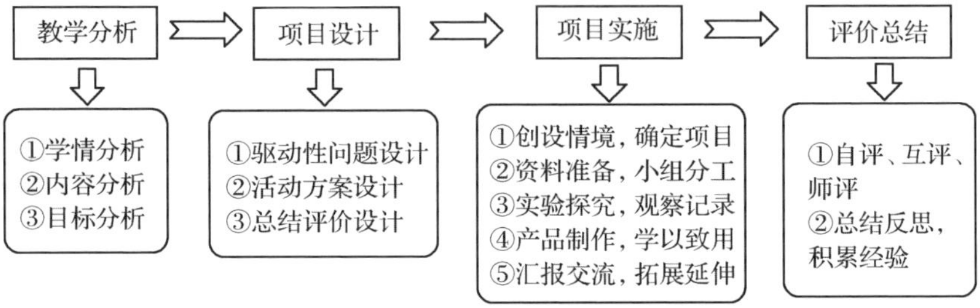

附图 4　教学模式设计

该模式“教学分析”环节中的目标设计会兼顾三维目标及多学科特点，“项目设计”环节会与工程相融合，“项目实施”环节会根据教学目标选择性地与数理计算、科学常识、艺术、信息等学科融合。最后在“评价总结”环节引导学生多角度评价，思考判断教学目标是否完成。

三、泛在阅读视域下，分析典型案例“蒜叶的生长”

（一）“蒜叶的生长”教学分析

1. 阅读能力分析

本活动适用于五年级下学期的学生，他们在前一个单元刚学习过折线统计图的相关知识，具有一定的收集数据、整理数据、分析数据的统计活动经验。苏教版三年级科学课程里也有涉及“探究种子萌发的条件”和“探究不同土壤对植物生长的影响”等内容，因此学生对科学实验方法和植物学相关知识都有了基本了解。

2. 主题阅读内容分析

开篇教材呈现阅读材料，引导学生关注：蒜是同学们熟悉的蔬菜，但蒜的生

---

① 李娜娜，莫尊理，熊正友，等. 基于 STEM 教育理念的高中项目式教学：以“探究铁系脱氧剂的奥秘”为例[J]. 现代中小学教育，2020，36(11)：26－31.

长情况如何却很少有人会注意到，以蒜叶的“生长过程”来激发学生的实验兴趣。学生通过课前收集并阅读相关资料可知，蒜头可以水培也可以土培；可以在阳光下种植，也可以放在房间里。种植蒜瓣后，其根须和叶子怎样生长？大蒜种在水里、土里、阳光下和房间里生长情况是否相同？这些问题激发了学生探究蒜叶生长的兴趣，顺其自然地提出核心问题：“哪种环境下蒜叶生长得快？”这次实践活动就结合实验统计回答这个问题。

3. 阅读育人目标分析

将 STEM 教育理念和传统教学三维目标整合，依据“蒜叶的生长”课程特点，确定了以下阅读育人目标，如附表 1 所示：

附表 1　STEM 整合阅读育人目标

项目	知识与技能	过程与方法	情感态度与价值观
S(科学)	了解大蒜的结构；了解蒜叶生长的影响因素。	使学生经历蒜头发芽实验、测量、统计、数据分析等活动，体会实验研究问题的过程与方法。积累数学活动经验，发展数据分析观念。	产生对生命科学、植物学的兴趣。
T(技术)	理解科学实验中控制变量的概念，并根据实验目的进行操作。		培养学生科学实验的意识和能力。
E(工程)	运用控制变量法，结合蒜叶生长的各类因素，设计实验方案。		提高学生团队合作意识。
M(数学)	应用折线统计图统计蒜叶的生长记录情况，并利用统计学知识对实验结果进行分析。		体会折线统计图在现实生活中的应用，培养学生统计意识。

（二）“蒜叶的生长”教学过程

以“蒜叶的生长”为项目，对教学过程中的资源准备、活动开展以及总结评价环节进行设计，促进知识的结构化和系统化，具体流程如附图 5 所示：

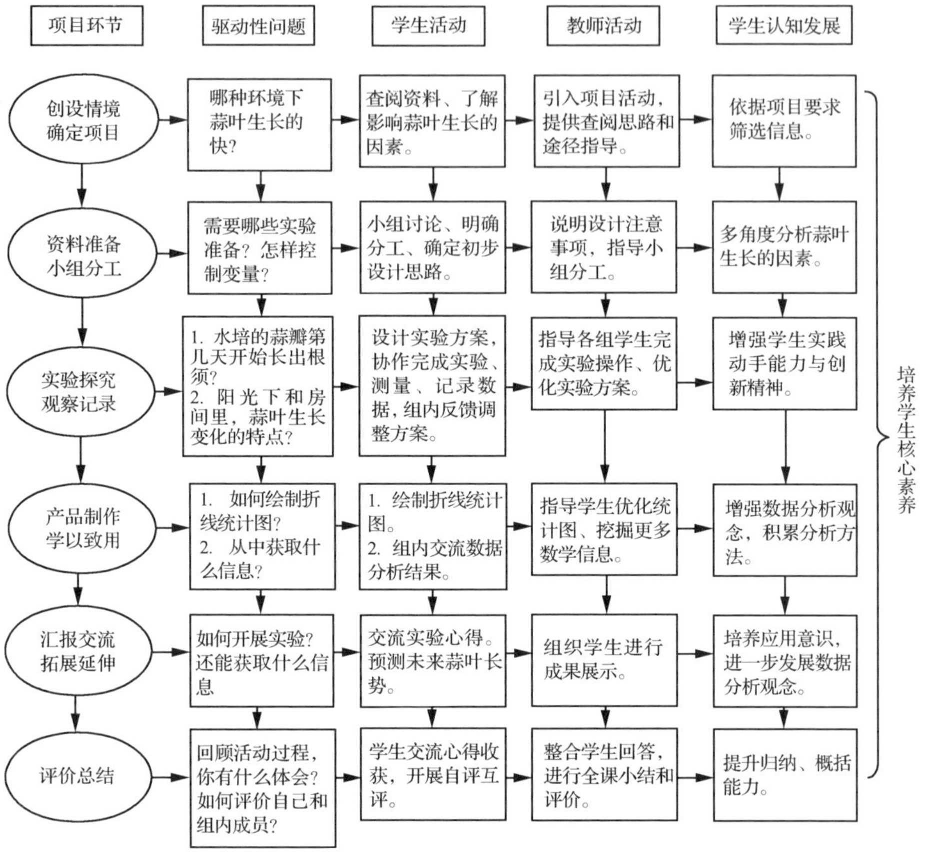

附图5　探究“蒜叶的生长”学习流程

“蒜叶的生长”一课属于典型的长程数学实验课，时间跨度比较大，实验的进程相对比较缓慢，需要课上课下相结合进行实验管理。课堂上需要两个课时，课后时间跨度为16天，长程数学实验课更加逼近真实的科学实验，更能培养学生科学的实验方法，锻炼其毅力。

1. 创设情境，确定项目

［真实情境］同学们平时都见过、吃过大蒜。

［提出问题］那你们注意过蒜叶的生长过程吗？哪种环境下蒜叶生长得快？

［学生活动］学生交流课前收集和阅读的信息：蒜瓣可以在水里生长，也可以在土里生长，水分和阳光都可以影响蒜瓣的生长，然后展开猜想。

［教师提示］种的蒜是先长根还是先长叶？哪种培育方式比较便于观察根

的生长情况？

设计意图：在真实问题情境下，激发学生对蒜叶生长情况的探究兴趣，从而确定研究项目。

2. 资料准备，小组分工

［提出问题］如何设计实验，能够只比较有无阳光对蒜叶生长的影响呢？

［学生讨论］学生讨论基本的实验思路：一个进行水培观察根须生长情况，其余的蒜瓣都进行土培栽植观察蒜叶生长，区别是控制阳光照射的强度。

［实验准备］每组选择若干个饱满的蒜瓣、一个玻璃缸、两个花盆和三张实验记录单。

［小组分工］每组由6—8人组成，每组根据实验方案要求再分为3小组，分别指派具体学生完成栽培、实验记录、分享实验照片、绘制折线统计图、整理汇报，以及组织全员书写实验日记和进行数据分析的任务。具体分工可参考附表2：

附表2　“蒜叶的生长”小组分工明细

组别	培育员	记录员	实验日记	绘制统计图	数据分析	分享照片 整理汇报
水培组			本组成员负责书写实验日记			组长
土培阳光组						组长
土培房间组						组长

设计意图：使学生感受并初步运用控制变量法设计实验方案，借助小组分工使每一位学生参与到探究过程中，提升责任心以及增强合作意识。

3. 实验探究，观察记录

任务一：记录根须的生长。

［提出问题］水培的蒜瓣第几天开始长出根须？

［学生实验］水培组的学生根据自己的任务分工，着手开始实验。从第2天开始，测量并记录一个星期根须的生长情况，组员完成实验日记。

任务二：记录蒜叶的生长。

［提出问题］在阳关下和房间里的两盆蒜，蒜叶的生长变化情况有什么特点？

［学生实验］阳光组和房间组的学生根据自己的任务分工，着手开始实验。从第6天开始，每两天一次，同时测量放在阳光下和房间里的两盆蒜瓣长出的最长叶片，记录数据，组员完成实验日记。

［教师提示］如果没有长出根须或叶片，就把长度记作0；如果长出了根须或叶片，就用毫米作单位测量长度。

设计意图：帮助学生积累实验探究的实践经验，其中完成实验记录单、书写实验日记和分享实验照片三个环节一方面是帮助教师进行课后的有效管理，保证实验的有效进行，另一方面也是帮助学生积累经验、激发研究热情。①

① 填写实验记录，收集实验数据。

指导学生规范地每日观察和填写实验记录是实验操作过程中非常重要的一个环节。其不仅对实验的有效完成具有指导意义，还能促使学生坚持完成实验，便于后期的收集和整理数据。在记录过程中，可以让学生数据化地感受大蒜的生长变化过程，提升进一步实验探究的兴趣。

② 书写实验日记，记录实验过程。

另一种有效推进实验展开的方式就是书写实验日记。学生以日记的形式，记录自己参与实验的过程。学生用文字描述大蒜的生长情况，分享自己参与实验各环节的心得体会，提出对方案调整的一些想法，以及未来大蒜生长走势的预判和分析等。这种方式可以丰富学生的实验感受，积累的实验素材不仅仅是冷冰冰的数据，还可以是学生生动有趣的体会。

③ 分享实验照片，提升实验热情。

为方便交流，教师可以帮助学生建立钉钉群或QQ群，组员定期拍摄照片记录实验过程，分享在群里，还可以附上简单的心得体会。这种线上分享的形式拉近了课后师生、生生间的距离，给漫长的实验带来了活泼轻松的氛围。这种形式不仅可以进行实验记录，还能实时分享各组心得，激发学生参与热情，增强参与感。

4. 产品制作，学以致用

［学生活动］水培组和土培组的学生分别根据实验数据制作折线统计图，然后思考记录下从统计图中获取的数学信息，并在小组内交流，组长进行整理记录。

---

① 阮建林. 例谈长程数学实验的实施策略：以“蒜叶的生长”为例［J］. 教育观察，2019，8(11)：111 + 126.

5. 汇报交流，拓展延伸

［学生活动］把汇报交流开成“成果发布会”的形式，每个小组派代表上台展示本组的实验过程、实验结果、分析后的实验结论以及实验心得。

［教师活动］教师指导学生进行数学化的分析和经验类的分享。

① 数学化的分析，感悟严谨。

教师可以从两个层次出发引导学生对实验的数据以及所呈现的现象进行分析，以证明或反驳之前的猜想。第一层：学生对本组不同环境下蒜瓣生长数据进行对比研究，也可以借助折线统计图直观感受，分析哪种环境下蒜叶生长得快。第二层：小组合作，根据全班水培组或是土培组的整体情况，采集数据，计算平均数，绘制出不同环境下根须、蒜叶生长情况。

② 经验类的分享，积累经验。

学生可以用自己喜欢的形式在“成果发布会”上进行汇报，比如整编的实验日记、实验成果小报、图片展示等。学生通过个性化的语言分享的不仅是实验的结论，还有实验过程中的困惑、收获以及体会。

设计意图：帮助学生积累数学化分析的经验，其中分析的第二层呈现从个体到整体数据的变化，目的是让学生感悟实验数据采集的科学性及严谨性。经验类的分享在帮助学生提升语言表达能力的同时，将这些实验成果真正内化为自己的数学、植物学等知识，积累数学活动经验。

（三）“蒜叶的生长”分享评价

在实验项目开始前，教师给学生提供相关的学习评价量表（附表 3），这样有助于学生有意识地参照评价指标开展实验活动。

附表 3　个人活动评价表

序号	评价指标	个人自评	组内互评	教师评价
1	了解大蒜的结构及其生长因素。	☆☆☆	☆☆☆	☆☆☆
2	根据实验方案进行有效实验操作。	☆☆☆	☆☆☆	☆☆☆
3	认真完成本职任务，进行合理数据分析。	☆☆☆	☆☆☆	☆☆☆
4	乐于帮助组员完成任务，有团队合作意识。	☆☆☆	☆☆☆	☆☆☆

完成全部实验任务之后，每个小组上台进行成果分享，教师组织学生进行自评、组内互评，利用成果展示进行小组互评以及教师评价（附表 4），实现多维

度的学生学习综合评价。①

附表 4　小组“成果展”评价表

评价维度	评价指标	小组互评	教师评价
合作与分享	小组成员分工明确，合作愉快。	☆☆☆	☆☆☆
	能够大胆上台，顺利分享实验成果。	☆☆☆	☆☆☆
实验与分析	设计方案和实验操作科学规范。	☆☆☆	☆☆☆
	数据分析合理、深入。	☆☆☆	☆☆☆
装饰与美化	成果展示丰富、美观、有创意。	☆☆☆	☆☆☆

四、有关思考

通过组织“蒜叶的生长”一课，学生将所学的数学知识与科学、艺术等学科知识一起融入具体实践活动中，这改变了传统的数学教学模式。教学过程在小组合作、师生互动、生生互动中利用实验探究解决项目问题，借助信息技术，线上线下联动分享实验经验，完成教学目标。帮助学生在知识结构、探究能力、创新意识、解决问题能力等核心素养方面得到全面提升。

融合 STEM 教育对现有课程进行以驱动性问题为导向的多元学科项目整合设计，这对教师和学生来说具有一定的挑战性。教师需要对学生多学科的认知起点、障碍点和发展点，以及本学科的学科特点和教学目标加以把握与融合设计，这无疑对教师的专业素养提出了更高的要求。另外 STEM 课程的实施场所和教学资源都需要进一步开发。② 相信未来，随着国内教师和研究者对 STEM 教育课程改革的进一步研究，STEM 师资队伍的逐步建设，这些挑战都将被攻克。

---

① 许明伟. STEAM 教育理念下小学课程设计与实施：以《幸运大转盘》项目式教学为例[J]. 教育信息技术，2020(12)：43－45.

② 李毓嘉. 面向 STEM 教育的机器人教学活动案例研究：以 iCPSL 活动设计为例[J]. 现代中小学教育，2020，36(12)：19－24.

基于单元整合的小学英语阅读教学新思维①

【摘要】单元整合即将单元内容进行综合解析、整合讲解。以小学英语学科为例，教师应将基础解析、实践训练、拓展教学巧妙融合，突出学生的课堂主体地位，体现出学科语言性、交际性特点，组织多元化活动，以互动、创新教学提升学生的英语综合水平。在明确小学英语阅读单元整合教学意义的基础上提出教学策略，如分析教学重点、精心设计教学目标，综合看待问题、规划阅读活动等，以构建真正意义上的高效课堂，达成理想教育目标。

【关键词】单元整合；小学英语；阅读教学

小学是英语教育的启蒙时期，在小学阶段，教师要将夯实学生英语基础、激活学生英语学习兴趣作为核心教学目标，制订教学计划。在新课改背景下，教师应积极融入现代化教育理念，将单元内零散的知识点整合，对听说读写各个模块进行综合化设计，以激发学生自主探究欲望为目标设置课程，从根本上摆脱机械训练，最大限度地提升学生思维能力、文化素养及语言表达能力，增强整体教学效果。《义务教育英语课程标准（2022 年版）》里提出加强单元教学的整体性，要求教师要以单元教学目标为统领，组织各语篇教学内容，规划系列教学活动，实施单元持续性评价，引导学生在学习过程中逐步建构对单元主题的认知，发展能力，形成素养。

一、小学英语阅读单元整合教学的意义

单元整合是指教师根据对学生思维发展规律的总结而进行的课程内容分析与融合工作。新课程背景下，小学英语教师应明确单元整合教学的重要性，帮助学生全面地了解知识内涵，并且探索知识间的逻辑关系，深化对所学知识的记忆，实现综合能力的发展。在正式的教学过程中，教师以核心课程目标为基准，对教材内容进行增删、调序、融合、重组等，在符合学生认知特点的前提下

① 本文发表于 2022 年 9 月的《学园》。作者为苏州市吴中区苏苑实验小学钱丽娟。收入本书时有改动。

进行课程教学，将零散知识点有效融合，课堂教学不再单一、乏味，充分发挥课程资源的价值，在潜移默化中吸引学生的注意力，使学生深刻体会英语学习的魅力，从而释放主动性与积极性，更好地参与各项课堂活动，实现实践应用能力的提升，为未来发展打下良好的基础。①

二、基于单元整合的小学英语阅读教学高效策略

1. 目标关联：分析教学重点，精心设计目标

目标是课堂教学的出发点，教师最终要以是否达成初设目标来判断教学有效性，对照目标也能更加清晰地明确学生的学习成果，因此目标的设置是教学活动重点环节。小学英语教师在设计阅读教学目标过程中要精准把握英语知识之间的关联性，将单元教学目标与阅读教学目标整合，从而在课内组织多元化的实践活动。② 学生能够快速提取有效信息，还能在深化对阅读文本内容认知的前提下展开自主学习、问题探索，在积极实践中得到个性化发展。在这个过程中，教师要坚持“以生为本”的核心理念，以促进学生综合语用能力发展为出发点，紧密联系教材内容，确保各个学习层次的学生都能融入课堂，通过自主实践获得学科核心素养的提升。③

以译林出版社小学英语四年级上册 *Unit 8 Dolls* 为例，教师可以根据“Story time”以及“Cartoon time”中的故事内容对教学目标进行设计，目标共分为三层。

（1）第一层，教师要求学生根据图片内容及对上下文语义的分析理解 hair、eye、mouth、ear、small、big、zoo、bow、doll、robot、snowman、tall、short 等词汇的意思，在活跃的课堂氛围下将基础知识快速内化，为后续学习打下良好的基础。

（2）第二层，引导学生听、读、写关于“dools”的句子，在潜移默化中掌握描绘物或形容人的日常用语，将英语表达融入生活日常，养成良好的学习和实践习惯，同时真正做到将所学内容应用于适合的场合，得到真正意义上的综合素质发展。

---

① 张琳. 基于读写结合的小学英语阅读教学探究[J]. 科学咨询（教育科研），2021（7）：293－294.

② 赵都都. 基于主题意义探究的小学英语单元整体教学策略研究[J]. 英语广场，2021（14）：134－136.

③ 岳志坚. 基于学科核心素养的小学英语单元整体教学[J]. 教学与管理，2021（11）：60－62.

（3）第三层，故事综合讲解，组织分组活动，培养学生的英语交际能力，让他们在相互帮助、思想交流的过程中了解身体器官的英文名称，并明确爱惜身体的重要性，在英语训练中端正学习及生活态度，为全面发展做好铺垫。

教师在落实各层目标的过程中要充分尊重学生的课堂主体地位，不断设计交际性较强的问题，让所有学生都能参与到课堂活动中，产生沉浸式体验，突破学习难点，熟练掌握课内知识，实现综合素质发展。①

2. 生活衔接：综合看待问题，规划阅读活动

英语是一门语言类学科，在小学英语教学启蒙阶段，教材中的阅读文本大多是生活主题，内容也和同学们的实际生活息息相关。教师在教学的过程中一定要充分利用好这一优势，做好教材内容与实际生活的衔接工作，实现知识的全面整合，从根本上降低教学难度，使学生可以在身心放松的情况下进行多元思考、口语表达，在阅读课堂上强化他们的听、说、读、写综合能力。在这个过程中，教师可以借助现代化信息技术手段创设生活情境，同时对阅读活动进行合理规划，从生活探索入手，组织口语交际、书面表达等活动，不仅能将整个单元知识串联，还能实现教学延伸，提高学生的理解与实践应用能力，构建真正意义上的高效课堂。②

以译林出版社小学英语四年级上册 *Unit 7 How much ?* 为例，为帮助学生熟练掌握 umbrella、shoes、socks 等词汇的用法，并能根据自己的想法对单词进行准确描述，教师可以在课内组织生活场景模拟活动，引导同学分组对“Story time”部分内容进行改编并进行表演，在此过程中充分联系实际生活，熟练使用“How much is it/are they?”句型，通过日常的对话理解词义、语义，在自主实践中获得综合素质发展。

教师可以创设“爱心义卖”的情境，并为学生设计四项任务：一是鼓励他们多听、多看，以更好地解读文本，结合生活常识与情境内容分析生词与句型。二是理解义卖所需要物品的类型，并结合实际做好定价。三是熟悉买卖双方需要掌握的语言，并根据物品种类判断“How much is it?”以及“How much are they?”在用法上的区别，教师基于此进行朗读示范，进一步深化学生的认知。四是在

① 史茜. 基于主题意义的小学英语阅读教学问题与对策研究[J]. 海外英语，2020(6)：200 - 201.

② 赵艳梅. 小学英语阅读教学中如何开展群文阅读[J]. 华夏教师，2020(14)：81 - 82.

归纳总结后开展活动，将课堂交给学生，让他们充分发挥出主观能动性，灵活运用所学知识完成情感表达任务，并且在交流的过程中形成同情意识，在日常生活中愿意为他人伸出援助之手。如此，学生在单元整合的综合训练中不仅能得到英语能力的提升，还能获得综合素养的发展。

3. 问题整合：坚定"生本"理念，问题导入思考

在教育新形势下，小学英语教师应该坚定"以生为本"的核心理念，在阅读教学课堂上不应该一味地对知识进行"灌输"，而是应该为学生提供广阔的思维空间，组织多元化的探究活动，让学生自己去发现、去解答，并从中获得学习的动力，真正学有所得，提高整体学习质量、增强自身阅读能力。为达成上述目标，教师应将课内外知识进行整合，在细化分析阅读文本内涵的过程中设计多元化问题，让学生能保持对阅读文本的探索热情，也能在实践交际中复习旧知识、学习新知识。① 此外，问题的设计应该具有连贯性，抓住文本的主线，把握语句、语段之间的内在联系，用问题将教学内容衔接，拓展学生的思维，增强他们的阅读能力。

以译林出版社小学英语四年级下册 *Unit 6 Whose dress is this ?* 为例，教师首先应该借助多元化问题导入教学，引导同学懂得如何回答"What day is it today?""What's the weather like today?""What can you do today?"等问题，通过这样的方式复习旧知识、导入新知识，在学生回答的过程中展示 Su Yang 及 Su Hai 的对话，让学生猜测："What will they do?"进入正式的阅读教学，引出"Fancy Dress Party"主题，在师生互动中讲解基础知识。

再次，教师继续向学生提出多元化问题，了解不同类型的衣服，展示图片，并依次提问"What's this?""Do you like to dress it?"，通过交流营造良好的课堂氛围。最后，教师利用多媒体设备展示班级合照中同学衣服的截图，随机抽取一名学生提问："Is this your skirt?"如果得到否定的答案，则继续提问："Whose skirt is this?"强调"whose"一词，就此展开更加全面的问答互动，引出更多生活物品，并让同学们自己举例，以此提问"Do you know any other things?"，从而激发他们的好奇心和表达欲，继续以"Whose ... are they?"句型展开对话训练.

以阅读文本为基础进行单元整合教学，学生在参与问答训练的过程中可以

① 赵小娟. 基于核心素养视角下小学英语阅读教学策略探究[J]. 科学咨询(科技·管理)，2020(27)：265.

深化英语学习意识，进一步明确词汇、句式的正确用法，实现语言能力的发展。

4. 确定支点：零散知识整合，布置实践任务

受传统教学理念的影响，教师对于语言知识、语法知识、文化知识分板块进行单独讲解，导致出现下述两种情况：一是在无形之中给学生增加了学习任务量，他们需要对大量零散知识点进行单独记忆。二是学生语言学习不连贯，既无法摆脱母语的制约，真正理解所学知识，也难以在生活的相关场景中对所学进行灵活应用，整体学习效果不佳，不利于学生的英语综合能力发展。①

针对以上两点问题，教师必须改变教学策略，从整体上对知识教学进行把控，在明确阅读文本核心思想的前提下寻找教学支点，使用关联性语言展开教学，为学生提供真实的语言学习环境，鼓励他们使用英语表达自己的所思所想，在潜移默化中提高认知能力，养成良好的学习习惯，实现综合素质的发展。

以译林出版社小学英语五年级下册 *Unit 2 How do you come to school ?* 为例，教师首先明确本单元教学支点："How do/does ... come to ..."，教师可以首先借助多媒体设备向学生展示代表 bike、bus、plane、ship、train、metro 等不同交通工具的图片，提出引导性问题"How do you ususlly go to school?""Why do you come to school by/on ...?"，以吸引学生的注意力，调动他们的学习积极性。其次，结合 story time 部分的故事展开教学，让同学们可以分析 Yang Ling、Su Hai、Mike、Liu Tao 四个人的基本情况，包括住在哪里，每天通过什么方式来学校等，这样一来能对支点内容进行集中讨论，学生通过使用已学知识回答问题，运用"He/She lives in ...""He/She use ..."等句型描述信息。最后，教师将教学内容进一步生活化，不局限于讨论上学的交通工具，扩展到旅行、郊游、爬山等主题，围绕"How do/does"主题展开单元整合阅读教学，促进学生得到思维能力、语言能力的锻炼，享受学习的过程，实现学以致用。

5. 拓展教学：明晰文本核心，设计拓展活动

英语教学的目的不仅是提高学生的学习成绩，更是要让学生真正掌握词汇内涵及语法用法，并且能在生活场景中灵活使用这些知识，实现学以致用。在传统教学中，部分教师未能将词汇、句式进行细化讲解，忽视了对中西方文化进行区分，学生的综合应用能力难以得到发展。在阅读课堂上，教师应整合单元

---

① 刘蕾. 基于主题意义探究小学英语单元整体教学策略[J]. 科学咨询(科技管理)，2020(27)：287.

内容，然后在课内拓展教学，根据对学生认知能力的了解设计适宜的活动，帮助学生精准把握单元知识的内涵，也强化学生的英语思维，在关注他们能力发展的前提下构建更具有活力的高效课堂，升华学生的阅读感悟，为他们后续学习更高难度的知识打下良好的基础。

以译林出版社小学英语五年级下册 *Unit 7 Chinese festivals* 单元的教学为例，首先，教师在对“Story time”板块中的 The Spring Festival、The Dragon Boat Festival、The Mid-Autumn Festival、The Double Nineth Festival 四个中国传统节日进行介绍后，可以聚焦“festival”这一话题引导学生分享自己在不同节日里发生的有趣故事，在交流分享过程中使学生对节日的了解更加全面、充分。其次，教师应关注学生能力的发展，设置拓展探索任务，要求学生参照“Story time”板块中的写作形式介绍自己了解的一个西方节日，并且对中西方节日文化进行对比。最后，在写作过程中，教师可以组织小组活动，让组员之间相互交流意见、提供创作思路，在总结文化差异的过程中产生思想的碰撞，学生在潜移默化中将自己已经掌握的知识进行有效迁移，使多方面的能力都得到锻炼。

此外，教师可以以参与交流的方式为学生讲解更多的文化知识，如对西方国家代表性节日 Christmas 进行具体介绍，从 food、activity、culture、rule 等多方面进行详细介绍，深化学生的跨文化意识。学生被教师声情并茂的讲述吸引注意力，学习热情被充分激发，并且产生分享欲与表达欲，积极主动地参与到小组交际活动之中，有利于培养他们的核心素养，在潜移默化中完成德育教育目标。

三、小结

在新课改背景下，小学英语教师应积极实施单元整体教学，将单元视为整体，在明确核心教学目标的前提下对整单元内容进行整合，以阅读教学为抓手，找准语言点精心安排实践探索环节、设置连贯性问题、组织拓展性训练，通过构建关联的方式深化学生对所学知识的认知，并将听、说、读、写教学内容有效衔接，使学生逐步构建对单元主题的完整认知，促进正确态度和价值观的形成，以及核心素养的发展。

学力生长：助推研究性学习生活化泛在学习实践探究
——《一起来苏绣》案例解读①

【摘要】“学力生长”的培养体现了21世纪对学习共同体的教育追求，迎合了“以人为本、以生为本”的教育理念，它是教学改革无可争议的方向。本文从泛在学习，巧用生活资源，激发学生潜在“表达力”；紧扣观察研究，焕发学生内在“自主力”；创设问题情境，滋养学生思维“创造力”，这三方面来进行阐述“学力生长”的重要性，从而彰显了“学力课堂”应有的价值追求。

【关键词】泛在学习；学力生长；表达力；自主力；创造力

陶行知先生提出“生活即教育”理论，大力倡导生活教学。他指出，教育的根本意义是生活之变化。生活无时不变，即生活无时不含有教育的意义，要使学生“充分得到自由的生活，从自由的生活中得到真正的教育”。同样，研究性学习作为一种学生主动探究问题的学习活动，这种学习不同于传统的“接受性”学习，它具有自主性、探索性、问题性、实践性、开放性等特点。其主要目的是让学生获得亲自参加研究探索的体验，培养学生发现问题、收集资料、分析处理问题的能力，养成严谨求实的科学态度和团结协作、勇于克服困难的意志品质。

苏绣，已成为世界非物质文化遗产。苏州，也是苏绣的发源地。但是，现在苏州的小朋友很少接触这些传统工艺。为了让学生了解一些刺绣的工具，动手试着学一学针法，同时培养学生的耐心，学习传统工匠那种刻苦钻研、持之以恒的精神，我展开了本堂课的教学，并作如下思考与探究。

一、泛在学习，巧用生活化资源，激发学生潜在“表达力”

俗话说：“留心处处皆学问。”生活是综合实践活动的活水之源，真情是综合实践活动的生命所在，对学生而言，只有经过生活的体验，才能有感而发、有为而作。如果我们真切关注了孩子们的生命轨迹，把学生的精彩生活融入综合实

---

① 本文发表于2019年12月的《中学课程辅导 综合实践活动研究》。作者为苏苑实验小学徐荷兰。收入本书时有改动。

践活动之中，让学生自由地、自主地、自发地，用自己的心灵去探寻综合活动之源，以积极的心态去参与活动，展示他们的生命活动，就能给学生一个原生态的自我。上课伊始，我这样导入课堂：

“同学们，你知道中国四大名绣吗？是的，其中苏绣位列四大名绣之首，闻名遐迩的苏绣就产自我们苏州，你们刚刚欣赏到的这些精美的作品就是苏绣。作为一个生活在苏州的孩子，你对苏绣有哪些了解呢？”学生们似乎打开了话匣子，大家纷纷踊跃表达自己的所见所闻，思维一下子活跃起来。有见过家人用的真丝围巾上面有刺绣的，有见过奶奶做刺绣的，有在博物馆见过的……连平时不声不响的孩子也高高地举起了小手，可见，合理利用乡土资源，让学生想怎么说就怎么说，可随时举手来质疑，这种和谐的课堂氛围，很好地激发学生的思维，也让课堂焕发出了生机和活力。在教学中，我总是努力挖掘学生的闪光点，用饱含激情，幽默风趣、激励性的语言去鼓励他们积极发言。

二、泛在学习，紧扣生活化观察，焕发学生内在“自主力”

《中国学生发展核心素养》强调学生在实践中，学会观察生活的能力，这种能力就是学生的学习的“自主力”，在平时的教学中将这种“自主力”的培养贯穿教学过程中并有阶梯地使其螺旋上升。人的情感是随着对客观外物的感受而变化的，而情感的变化会触动语词的萌发。每一位老师都带着自己的哲学思想走向课堂，越是这样的教师，设计教案的水平与质量越高。预设一个高质量的教案，既是教师经验的积累，也是教学智慧的展现，蕴含着教师的教学智慧。所以，教师应独具慧眼，大胆尝试，帮助学生在行动中生成智慧的种子。

因此，在本环节教学中，我是这样设计的。过渡：了解了刺绣所需用的基本材料，很多同学已经跃跃欲试了。别急，接下来，我们还需要来学习刺绣的针法。

（1）刺绣的针法有很多种，对于我们初学者来说，滚针法是最基础的，也是最简单的，今天我们就来学习滚针法。

（2）仔细观察视频，看看滚针绣是怎么绣的？

（3）你看到了什么？出示滚针绣提示：依纹样线条前起后落，针针紧密，线条长短要均匀。转折处针脚可略短，以便于转折。绣好第一针后，第二针应在第一针二分之一处落针，使针迹藏在前一针之下。第三针落在第二针的二分之一处，紧挨第一针线条的末尾，以此类推。（板书：长度均匀，角度圆润，针脚紧

挨）

（4）尝试：看了刚才视频和这些提示，谁愿意上来用滚针法来试着绣一绣呢？

请一个学生上来绣。绣的时候及时进行纠正。

学习是个不断发现问题、提出问题、解决问题的过程，问题由学生提出，最终还应由学生自己解答，教师应该用不同的方法启发和激励学生自己分析问题、解决问题，让学生成为学习的真正主人。

三、泛在学习，创设生活化情境，滋养学生思维“创造力”

小组或者同桌之间的合作学习主要是在自学的基础上，以讨论的形式研讨某个问题的解决方案，学生在讨论中要认真倾听别人的意见，发表自己的看法，并对别人的意见进行评价和补充，在研讨过程中可能会用不同形式展现问题解决的过程。它强调学生的亲历性、参与性、合作性。思维只有在研讨过程中互相碰撞才会迸发出耀眼的火花。有时候，我们习惯在自己解读文本的基础上，设计一个问题给学生。教师可通过挑战性、开放性的问题，启发学生从多方面、多维度去思考。语言学习是培养逻辑思维的基本途径。思维能力的发展标志着学生语言发展的水平。叶圣陶曾说：“语言说得好，在于思维的正确，因此，锻炼思维至关重要。”精彩的课堂不仅要通过精妙的提问激活学生思维，而且要能在沟通出现障碍时有拨开云雾、指点迷津，关键时刻有四两拨千斤的智慧。

在研究性学习中，尝试、改进、分析都是重要的研究方法。我们要将这些研究方法运用到平时的实践中来。我设计了以下环节：“现在呀，我们就来自己亲手设计一座房子的轮廓，然后运用滚针绣的绣法，同时，注意线条色彩的搭配，将绣品表现出来，有信心吗？其实，这么色彩柔和、惟妙惟肖的苏绣作品，对刺绣者的要求是非常严格的，只有耐心，持之以恒、刻苦钻研，才能绣成精妙绝伦的作品。”

在设计过程中，我们还可以汇报交流，大家各抒己见，我将辩论引入课堂，从学生发展来说是潜能的开发，精神的唤醒，内化的敞亮，独特性的彰显和主体性的弘扬，从学生共同生命历程来说，是经验的共享，视界的融合和灵魂的感召。因此，教学过程中善于捕捉学生争论的焦点，巧妙地为学生创设争辩的机会，慷慨地把时空让给学生，让他们敞开心扉，心与心交流碰撞，学生也充分展示了自己的口语交际能力。例如面对设计合不合理，设计的各部分用什么针法这些问题，同学们踊跃发言，通过小组合作，充分发表了自己的看法，最后达成一致意见，答案在学生们的辩论中不期而遇。总之，我们要善于捕捉课堂中的有效信息，做到“心中有案，行中无案”，寓有形的预设于无形的形态教学中，随时捕捉促进课堂教学动态生成的切入点，有力促进学生积极、主动、高效的学习，让学生真正成为课堂教学的有效资源，变“生成性资源”为有效学习的催化剂，让我们的课堂教学充满人性的关怀，充满生命的活力。

研究性学习的主题贯穿于学生与自然、学生与社会生活、学生与自我关系等各个层面，使研究性学习的主题来源于学生的个体生活、自然生活和社会生活等各方面的生活领域，不仅用生活来教育，而且给生活以教育，进而为学生向前向上的生活需要而教育。

陶行知先生说：“要做，要真正做，只有到社会上去，以社会为学校。这样，教育的材料、教育的方法、教育的工具、教育的环境，都可以大大增加，学生、先生也可以更多起来。”泛在学习生活化实践探究教学是研究性学习课程的重中之重，经过一段时间的实践，在教学中学生主动探究的能力有了明显的提高。学生的综合素质也有了明显的变化，课堂气氛宽松和谐，思维的积极性和语言的表达力明显提高，思想的独立性明显增强，当然，研究性学习课堂对教师的素质也是新的挑战，教师必须自己具备“研究”的素质，必须全面地把握教学内容，具备驾驭“探究”讨论的能力。在教学活动中，我们提倡学生随时提出问题，敢于亮出自己面临的认知上的矛盾、自己大胆的猜想、假设；教师或者鼓励学生自己解决，或者随时点拨、顺手疏导。学生自己寻找资料、动手操作、请教他人、整理分析所获得的材料，从而证明自己的观点。在这种探究过程中，学生获得理智能力的发展和深层次的情感体验，自我构建知识，学习的研究方法，体验成功的喜悦。

体验成功，一个也不能少

——基于任务驱动的小学信息技术“泛在分层”教学策略探究[①]

【摘要】基于任务驱动的小学信息技术“泛在分层”教学，不是简单地抛出不同层次的任务，而是精心设计、泛在分层：分层设置任务，让每一位学生建立起学习的自信，激发出学习的兴趣；分层探究任务，让每一位学生积累起学习方法、应用经验，乐于与他人交流合作、培养团队精神；分层评价标准，让每一位学生体验成功的喜悦，提高学习主动力，变“苦学”为“乐学”，从而确保每个层次的每一位学生，在每一堂课上都能应用所学当堂完成任务，获得成功体验，感受学习的快乐。

【关键字】任务驱动；泛在分层；小学信息技术；课堂教学

信息社会的高度发展向“教育信息化”提出更高要求。教育信息化不再局限于完善教育信息环境、建好用好教育资源，它更注重创新人才的培养。小学，是教育信息化创新人才培养的起点，用好用足课堂40分钟，努力培养、提高每一名学生的信息技术应用能力，是信息技术教师对“教育信息化”最好的回应。

一、探究背景：小学信息技术课堂教学现状

（一）普遍采用“任务驱动”教学法

“任务驱动”教学法是学生围绕老师布置的中心任务，通过自主探索和协作学习，不断地发现问题、探究问题、解决问题，并在此过程中学习新知识、掌握新技能，并通过完成中心任务，提高自身的综合素质。“任务驱动”利于培养学生综合能力、符合新课标精神、契合信息技术教学，目前被广泛、成熟地应用于中小学信息技术课堂。

（二）小学生信息技能呈橄榄型分布

小学信息技术课堂上学生知识技能的差异，基本呈橄榄型：少数基础好、能

---

① 本文发表于2022年12月《江苏教育》。作者为苏苑实验小学张熠稚。收入本书时有改动。

力强的“高能型”；大部分有一定基础、一定技能的“大众型”；少数基础差、能力弱的“关注型”。

（三）“传统分层”带来课堂教学硬伤

在传统的小学信息技术课堂上，“大众型”是“任务驱动”下的最大获益者，因为中心任务主要面向大部分“大众型”学生，因此只有他们能在津津有味的学习中，体验到应用新知完成练习的快乐；“高能型”感受不到任务带来的挑战，没有强烈的成功体验；而“关注型”，很难在课堂上独立完成有一定难度的任务。

在此基础上，“任务驱动”提出了“分层任务”的理念，但传统分层，只是简单粗暴地抛出低、中、高三级难度的任务，让学生选择性完成，由此带来三类课堂硬伤：①部分学生对自己的能力水平把握不准确，往往选择不到适合自己的任务；②指向性明确的低级任务，会打击“关注 C 型”中敏感学生的学习热情；③惰性驱使下，部分学生会降级选择任务，从而使教学效果大打折扣。因此，“任务驱动”需要更合理、更精准的分层模式。

二、探究解析：什么是基于“任务驱动”的“泛在分层”教学策略

（一）什么是“泛在”

“泛在”，原意是“无所不在”。后来它被用于形容网络无所不在；电脑无所不在地为人们提供各种服务。现在，“泛在”常被引用为“无时不在、无处不在”。

（二）什么是“泛在分层”

“泛在分层”是指，面向不同信息技术应用能力层次的学生：高能型、大众型、关注型，在信息技术课堂教学的各个环节适时分层、恰当分层，助力学生学习知识技能，提高课堂效率的教学策略。

（三）什么是基于“任务驱动”的“泛在分层”教学策略

基于“任务驱动”的“泛在分层”教学策略，是从每一位学生的能力水平及心理情感出发，以培养、提高每一位学生自主探究、合作学习等综合能力为目的，将任务驱动的“设置任务”“探究任务”“过程评价”等各个环节科学分层，努力让每一位学生在每一个任务中，学有所获、学以致用，完成任务、体验成功。

三、探究实践:小学信息技术"泛在分层"教学策略的具体实施

(一) 分层"设置任务"

面对不同能力层次的学生,在教学实践中,围绕同一主题,我将课堂任务分为息息相关的基础任务、提高任务与拓展任务(附表5)。基础任务,以课本要求为准,保证百分百的完成率,主要面向"关注型";提高任务,适当增加难度,要求大部分学生完成,主要面向"大众型";拓展任务,难度大、综合性强,主要面向"高能型"。再根据教学目标的侧重点——学习信息技术知识技能或掌握技术应用实践,采用了"递进式"与"多途径"两种分层任务形式。

附表5　课堂任务表

分层任务	任务完成要求		
	高能型	大众型	关注型
基础任务	迅速完成	快速完成	探究完成
提高任务	快速完成	探究完成	尝试完成
拓展任务	探究完成	尝试完成	不作要求

1. 深挖教材,递进式分层任务,强调知识技能的学习

"递进式分层任务",一般由三至四个层层递进的子任务构成,前任务的完成,是后任务实施的前提;后任务的完成,是前任务的应用深入。逐步提高的练习难度,能克服畏难情绪,让学生敢于尝试;环环相扣的巧妙设计,能解决懒惰心理,使学生欲罢不能。

例如,在三年级"画图" 的"矩形工具"教学中,我设计了"画练习格"的任务(附图6)。

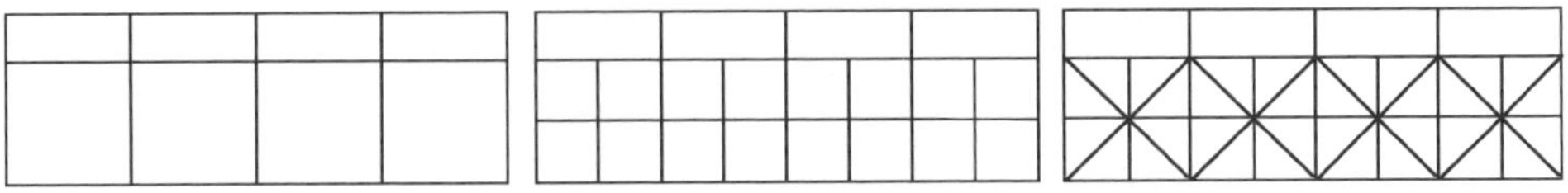

附图6　"画练习格"的任务

根据"画练习格"任务,引出了三个子任务。①基础任务:画方格(矩形工具的使用);②提高任务:画田字格(矩形工具结合 shift 键使用);③拓展任务:画米字格(矩形工具结合 shift 键并组合其他工具使用)。三个层层递进的子任务,吸引学生主动探究,熟练掌握矩形工具的使用。

2. 综合运用，多途径分层任务，注重应用能力的提高

“多途径分层任务”源于数学变式教学的“一题多解”。“一题多解”要求学生多角度思考，使用不同的知识和方法来解决同一个问题。同样，“多途径分层任务”要求学生发散思维，综合应用，多途径完成同一个任务，并以找的途径的数量，作为任务分层的标准。如果说“一题多解”是通过展示不同的思考过程，拓展学生解题思路，提升学生数学思维能力，那么“多途径分层任务”，就是通过探究实践不同的方法，拓展学生的应用思维，提高解决问题的实际应用能力。

例如，在四年级“WPS 演示”的“超链接”教学中的一个任务：如何设置文字的超链接，才能让有链接的文字既无下划线，颜色也不发生变化？学生通过探究，产生了一系列的奇思妙想：

① 插入艺术字，将艺术字作为链接点；

② 在文本框中输入链接文字，将文本框作为链接点；

③ 在文字前或后输入几个空格，将空格作为链接点；

④ 画个自选图形，并在自选图形中输入文字，将自选图形作为链接点；

⑤ 画个矩形覆盖住文字，再将矩形设置为透明效果，然后把矩形作为链接点；

……

通过多种途径的汇总，学生的发散思维得到充分的拓展，实践能力获得显著的提高。

无论是“递进式分层任务”还是“多途径分层任务”，都完美地平衡了各类型学生探究任务的时间；充分发掘了各类型学生解决问题的能力——“高能型”对拓展任务的探究，确保课堂每分钟的有效应用；“大众型”在完成提高任务，冲刺拓展任务中，应用能力得到了实践锻炼；“关注型”有充足的时间，探究基础任务、获取基础知识，从而保证后续学习的顺利进行。同时，学生都是以基础任务为起点、拓展任务为目标，纠正了传统分层下，学生任务选择不当或打击学生学习热情的弊端。

（二）分层“探究任务”

“探究任务”是任务驱动中最重要的环节，学生在“探究”中不断发现问题，再通过各种学习途径，不断找寻解决问题的方法，最终完成任务。在此过程中，学生获得知识、技能的同时，情感和态度特别是探索精神和创新能力获得了同步发展。

在“教师为主导、学生为主体”的理念引领下，从培养学生正确的学习方法与提高学生实际的应用能力出发，我将“探究任务”过程分成“发现问题、解决问题的自主探究阶段”和“突破瓶颈、完成任务的互助探究阶段”；并将学生解决问题所依仗的学习途径进行递进式分层，确保“探究任务”有序开展。

1. 自主探究阶段，分层提示渡难关

自主探究阶段，强调“独立”。一方面，要求学生综合应用所学，尝试自我解决问题；另一方面，要求教师充分预设可能出现的棘手问题，给予适度的提示。根据不同类型学生的不同需求，我一般设置“关键字提示”“教科书帮助”“小锦囊协助”等几个从模糊到直接的分层提示，并引导学生养成按附图 7 中所示步骤解决问题的学习习惯。

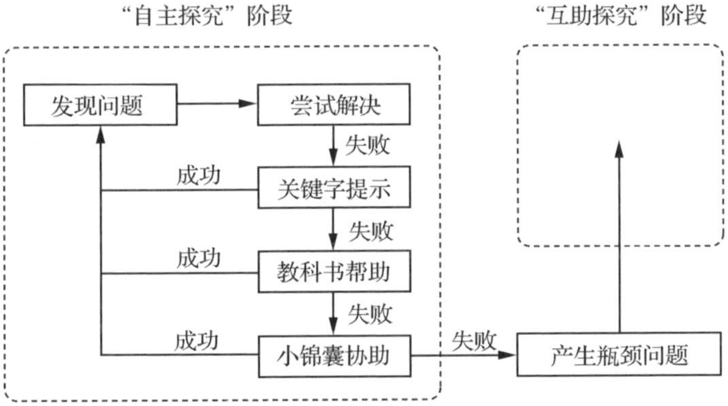

附图 7　探究图

例如，在教学 Scratch《画正多边形》一课时，面对“如何画边长为 100(步)的正五边形”的任务。学生探究无果后，首先给出“关键字提示”：重复“边数”、移动“边长”、旋转“360°/边长”；此提示下仍有困难的学生，接着建议他们细读教科书的指定页，找出解决问题的方法；仍有无法完成任务的学生，最后请他们打开桌面图片“小锦囊”，按图搭建脚本完成任务。

当以上三种提示都失效时，就形成了学生无法自主解决的瓶颈问题，带着瓶颈进入下一阶段——互助探究。

2. 互助探究阶段，分层帮助破瓶颈

互助探究阶段，注重“协作”。既有学生间的协作，亦有师生间的协作。针对学生不同的能力水平，课堂上主要采用了“学习组互助”“大屏幕演示”“一对一辅导”三类分层互助形式。

①“学习组互助”——冲破“基础任务”瓶颈。科学分配的学习小组，是发挥“学习组互助”功效的必要条件。根据计算机的摆放位置，一般 4 到 6 人组成一组，每组有 1 ~ 2 个高能型、2 ~ 4 个大众型、1 ~ 2 个关注型。这样组合，能高效发挥学生作用，完美地解决“基础任务”中的瓶颈。

②“大屏幕演示”——突破“提高任务”瓶颈。提高任务是产生共性问题的最大源头。随着教育技术现代化的推进，大部分学校的班级都配备了投影仪、智能大平板、纳米黑板等大屏展示设备，为解决共性问题的法宝——“大屏幕演示”创造了条件。大屏能够转播教师机的操作，向学生直接提供帮助。如果问题比较简单，可以让已完成的学生上台演示解决方法，其他学生通过大屏转播，获取解决问题的突破点；如果问题比较复杂，可以由教师在教师机上把握好节奏演示；学生根据自己的能力，或边看边操作，或先看再操作，找出解决问题的关键点。

③“一对一辅导”——攻破“拓展任务”瓶颈。师生间的“一对一辅导”，无疑是解决课堂问题最快速有效的途径。但一方面，50 人的班容量与 40 分钟的课时，拒绝了“一对一”的普遍应用。另一方面，针对“高能型”的拓展任务所产生的瓶颈问题，其难度是不言而喻的。此类瓶颈迫切呼唤“一对一”辅导。要解决这对矛盾，在课堂教学实践中，“一对一辅导”就不能独立应用，必须与“学习组互助”“大屏幕演示”配合使用。“学习组互助”依靠学生自身，解决了所有的基础问题；“大屏幕演示”依靠师生合作，解决了大量的共性问题。课堂问题经过两层过滤，真正需要一对一辅导的少而精；学生主动参与解决问题，使教师的课堂时间更自由。也就是说“学习组互助”与“大屏幕演示”为师生间“一对一的辅导”争取了时间、提高了效率，从而确保了“一对一辅导”的可行性。不同能力层次的学生，在不同层次的互助下，同时探究着、收获着。课堂时间节省了、教学人力节省了，课堂效率提高了。

（三） 分层“评价标准”

小学信息技术课堂的传统评价标准是任务是否完成，这样的标准有偏颇。探究学习的过程中付出的努力与辛劳，不该因任务失败而被全盘否定。再者，深究失败原因，除了知识技能薄弱，也不乏因挑战自我、不走寻求路而遇挫的，这是应该被表扬与提倡的！因此，我采用了“已完成”与“未完成”的双层评价标准。

1.“已完成”评价标准

首先评估任务难度。完成与自身能力匹配的任务，得 1 星；完成超匹配任务,得 3 星;降级完成任务的,不得星。例如"大众型"学生,完成对应的"提高任务",得 1 星;完成"拓展任务",得 3 星;只完成"基础任务",不得星。其次评估助学能力。在组员要求下,为其提供帮助的,得 1 星;帮助其完成与能力匹配任务的,得 2 星;在教师机上演示操作,帮助同学解决共性问题的,得 2 星;可叠加得星。最后"任务难度"星加"助学能力"星,获得最终评价。

2."未完成"评价标准

首先评估任务难度。如果学生选择了降级任务,不得星,并且不再继续考察其他可得星情况。其次评估求学能力。只要学生经历了"尝试操作→看教科书→用小锦囊→问组员→看演示→问老师"探究学习过程的三步或三步以上,就能得 1 星;能够针对指定任务,抛出引起全组讨论的问题,可得 3 星;能够引发全班热议的,得 5 星。例如,在教学三年级"画图"时,提出了"画月亮"任务:你能找到几种方法画出图中的月亮?一位学生找到了一个特别的方法:如附图 8 所示。

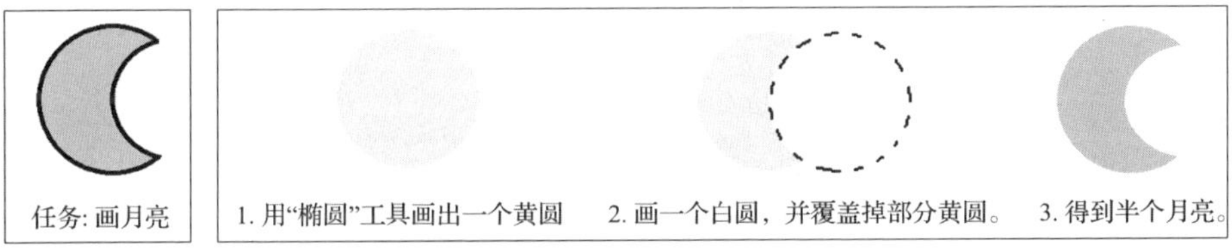

附图 8　任务:画月亮

但马上有学生提出异议:"这个月亮少了黑边!"更多的学生却被这奇思妙想征服。此种情况下,任务是否完成不再重要,因为教学的最终目标"教会学生学习方法,提高学生创新能力"已经实现,理所应当获得 5 星!最后,先根据"任务难度"判定是否有得星资格,获取得星资格后,"求学能力"星的得数,即是最终评价值。分层评价,让学生在不同的评价标准下,体验着同样的成功,累积着等量的收获。

四、结语

信息社会中,信息技术应用能力逐渐成为一项基本素质,成为人们生活与学习的基本能力。"教育信息化"呼唤提升每一位学生的信息应用能力。基于任务驱动的小学信息技术"泛在分层"教学,不是简单地抛出不同层次的任务,而是精心设计、泛在分层:分层设置任务,让每一位学生建立起学习的自信,激发出学习的兴趣；分层探究任务，让每一位学生积累起学习方法、应用经验，乐于与他人交流合作、培养团队精神；分层评价标准，让每一位学生体验成功的喜悦，提高学习主动力，变“苦学”为“乐学”，从而确保每个层次的每一位学生，在每一堂课上都能应用所学当堂完成任务，获得成功体验，感受学习的快乐。“泛在分层”不放弃任何一个孩子！

后 记

北大著名教授钱理群曾说:“教育是干什么的?老百姓有一个最朴实的说法:孩子上学,就是‘去读书’。读书,是教育的根本职责!”

苏苑实小基于育人价值,聚焦核心素养,秉持着“让阅读无处不在,让育人随时发生”的价值理念,以泛在阅读为突破口,以校本阅读课程开发和文化场域建设为双翼,全力推进育人方式的整体变革,走出了一条富有特色的泛在阅读课程发展之路,努力把学校建设成为泛在阅读的综合育人场所,以阅读为心,画人格之圆!

泛在阅读着力破解了传统阅读普遍存在的四大问题:一是阅读目标“重知识,轻素养”的单一和窄化;二是阅读课程“重单科,轻全科”的单一和窄化;三是阅读场域“重形式,轻体验”的单一和窄化;四是阅读评价“重结果,轻过程”的单一和窄化。通过“泛素养”“泛课程”“泛场域”“泛活动”等的实践创新,不断彰显四方面的综合育人追求:一是泛素养,立足泛在阅读的育人理念;二是泛课程,建设泛在阅读的育人体系;三是泛场域,拓宽泛在阅读的育人阵地;四是泛活动,构建泛在阅读的育人机制。

泛在阅读,成就了教师,成就了学生,也成就了学校。2017年,我校荣获“江苏省首批书香校园建设示范点”称号,同年,“泛在阅读课程”入选苏州市品格提升工程项目并获评精品项目;2019年,“泛在阅读的实践探索”获评苏州市前瞻性项目;2020年,入选省中小学课程基地及学校文化建设项目;2021年,荣获省教学成果奖基础教育类评选二等奖;2022年,荣获苏州市教学成果奖基础教育类评选一等奖!

如果说我们苏苑实小的孩子身上有什么集体特质的话,那么排在第一位的一定是被阅读浸润过的书卷气。我一直跟我的学生说,阅读就是你们最强大的自信源泉，阅读就是你们最强劲的成长动力。好读书、会读书、读好书，为自己的未来积蓄力量，这就是你们阅读时最美的姿态。

我笃信：泛在阅读更像是一阵悄然入夜的习习好风，一阵及时而来的蒙蒙细雨，翼彼新苗，润物无声！

2023年3月，春暖花开之时，适逢省课程基地项目结项视导，在迎检的过程中，我们把十多年来在泛在阅读方面的理性思考、行动策略、实践成果汇辑成书，但愿我们的这些实践体悟、行动研究或理论探索，能作为引玉之砖给同行们提供剖析的个案。

在本书即将付梓之际，我内心涌动着太多的感激：感谢我校泛在阅读课题组徐玉萍、周超、魏宏、管静、朱红英、黄雅萍、徐荷兰等老师的辛勤付出和鼎力支持。我们将以本书的出版为新的起点，不断丰富泛在阅读课程内容，在"以读育人，以读化人，以读培元"的道路上聚力前行，全力铸就师生扬帆启航、放飞理想的舞台，实现学生、教师、学校的共同发展！

恳请各位领导、专家、同行、读者对书中的不当之处予以批评匡正！

是为记！

唐晓芳

2024年春于苏州